中国古代国家治理丛书

宋代国家治理

皇宋文昌

Huangsong
Wenchang

著　马平安

团结出版社

图书在版编目（CIP）数据

皇宋文昌 / 马平安著 . -- 北京：团结出版社，
2023.10

ISBN 978-7-5234-0346-4

Ⅰ.①皇… Ⅱ.①马… Ⅲ.①中国历史－研究－宋代
Ⅳ.①K244.07

中国国家版本馆 CIP 数据核字（2023）第 145162 号

出　版：团结出版社
　　　　（北京市东城区东皇城根南街 84 号　邮编：100006）
电　话：（010）65228880　65244790（出版社）
　　　　（010）65238766　85113874　65133603（发行部）
　　　　（010）65133603（邮购）
网　址：http://www.tjpress.com
E-mail：zb65244790@vip.163.com
　　　　tjcbsfxb@163.com（发行部邮购）
经　销：全国新华书店
印　装：三河市东方印刷有限公司

开　本：170mm×230mm　　16 开
印　张：16.25
字　数：248 千字
版　次：2023 年 10 月　第 1 版
印　次：2023 年 10 月　第 1 次印刷

书　号：978-7-5234-0346-4
定　价：56.00 元

前言　宋代的特点

宋代可分为北宋与南宋两个时期。自960年北宋建立，到1279年南宋灭亡，历时三百二十年。北宋都东京（今河南开封），历九帝，共一百六十八年，亡于金。南宋都临安（今浙江杭州），历七世九帝，计一百五十三年，亡于元。南宋前期八十二年，起自宋高宗建炎元年（1127年），止于宋宁宗嘉定元年（1208年），是为宋金战争时期。南宋后期七十一年，是宋蒙（元）战争时期。贯穿北宋政治的主线，是危机和变革。贯穿南宋政治的主线，则是围绕赵宋王朝的生死存亡的斗争。

两宋治理之主要特色，可以集中概述为：

（一）文治昌盛

文官理政是宋朝政治的鲜明特征。

唐末五代武将专政造成了政治上的长期动荡和混乱。宋朝建立后，"艺祖革命，首用文吏而夺武臣之权，宋之尚文，端本乎此"。宋太祖非常重视人才的选拔，尤其重视选择士人充实官僚队伍，兴文教，抑武事，创立"殿试"并曾经亲自主持科举考试，将科举取士与文官政治相结合，压抑世家大族，改变武人政治，士大夫从此成为赵宋王朝统治大厦的基石和支柱。士大夫与皇帝共治天下是赵宋王朝政治的主要特色，以致形成"大臣，文士也；近侍之臣，文士也；钱谷之司，文士也；边防大帅，文士也；天下转运使，文士也；知州，文士也"的文官主政局面。宋太祖这种重文轻武及用文人治国政策，给宋代政治和文化的发展与繁荣提供了便利的条件。宋代之所以能够创造出"郁郁乎文哉"的文化景象，在哲学、文学、史学、科技等领域达到前所未有的水平，无不与宋初诸帝所提倡的重文政策以及文官政治所带来的宽松的文化氛围有着重要的关系。通过文臣主枢密、文臣任知州、文臣任边将等职，从宋太祖、宋太宗时起，宋王朝全面形成了文官主政的政治格局，这是有宋一代政治的重要特色。

（二）忠臣辈出

重建道德价值理念是宋朝政治又一个重要而且鲜明的特色。

宋朝重视对臣民的道德思想文化建设。唐末五代以来，社会风气败坏、道德沦丧，人们对忠、孝、节、义和廉耻观念已经非常淡薄，先秦以来的儒家文化价值观大受冲击。在统治者的重视下，社会风气和道德伦理发生变化，"以天下为己任"和"忠君"意识得到充分的发展。修身、齐家、治国、平天下，被士大夫作为终身矢志不渝的追求目标。范仲淹提出的"先天下之忧而忧，后天下之乐而乐"的人生观，更是流芳百世、经久不衰。范仲淹"先天下之忧而忧"的社会责任感代表了当时士人道德情操的一种境界和水平，这与张载提出的"为天地立心，为生民立命，为往圣继绝学，为万世开太平"的人生理想以及后来王安石提出的"以富国强兵为己任"的平天下抱负如出一辙。或许是因为深受君主的恩宠，宋代文人士大夫"忠君""爱国"的情操和气节格外可歌可泣，在国家危难时刻总是不乏坚守气节之士，总能看到一些士大夫官僚宁愿守节而死也不愿苟活于世。如果说北宋是在因道德败坏的耻辱中亡国，那么南宋则是在忠君气节的舍生忘死的悲壮中亡国。与北宋相比，南宋的亡国就很有尊严，至少有文天祥、陆秀夫、张世杰这样以身殉国的大臣。这是宋代统治者足以令后人叹羡的治理成就之所在。

（三）经济发展

宋代的经济发展水平高居中国古代王朝之首。军事虽无王霸雄风，经济却远远地超过了盛唐。两宋时期，统治者重视发展经济、文化事业。随着农业、手工业、商业的迅速发展及南宋时期经济重心的南移，使两宋经济成为中国古代经济史上最为繁盛的时期。无论从粮食产量、品种，还是到农业生产技术的改进；又或者是从纺织业、造船业、制瓷业、铸钱业、制盐业、造纸印刷业等的兴盛，特别是城市商业、海外贸易等的发达，都标志着宋朝成为中国经济发展史上的一个高峰时代。

（四）文化繁荣

宋代是中国文化发展的一个重要时期。

陈寅恪说："华夏民族之文化，历数千载之演进，造极于赵宋之世。"文学方面，散文、宋词发展迅速，成就极高。唐宋八大家，绝大部分（有六人）都是宋代的人物。"宋词"则继唐诗之后，成为新兴的、流行的文学形式。宋代词人辈出，豪放、婉约等派别多样，精彩纷呈。宋代的话本开辟了中国文学史上的新纪元，开启了明清时代白话小说发展高潮之序幕。史学方面，以各种新体裁史书的编纂及开拓新的研究领域，对后代史学发展产生了巨大的影响。杰出成果体现在《旧五代史》《新五代史》《新唐书》《资治通鉴》《通鉴纪事本末》《续资治通鉴长编》《通志》《三朝国史》《两朝国史》《四朝国史》等史书的问世。尤其是司马光的《资治通鉴》，开创了"通鉴学"，其"编年体通史"影响很大。而袁枢的《通鉴纪事本末》则开创了中国史书的新体例——纪事本末体。在自然科学方面，"四大发明"中有一项发明于宋代、有两项在宋代取得重大突破。发明于宋代的，是"指南针"；取得重大突破的，是"火药"和"活字印刷术"。至于数学、天文学、医学等其他领域，宋代也都有很高的成就。在文教方面，读书办学风气也达到前所未有之历史高点，文化教育水平居于当时世界之首。与经济发展相适应，两宋的学术思想获得空前的繁荣。宋学的形成与理学的崛起使之成为东方传统思想的重要组成部分，尤其是程朱理学，对南宋及以后的中国社会产生了不可替代的深远影响。

（五）疆域狭蹙

宋朝虽然在政治、经济、文化上面有所建树，但与汉唐等朝的开疆拓土相比则大大逊色，领土疆域方面相对狭蹙。严格意义上说，宋朝并没有像汉唐那样在疆域上真正地实现多民族国家的统一，这一历史时期一直存在着国家分裂与南北对峙。当北宋开国君主赵匡胤建立赵宋王朝，终结五代十国的分崩离析之际，其实际拥有的地域只是中原与南方，较之隋唐已大为局促，真正的统一大业并未完成。在其北部，有契丹族建立的辽王朝，其西北则有党项族建立的西夏政权；此外，云南的大理，西藏的吐蕃，新疆的高昌、龟兹、于阗等也是独立性颇强的地方政权。南宋则偏安江南，长期存在着宋金对峙。金亡后又长期与新崛起的蒙古政权（后改国号元）相对抗，直到元灭南宋。

（六）国防孱弱

宋朝灭亡于外族，北宋亡于金，南宋亡于元。这种现象，在中国历史上并不多见。

纵观宋王朝，军事国防一直孱弱不足，这是导致其被动挨打以致亡国的重要原因。自北宋建立，便面临着辽国的强兵压境，宋太宗北伐不成，放弃了收复燕云失地的计划，辽兵则步步南下，以至真宗时代有了澶渊之盟，北宋每年向辽国纳银十万两、绢二十万匹，称"岁币"。西北地区的党项族在唐末就在其首领拓跋思恭带领下参与镇压黄巢起义军，拓跋氏因功被赐姓李，封夏国公，拥有了夏、银、绥、宥、静五州。北宋建立后，党项人与宋时战时和，势力不断壮大，至元昊为首领时，已拥有了东据黄河、西奄河西的广阔地区。元昊于1038年称帝，建国号大夏，史称西夏，之后宋夏之间战争不断。六年后，宋夏订立和约，北宋每年给西夏银七万二千两，绢十五万三千匹、茶三万斤，西夏则去帝号，奉宋正朔。

公元十二世纪初，居于白山黑水间的女真人迅速崛起。1113 年，完颜阿骨打继任女真各部首领后，率众反辽，1115 年，阿骨打称帝，建国号"大金"。金建国后，迅速南下，屡败辽兵，北宋遂与金订立海上之盟，相约夹攻辽国。此后，金兵势如破竹，直取燕京，宋兵则出师不利，接下来的北宋历史发展成为宋金对峙。金兵破辽不久，便屡屡南下，至 1126 年攻下东京（开封），掠徽宗、钦宗北去，北宋灭亡。

1127 年，赵构在南京（今河南商丘）称帝，建立南宋政权。南宋与金的对峙旷日持久，经历了岳飞、韩世忠抗金，绍兴和议，隆兴和议，开禧北伐与嘉定和议。战和之中，金与南宋都走向衰落。十三世纪初，成吉思汗统一蒙古各部，建大蒙古国，先灭西夏，又与南宋夹击金朝，灭金后，又攻下大理。1271 年忽必烈改国号为元，1276 年攻下南宋首都临安，1279 年灭亡南宋，中国才真正重新实现了多民族国家的统一。

总之，繁荣的经济、文化，精致而强化的中央集权与积贫积弱的政局，构成了两宋历史的根本特点，使宋代成为中国古代史的重要转折点。

目　录

第一章　艺祖革命与太祖誓碑

宋太祖的治国特点，可以概括如下：

首先，宋太祖功在统一。宋朝建立后，宋太祖审时度势，制定"先南后北，先易后难"的统一方针。之后他用余生之力先后收复了荆湖、巴蜀、吴越等地。实现统一是他的梦想。

其次，在治国方面，宋太祖在很多方面也超过了前人。

第一，他"杯酒释兵权"，顺利地让藩镇节度使交出了兵权，实现了新建王朝权力的和平交接与过渡。

第二，他加强中央集权，成功地收取了州郡的权力。

第三，他改革旧制，发展生产，减轻徭役，整顿税制，不仅重视农业生产的发展，而且积极推动宋初工商业以及对外贸易业的繁荣。

第四，他实行文臣治国，与士大夫共治天下。

第五，他复兴与改革科举制度，在兴学、改革宗教文化等方面都有成功的措施。

第六，他立下"誓碑"，告诫子孙"不得杀士大夫及上书言事者"。

第七，他重视法治，加强对官员的监察。

第八，他在对宦官的防范措施上很是成功。

第九，他以"仁德"治国，为政朴素节俭，引领政治风气。宋太祖曾言："烦民奉己之事，朕必不为也。"

总之，在宋太祖的手中，托起了宋王朝"文化昌运"的国运。

一、太祖登基与宋初形势

（一）陈桥兵变

赵宋三百年皇权的开创者是宋太祖赵匡胤。他的开国登基颇具戏剧性。

宋太祖出身军人世家，父亲赵弘殷是后周重要将领，曾任铁骑第一军都指挥使、右厢都指挥使，屡立军功，死后获赠太尉。赵匡胤"容貌雄伟，器度豁如，识者知其非常人。学骑射，辄出人上"①。后周太祖郭威以枢密使征李守真，赵匡胤投其帐下，从军以战功步步晋升，历任定国军、忠武军节度使。周世宗柴荣非常信任赵匡胤，任命他为检校太傅、殿前都点检，总领禁军，负责皇室警卫。

后周世宗显德六年（959年）六月，时正壮年的周世宗突然病逝，其幼子柴宗训即位，是为周恭帝。根据周世宗的遗训，朝政由宰相范质、王溥及大将韩通、赵匡胤等文武大臣共同辅佐。

周世宗临终前，为防止大将发动兵变，篡夺皇位，对禁军将帅的人事安排做了煞费苦心的布置，将后周太祖郭威的女婿、殿前都点检张永德免去军职，改由自己一手提拔的心腹大将赵匡胤接任。七月，后周朝廷在宰相范质等的主持下，对殿前、侍卫二司统帅进行了部分调整：以侍卫步军都指挥使、曹州节度使、检校太保袁彦为陕州节度使，加检校太傅，免去禁军之职；以侍卫马军都指挥使、陈州节度使、检校太傅韩令坤为侍卫马步都虞候，加检校太尉；以虎捷左厢都指挥使、岳州防御使、检校司徒高怀德为濮州节度使，充侍卫马军都指挥使、检校太保；以虎捷左厢都指挥使、常州防御使、检校司空张令铎为遂州节度使，充侍卫步军都指挥使、检校太保。

至此，侍卫、殿前二司将帅分别为：侍卫马步司都指挥使李重进，副都指挥使韩通，都虞候韩令坤，马军都指挥使高怀德，步军都指挥使张令铎；殿前都点检赵

---

① 《宋史·太祖本纪一》。

匡胤，副都点检慕容延钊，都指挥使石守信，都虞候王审琦。因李重进统军南下驻守扬州，以监视、防备南唐军队，所以侍卫司实由副都指挥、同平章事韩通掌控，而且根据周世宗的生前安排，京城守备也归韩通负责。在这份名单中，在京诸将帅除韩通之外，石守信、王审琦为赵匡胤的义社兄弟，慕容延钊、韩令坤与赵匡胤关系十分密切，高怀德与赵匡胤交往颇深，而张令铎是出名的仁厚之人，因此对野心渐起的赵匡胤来说甚为有利。

由于当时君幼臣强，人心猜疑，政局不稳，故自军中逐渐传出密谋推戴赵匡胤为天子的谣言。

五代时期的武将，一旦掌握了中央军权，往往会萌生篡位的野心。升拜殿前都点检的赵匡胤，统率着数万人马的禁军精锐，文有赵普等一班幕府谋士，武有义社石守信等十兄弟一班战将的支持，且其在跟随周世宗南北转战中屡立战功，故在军中的威望急速上升。但由于周世宗"御军号令严明，人莫敢犯"，且"又勤于为治，聪察如神"，并有"性刚而锐敏，智略过人"的王朴辅佐，从而使得赵匡胤小心谨慎，以种种忠诚之姿态来取得周世宗的信任，而不敢有所妄动。然而，随着周世宗和"智略过人"的辅佐之臣王朴的先后谢世，深埋在赵匡胤心底的政治野心迅速膨胀，欲借此时"主少国疑"、人心浮动之大好时机，趁乱夺取后周政权。

自唐王朝覆灭以来，五代各政权的更替如同走马灯般地进行着，在短短的五十三年中，先后换了十四个君主，历来至高无上、神圣不容侵犯的皇权，一变而成了有兵权、有实力的武人可以随意抢夺的东西。而在权力递嬗中，禁军将士又往往起着决定性的作用，并由此获得大量的财物等赏赐。同时五代乱世，朝纲崩姐，礼义沦丧，君臣关系以利益为维系的纽带，利合而为君臣，利分即成仇敌。因此当时禁军将士颇为喜欢拥立新天子，以获取更大利益。现在统治天下的皇帝由英武的周世宗换成年幼无知的周恭帝，故那些不甘寂寞的禁军将士又萌生了效法前辈贩卖天子宝座以获取更大富贵的念头，加上别有居心者从中积极活动，使得局面逐渐失控，向着赵匡胤集团所希望的方向发展。

然而世上没有不透风的墙，赵匡胤等人的企图，随即被不少官员察觉。虽然有人为明哲保身而观望，但还是有官员为此上书朝廷要求警惕。如殿中侍御史郑起即上书宰相范质，指出赵匡胤等人言行诡谲，应引起朝廷警觉，且赵匡胤颇有人望，处于今日"主少国疑"之时，赵匡胤不宜再典掌殿前司虎狼之师。但这一意见却并未被范质等重视，故而也没有采取任何防范措施。对此，特立独行的宋初著名文学家王禹偁在《五哀诗》中颇为惋惜地评述道："太祖（赵匡胤）方历试，握兵权已重。上书范鲁公（范质入宋后封鲁国公），先见不能用。历数不在周，讴谣（指"点检作天子"之谶言）卒归宋。"也正因为此，郑起遭到阴谋者的忌恨，宋朝建立后，一直受到朝廷的压制，"晚求万泉令，吏资官资冗"，且"无子嗣家声"，然"一旦随晚露，识者弥哀痛"，虽"文编多散失，人口时传颂"。与王禹偁所说的郑起之人品、学问颇得世人钦佩者不同，宋初官修的《周世宗实录》却指责郑起"轻俊无检操"。此正说明赵匡胤等人对郑起上书一事的忌恨之深。

在郑起上书宰相范质的同时，侍卫马步军副都指挥使韩通之子韩微亦察觉了赵匡胤的篡位企图。执掌朝廷军权的韩通本属一介武夫，胸无点墨，且又性格狠暴，人称"韩瞠眼"。但其子韩微却足智多谋，不同凡响。因其小时候生病后落下终身残疾，成了驼背，人称"橐驼儿"。韩微虽然长得丑陋，却见识不凡，至此危急时刻，竭力劝父亲先下手除掉赵匡胤，以免后悔莫及。但韩通不听，亦不在意。赵匡胤得知韩微向韩通告发了自己，既忌恨又担忧，更加紧了夺权的准备，终于发动了陈桥兵变，黄袍加身，登上了皇帝宝座。

对于赵匡胤的夺权传言，刚愎自用而又志大才疏的赳赳武夫韩通，以为赵匡胤资望尚浅，且自己控御着京城内外禁军大权，不以为意，那还可以理解，但是肩负周世宗重托的三位宰相，也未对此加以防范，甚至没有引起足够的重视，就十分令人不解了。由于史料中缺乏对此的记载，故难以确知其真实的原因。不过，史书上明言范质、王溥和魏仁浦三位宰相以"廉慎守法"著称，所以不至于对此全无知觉，从事后结果来推测，这大概还是因为范质等三相的才干守成有余而应变不足，从而造成这一让人颇感疑惑的局面。此前，当英武的周世宗得悉"点检作天子"之谶言，即断然做出罢免张永德殿前都点检使的决定，以防止兵变的发生。然而当"点检作天子"的谣传再次出现，而且赵匡胤诸人行为异常之时，"廉慎守法"的宰相们却不敢效法周世宗：一则当初周世宗以疑似之罪名将张永德罢去军权，引起了军中将士不小的猜疑，因此出身文人的三位宰相当此危局，也实在不敢仅凭这些疑似之理由，来采取断然措施以阻遏还处于萌芽状态的事变发展，从而冒激怒强将悍卒的风险；二则"点检作天子"谶言的初次出现，实在有禁军将领为打击政敌而制造、流传谶谣的嫌疑，所以当这一谶言第二次自军中传出时，人们同样会视作是军中大将之间为争夺权力而诬陷、攻讦政敌的产物，因此这一谶言虽然扰乱了人心，但辅佐幼主的大臣们却是不太以为然的。

确实，五代时期凭枪杆子夺得天下的赳赳武夫，如后唐明宗李嗣源、后晋高祖石敬瑭、后周太祖郭威等，都有着"一人之下、万人之上"的地位和声望，而这是赵匡胤所未能及者。当时赵匡胤虽然贵为殿前都点检，但地位、声望在其之上的将官有张永德、李重进、韩通等人，就连慕容延钊、韩令坤在军中的资历也较赵匡胤要深；同时在兵马实力方面，殿前司虽有数万精锐在京城，而韩通所掌握的侍卫司军马数量要超过殿前司，而且按照周世宗生前的布置，调动京城各军之权归于韩通，此外驻扎扬州以防备南唐的李重进、驻扎河北以防备契丹的韩令坤、驻扎潞州以防备北汉的昭义军节度使李筠等大将麾下都拥有很强的军力，并且二李对赵匡胤的态度颇不友好。因此，赵匡胤要在拥戴后周的势力十分强大的京城内发动改朝换代的兵变大为不易。但怎样才能把参与兵变的军队调出京城，这对曾经亲身经历了周太祖郭威发动"澶渊兵变"，然后杀回京城夺取后汉政权这一事变的赵匡胤来说，大概不难找到办法，即翻版郭威当年的做法，以建立自己的王朝，只是时间、地点有所差异而已。

显德七年（960年）正月初一，当后周君臣在宫中庆贺新年之际，忽然镇州（今河北正定）和定州（今属河北）两地长官遣人入京奏报契丹南下入侵，北汉兵马自土门东出与契丹军队联合。后周符太后和宰相范质等大臣于仓促之中不辨真假，急命殿前都点检赵匡胤统领三军将士北上御敌。

初二，赵匡胤升帅帐调兵遣将：调侍卫马军都指挥使高怀德，侍卫步军都指挥使张令铎和侍卫步军虎捷左厢、右厢都指挥使张光翰、赵彦徽率部随自己出征，而留下殿前都指挥使石守信、殿前都虞候王审琦率兵协助韩通守京城，并派遣殿前副都点检慕容延钊领前军先行北上。从表面上看，赵匡胤如此调遣将士甚为合理，殿前司和侍卫马、步军都是部分出征、部分守城，既劳逸均沾，又便于相互牵制，而这后一点，对于正忧愁于"主少国疑"的符太后、范质、韩通等人来说，应该是颇为放心的。不过，赵匡胤如此安排，却另有深意。

因为侍卫司步军之将帅张令铎是著名的仁厚人，张光翰、赵彦徽素与赵匡胤关系密切，故侍卫步军就基本为赵匡胤所控制，而侍卫马军将帅高怀德亦与赵匡胤交情不浅，而且纵然他或马军将士不一心，但在随赵匡胤出征的殿前司精锐和侍卫司步军的挟制下，也难以有所作为，况且马军中还有部分中下级军校归心于赵匡胤。而留守京城的韩通，虽仍掌握着京城军权，但侍卫司马、步大军此时已分在数处：李重进率一支兵马驻扎扬州，韩令坤领一支精兵巡守河北沿边，另一支随从赵匡胤出征，所以留在京城的侍卫司人马已不多了，而且赵匡胤还特命石守信、王审琦率领一支殿前司精兵留在京城内，而这支部队，如遇到非常之事，是不可能听从韩通调遣、指挥的。不过，作为殿前副都点检的慕容延钊，资历深于赵匡胤，赵匡胤以兄长之礼待之，让他处于其中，终究有所不妥，所以赵匡胤派遣他领前军先行出发。

就在这一天，京城内盛传兵变即将发生的谣言，甚至有士兵在市中公然宣称"将在出军之日，策立点检为天子"。由于就在十年前后周太祖郭威率领兵变将士进入京城时，为争取诸军的全力支持，故同意于"克京城日，听诸军旬日剽掠"，于是诸军进城后，纵兵大掠一夜，直到次日中午才被禁遏，京城百姓财产损失极其惨重。至此，流言一出，满城惊疑，人心惶惶，自市民至官宦人家，争相搬家出城逃避。

初三，赵匡胤率数万大军自爱景门出京城，北上御敌。因为三军纪律严整，毫无异动，所以城中被流言搞得心神不宁的市民们，由此稍微心安。当晚，出征将士驻宿于陈桥驿。

陈桥驿是当时自京城开封去河北、山东大道上的一个普通驿站，位于开封东北四十里处（今河南封丘东南陈桥镇）。当日，有一个殿前司军校苗训，曾学过占星术，善于望气观星，在军中颇为知名。在行军途中，与赵匡胤的幕僚谋士楚昭辅搭档，一唱一和，说天上太阳下面还有一个太阳，黑光纵横，磨荡了许久，并煞有介事地指给其他将士观看，宣扬这是天命有归之征兆。中国古代一向以太阳代表帝王，所谓天无二日，国无二君，今天上两个太阳相斗，其含义可谓不言自明。既然天意也是如此，那军中将士图谋兵变的信心不免更受鼓舞了。

当日夜里，驻扎于陈桥驿兵营中的三军将士，面对"主少国疑"的局面本已猜测不安，现今又在"点检作天子"的谶言、太阳下面还有一个太阳的征兆和赵匡胤的谋士们之游说煽动下，不由得心中骚动难耐，摩拳擦掌。于是那为富贵欲望所驱使的禁军将士们纷纷汇聚在一起商议道："主上幼弱，未能亲政。今日我辈出死力，为国家破贼，谁又知之？不如先立点检为天子，然后北征拒敌，未为晚也。"从聚议者的说辞上看，在其中起主要作用的仍为赵匡胤的亲信赵普等人。

当夜，赵匡胤醉酒高卧帅帐，让掌书记赵普担负起直接发动兵变的重任。在赵普鼓动下，禁军将领群情激昂，一起拥入赵匡胤的寝帐，高叫："诸军无主，愿策立太尉为天子。"赵匡胤假作从梦中惊起，披衣下床，还没来得及与诸将应酬，就被众人搀扶着来到公案前，一件早已准备好的象征天子身份的黄袍就披在了赵匡胤的身上，众人然后纷乱地退后跪拜在地，口呼"万岁"。当年郭威发动兵变时，其手下于匆忙中只是撕裂一面黄色的军旗权当黄袍，相比之下，此时赵匡胤的准备可谓要充分得多了。于是，赵匡胤便与拥立者约法三章：

> "我有号令，尔能从乎？"皆下马曰："唯命。"太祖曰："太后、主上，吾皆北面事之，汝辈不得惊犯；大臣皆我比肩，不得侵凌；朝廷府库、士庶之家，不得侵掠。用令有重赏，违即孥戮汝。"诸将皆载拜，肃队以入。①

三军将士所以拥立赵匡胤代替后周皇帝，其主要目的就在于获取钱财，既然所拥立的新皇帝答应事成之后有重赏，自然应允照办。赵匡胤的这道命令使得陈桥兵

---

① 《宋史·太祖本纪一》。

变与五代时期其他频繁发生的兵变有了本质的区别，使得此次兵变成了天下由大乱到大治的转折点。得到三军将士全力拥戴的赵匡胤，便先遣心腹爱将潘美去京城见宰相等文武大臣通报兵变之事，并遣幕僚楚昭辅入城安慰其母亲杜氏等家人，告诉他们兵变已获成功，然后整顿三军回转马头，直扑守卫空虚的京城。

初四，赵匡胤以迅雷不及掩耳之势迫使众大臣俯首称臣与周恭帝禅位。在群臣一片万岁声中，登基称帝，"迁恭帝及符后于西宫，易其帝号曰郑王，而尊符后为周太后"[①]。

初五，赵匡胤定新朝的国号为宋，都城汴京，改年号为建隆，赵宋王朝建立。

陈桥兵变是一次有预谋、有计划的兵变，策动者有周密的计划、长远的打算，所以这次兵变十分成功。兵变成功之后，建立了长达三百多年的宋王朝。此后的一千年中，再也没有发生过拥立皇帝的兵变，直到辛亥革命成功，帝制废除为止。

（二）宋初所面临的形势

宋太祖赵匡胤虽然利用缜密的策划、部属的拥护，使兵变一举成功，并且以迅雷不及掩耳之势建立了赵宋政权，避免了改朝换代之际通常出现的那种刀光剑影、血流成河、百姓遭殃的动乱局面，赢得了人心，并迫使京城中拥护后周的势力和各地节度使、驻屯禁军，突然面对着一个强悍的新天子及其忠于他的强大武装而一时手足无措，俯首称臣，但新政权依然面临着严重的危机。

1. 来自拥护后周政权者的对抗

在都城汴京，原北周官员中颇有对新朝不满者，但更多的是虽已俯首臣服，内心却依然抱着观望态度。尤其是来自禁军中的反对者，对宋太祖的生命安全带来了直接威胁。史载宋太祖即位之初，为考察民心、民意的向背，很喜欢微服私行。有一天出行，经过大溪桥，不知从何处射来一支冷箭，正中其坐车的车盖上，禁卫大骇。虽然出身行伍的宋太祖面不改色，下车拉开衣襟，笑称"叫他射，叫他射"，并

---

① 《宋史·太祖本纪一》。

不让左右去搜捕刺客，但此后也不敢再随意外出了。当时有军士将一柄内藏利剑的手杖献给宋太祖，称可防备非常之事，这位久经沙场的开国者不禁哂笑说："如我用上此物，天下事可知矣。"不过，宋太祖还是让自己的左右内侍太监都习练武艺，以备不测。在忠于宋太祖的军队强力控制下，这些反对力量甚为微弱，如萤火烛光，不足以让宋太祖君臣费神多虑。对赵宋政权真正构成威胁的是拥有重兵的地方节度使，其中兵广将众、声望显赫的昭义节度使李筠（驻屯潞州）和淮南节度使李重进（驻屯扬州）的威胁最大，这两藩镇不久即起兵叛宋。

2. 来自北方契丹、北汉政权的军事威胁

对于宋太祖来说，在军事上能真正对新兴的赵宋王朝形成最大威胁的就属占据着北方燕云地区的契丹骑兵了。宋初，契丹疆域"东至于海，西至金山（阿尔泰山），暨于流沙，北至胪朐河（今克鲁伦河），南至白沟（今河北雄县白沟河），幅员万里"①。当年五代石敬瑭为换取辽的支持，将燕云十六州拱手相送，使得纵横于东北平原上的契丹骑兵不战而得到这一战略地位极其重要的地区，而将其南界向南推进到雁门关、滹沱河一线。辽政权对燕云地区给予了高度重视，将幽州（今北京）定为南京析津府，也称燕京，此后又改云州（今山西大同）为西京大同府（辽朝先后设有五京，其他三京为：上京临潢府，其地在今内蒙古昭乌达盟巴林左旗境内；东京辽阳府，其地在今辽宁辽阳；中京大定府，其地在今内蒙古昭乌达盟宁城西大明城），并以此为基地，动辄扬鞭南下，牧马中原。因此对中原王朝而言，如果具有重要战略地位的燕云十六州既失，处于燕山南麓的燕京地区被辽人控制后，整个华北平原便无险可守，门户洞开。崛起的契丹族不断参与中原地区的政治军事活动，并与北汉政权结成了同盟关系，严重威胁到赵宋王朝的北方安定。

3. 来自南方割据政权对中原地区的觊觎与牵制

自唐末五代以来，经过百余年分裂战乱的动荡，民众要求统一的呼声日趋高涨，而新建立的赵宋政权，其统辖区域并不太大，所控制的大体仅为今河南、山东、河

---

① 《辽史·地理志一》。

北大部、山西南部、陕西大部、甘肃一部分以及江苏、安徽、湖北的长江以北地区。因此，宋王朝在当时中国疆域内同时存在的诸多割据政权中，其疆域远小于契丹，只是强于南方诸割据政权及割据山西北部的北汉而已。这就使得南方诸国中实力最强的后蜀和南唐等国一方面深惧赵宋王朝的强大，另一方面也抱有北取中原、争霸天下的企图，他们互相频繁联系以求联合，从而图谋扼杀赵宋王朝这个生机勃勃的新生政权。

4. 来自手握重兵将领的隐患

宋太祖起身行伍，没有皇亲国戚的支持，没有特殊的背景优势条件，其所以能取得兵变成功、能够黄袍加身，主要还是赖于他的私人势力的支持。赵匡胤的幕僚，除了宋太祖的弟弟赵光义以及著名的赵普以外，还有楚昭辅、王仁赡、吕余庆、沈义伦、刘熙古、李处耘等人，这些人或长于治才，或优于理财，或善于兵戎筹谋。除文臣外，赵匡胤从后周显德初年就执掌殿前司，周世宗改革禁军时他又参与其事，故与许多武将联系密切，他们对赵匡胤的拥护，是导致后周政权倾覆、赵匡胤上台的重要原因。这批武将又以世人所传的"义社十兄弟"最为著名。据《宋朝事实》卷九《勋臣》记载，义社十兄弟成员除赵匡胤之外，其他九人为：保静军节度使杨光义；天平军节度使、同平章事兼侍中石守信；昭义军节度使兼侍中李继勋；忠武军节度使、同平章事、中书令、秦王王审琦；忠远军节度使观察留后刘庆义；左骁卫上将军刘守忠；右骁卫上将军刘廷让；彰德军节度使韩重赟；解州刺史王政忠。正是倚靠"义社十兄弟"的支持、拥戴，赵匡胤才一举登上了新朝的皇帝宝座。然而，也正因为这些人手握重兵，从而构成了对宋太祖皇权的潜在威胁。

5. 社会经济的恢复与发展问题

因长期战乱所导致的农业生产的破坏、田地荒芜、大量土地得不到开发、豪强兼并等问题，都在考验着新建王朝统治者的治理能力。

上述形势，使得宋太祖不能不常怀忧惧之心，常恐"亢龙有悔"，为政谨慎从事，费尽心力寻求正确的政策与策略来一一化解这些风险，以求江山一统、长治久安。

二、构建新的权力中枢

（一）实行分化事权机制

军制改革加强了皇帝对军队的绝对控制，这为其他领域的改革创造了安全的环境和赢得了充裕的时间。有了对军队的绝对控制能力，宋太祖在中央官制和财政领域的改革就变得更加从容不迫。这两个领域改革的目标，自然也是加强皇权。

中央官制建设是中国历代王朝政权建设的核心工作，也是政权核心权力的分配斗争。北宋的中央官制，主要建立于宋太祖、宋太宗时期，后来成为宋朝"祖宗之法"的一部分，虽经数度修改，但基本框架始终未变。这种高层权力架构以后周官制为基础、五代十国为教训、初唐为楷模，并以巩固皇权和加强中央集权为目的、以削弱"相权"为核心。

宋代的官制是在唐代体制的基础上建立起来的。

唐代的中央官制是"三省六部制"，宋代的中央官制则为"二府三司制"。

唐代的"三省六部制"，是指在中央设置"中书省、门下省、尚书省"三个机构，其中"尚书省"下设"吏、户、礼、兵、刑、工"六个分管具体行政部门。"三省"的分工是：中书省负责起草诏令，门下省负责审批，尚书省负责执行。三省的长官都是宰相，但三省分权势必造成朋党之争、效率低下等弊端，所以从唐高祖时中书、门下两省就开始联席办公，地点设在门下省，叫作"政事堂"。这一制度的优点在于，"三省"既分权制衡、巩固了皇权，又分工明确、提高了效率，因此多为后世所承袭。

《宋史·职官一》说：

> 宋承唐制，抑又甚焉。三师、三公不常置，宰相不专任三省长官，尚书、门下并列于外，又别置中书禁中，是为政事堂，与枢密对掌大政。天下财赋，内庭诸司，中外管库，悉隶三司。中书省但掌册文、覆奏、考帐；门下省主乘舆八宝，朝会板位，流外考较，诸司附奏挟名而已。台、省、寺、监，官无定

员，无专职，悉皆出入分涖庶务。故三省、六曹、二十四司，类以他官主判，虽有正官，非别敕不治本司事，事之所寄，十亡二三。

北宋的中央官制深受唐代影响，但更多保留了五代十国以来的痕迹。宋代的中央官制，可以简称"二府三司"，指的是"中书省、枢密院、三司"三个机构。"宋初，循唐、五代之制，置枢密院，与中书对持文武二柄，号为'二府'。"①"三司"也叫"计省"，管"户部、盐铁、度支"三个衙门。中书门下省的长官为宰相，领受"同中书门下平章事"（简称"同平章事"）的头衔。宰相管行政，枢密院管军事，三司管财政。"三司"时而合为一个机构，时而分为三个机构，但三司合一的时间居多。从赋权的角度看，"三司"更应该被视为一个整体。

宋太祖承袭隋唐五代体制，皇帝经常坐殿视朝听政，随事决策。在皇帝坐朝听政以外，宋朝的次高决策机构是宰执在各自的官署理政和议政。

北宋前期，宰执乃指中书门下的宰相和参知政事以及枢密院的枢密使、枢密副使、知枢密院事、同知枢密院事、签书枢密院事、同签书枢密院事，不包括三司的官员。实际上，宰执就是中书门下（东府）和枢密院（西府）的二府大臣们。他们除每天五鼓早朝外，还赴各自的官署办公，处理政事。有时还同赴枢密院专设议事厅或中书门下内宰相们办公议事的厅堂"政事堂"议事。

宋代的中央集权达到了前所未有的程度，基本上消除了造成封建割据和威胁皇权的种种因素。为了规避文臣、武将、皇后、外戚、宗室、宦官等六种人的专权独裁，宋太祖制定出一整套集中政权、兵权、财权、司法权等由皇帝掌握的制度。

中央集权一般是指把地方的权力集中到中央；专制主义则是把权力集中到皇帝手里，君主主宰一切。

早在秦汉时期，中央集权制就已经确立起来，但专制主义还未达到登峰造极的程度。我们可以通过宰相权力的变化这一个标志来认识中央集权的过程，汉代的宰

① 《宋史·职官二》。

相，权力相当大，可谓"一人之下，万人之上"，但到了宋代以后，宰相的权力就逐渐缩小，权力逐步集中到皇帝手里。可以说，专制主义中央集权的加强是从宋代逐步开始的。

宋太祖为了达到中央集权的目的，行政系统实行"分化事权"机制，以相互牵制。特别是中书、门下、尚书三省及一些重要行政机构，官没有定员，也不是专职，都由别的官以差遣的名义掌管其事。宋朝对官员的任用，实行了官职名称与实际职务相脱离的政策。上至仆射、尚书，下至员外郎，以及寺、监的官职，除特殊情况外，都不担任与官职名称相符的职务，官名只用来表示官位和俸禄的高低，称为正官、寄禄官，简称"官"。官员担任的实际职务，称为差遣，通常在所担任的职务之前，加有"判、加、权、管勾、提举、提点"之类。一部分文官还带有学士、直阁之类，称为贴职，简称"职"，通常并不担任相应的馆阁之职，只作为文官的荣誉衔。官、职、差遣，是宋代官制中特有的制度。这些特点造成宋代职官制的机构庞杂、职名分离、事权零碎、冗官严重、政令不畅、执行不力、行政效率低下。

（二）宰相权力的削弱

宋太祖在中央官制上实行分权设计，其目的是为了巩固皇权、加强中央集权统治。

宋代中央官制下，中书门下省的长官毫无疑问是宰相，且跟唐朝一样领受"同中书门下平章事"的头衔。宋代宰相之权力，与唐代相比衰弱显著。这是北宋"二府三司"的要旨。宋代宰相权力的削弱体现在许多方面，主要有：

1. "分享"相权者众

唐朝的宰相一般都是两人，分别是中书省和门下省的长官：中书令、门下侍中（唐代的尚书省长官原本也是宰相，但"开元"年后尚书省长官不再参与政事堂议政而不享有宰相身份）。和唐代不同，北宋前期没有以中书令为宰相，中书令与尚书令一样，都是虚衔。其间偶尔出现"侍中"任宰相，其他都是"同中书门下平章事"任宰相。北宋前期一般设两位宰相，有时设一相或三相。设三相时，首相兼昭文馆大学士，称昭文相；次相监修国史，称史馆相；末相兼集贤殿大学士，称集贤相。如果只有两相，往往首相兼昭文馆大学士、监修国史，其他情况较少见。

这些宰相中，除了"同中书门下平章事"和偶尔任宰相的"侍中"之外，其余的宰相应该都是"参知政事"。此职在宋代始设于太祖乾德二年（964年），其后逐渐成为常设官职。

"参知政事"一职作为副宰相，一般充任宰相的助手，但有时也被委以重任、独挑大梁。"参知政事"最少设一员、最多设四员（元丰改制后，以门下、中书和尚书左右丞为副宰相，就是设四员的例子），通常则在二三员之间（南宋后期，三员成为定制）。他们都是"相权"的分享者，在人数上，至少不比唐代少。我们熟知的一些北宋人物，例如寇准、文彦博、范仲淹、欧阳修、王安石等都曾做过"参知政事"。

2."分割"相权者多

唐代宰相对政治、经济、军事等方面的事几乎无所不管，只要遵守"中书—门下—尚书"这个议事程序就没问题。但宋代却让枢密院专管军事、"三司"专管财政，以此来分割宰相的军事权和财政权，使得宰相的"事权"锐减。

宰相、枢密院、"三司"的关系值是平级、并立的，互不统属，都直接对皇帝负责。宰相与枢密院的地位平等、权力分立。宋代宰相与枢密院的长官合称"宰执"。这个称呼也反映了宰相与枢密院的平权、并立。

除了财政权、军事权被分割外，宰相的人事权、谏议权也在一定程度上被分割了。

在制度上，人事权本应属于尚书省下面的"吏部"（唐代如此），但宋代却在吏部之外，另设考课院对官员进行综合考评；考课院后来更名为审官院，又分为东西两院，东院负责选用文官，西院负责选用武将。这就等于是解除了宰相人事方面的任免权。

"谏议权"在唐宋都由各种名目的谏官掌管。唐代的谏官设在门下省，主要职责是直接给皇帝提谏议。谏官的作用，就是遇到宰相有时有不便同皇帝讲的话，谏官可以"替"宰相讲出来。谏官职位低，说错了也无妨，最著名的例子莫过于魏徵了。

魏徵担任谏议大夫时，其所属的部门就是门下省。门下省与谏官，这是上下级关系，谏官归门下省领导。此时的谏议权实则是在门下省，为宰相的事权之一。但宋代则不然，谏官不再是宰相下属，而是独立出来，也不由宰相任命，改为皇帝任命。于是宋代的宰相自此便失去了对皇帝的谏议权。

3."监督"相权者增

按常识，监督百官的权力应为类似秦汉"御史大夫"这样的部门来执掌。这项权力我们把它叫作"监察权"。唐代的监察权由"御史台"执掌，负责监督中央政府官员。宋代也还是有御史台，"掌纠察官邪，肃正纲纪。大事则廷辩，小事则奏弹"[1]，负责监督中央的政府官员（地方官由"通判"负责监督）。既是监督中央的政府官员，那么宰相自然属于监督的对象。但除此之外，宰相还要受一个部门的监督，那就是上文刚刚提到的——谏官。

唐代谏官专门讽谏皇帝，纠绳皇帝的过失，是专为监督皇帝而设，其官名如谏议大夫、拾遗、补阙、司谏、正言，是宰相下属，替宰相"言宰相所不能言之事"。为此，谏官可能冒犯龙颜、直言进谏。宋代也有行使谏议权的机构——谏院。它从原本隶属于门下省的谏官中分离出来。并且从此以后，谏官不再是宰相下属，宰相无权任用谏官，因为所有台官、谏官均由皇帝任命，并且由此不再是负责监督皇帝，反而变成监督宰相的部门了。

唐代设立谏官的初衷是纠绳皇帝，而不是纠绳宰相，所谓"谏"是针对皇帝而言的。而宋代让谏官脱离门下省，不再隶属于宰相，其职能就反过来变成了纠绳宰相。这样就剥夺了宰相通过谏官向皇帝进行规谏的权力，并且加强了对宰相的监督。谏官不再纠绳皇帝，而是纠绳宰相，使宋代的相权在已经受御史台监督的情况下，又多了一重监督机构。

4."坐而论道"之礼废

秦汉至隋唐，宰相与皇帝都是坐着议政的，所以才有"三公坐而论道"之说。

---

[1] 《宋史·职官四》。

议政期间，宰相与皇帝可能也有失和的案例，但正常情况下皇帝对宰相还是相当客气，讲究礼节的。比如，任命宰相时，皇帝要行大礼，叫作"拜相"；汉代的宰相、三公与皇帝议事时，大家都是跪坐在榻上，面前几案上摆放有茶点果盘，叫作"三公坐而论道"；宰相生病了，皇帝还得亲自去相府探望。

五代十国时期，"坐而论道"的规矩也还是存在的，但到宋朝却给废了。宋朝皇帝与宰相议事的时候，情形变成了皇帝仍旧是坐着，但宰相却是从此都站着。为什么会这样呢？这与北宋的首位宰相范质有关。

范质，本是后周的宰相。陈桥兵变发生后，赵匡胤还京，范质只好拥护赵匡胤当皇帝。不过，在他的努力下，赵匡胤答应以"受禅"的形式登基为帝，善待后周宗室，并留用范质继续为相。但正是从他们开始，宰相与皇帝议政的基本方式，悄然发生变更。"先是，宰相见天子议大政事，必命坐面议之，从容赐茶而退，唐及五代犹遵此制。"范质等"惮帝英睿"，"每事辄具札子进呈"，面议改成奏折，理由是"如此庶尽禀承之方，免妄庸之失"。太祖接受此建议，"由是奏御寖多，始废坐论之礼"①。相权之于皇权的辅佐、从属地位，从此更得到仪式化的强调。

这就是说，范质在宋朝新政权中虽继续担任宰相，但顾虑自己是前朝的宰相，又明白太祖赵匡胤爱好集权，所以主动放弃"坐以论道"的礼遇，选择站着跟皇帝说话，从此形成新的传统。自此，宰相与皇帝议政，都是皇帝坐着、宰相站着。而且在议事中，宰相不再自作主张、做决定，而是改为把意见写在札子上供皇帝参考。

宰相的札子不具有行政命令的效力，决定权最后在皇帝的手中。这与唐朝略有区别。唐朝的宰相在中央主事，诸事都是议好、拟好，然后上报皇帝批阅、同意的。按照著名史学家钱穆先生的观点，唐朝皇帝拥有的是"同意权"，至于"决定权"实际上是在宰相手中；但宋朝则不然，自范质用札子议政开始，政务的"决定权"便掌握在皇帝手中，宰相作用被弱化。

因此，范质对太祖赵匡胤的过自谦抑，实际上导致了两个结果：其一，宰相"坐

---

① 《宋史·范质传》。

而论道"的传统自此废除，改为在皇帝面前站着议政；其二，宰相示弱、皇权加强，政令之决定权收归皇帝。

总之，从制度设计上，宋代相权的衰落是没有争议的。相权弱、皇权强，成为宋代的政治特色。这对于皇权的稳固、政局的稳定固然是有帮助的，但相权的制度性削弱，则不免阻碍了宰相个人才干的发挥、抱负的施展。遇有军国大事，宰相不介入又不行的情形，宋朝的"祖宗家法"就得面临考验。最简单的，例如对外战争。倘若只是打仗、纯军事行为，宰相或可不让介入；但若需要议和，这是政治而不是军事，那就属于宰相的职责范围了，枢密院不该管。所以，制度设计是一回事，实践操作又是另一回事了。[①]

当然，人非神灵并非算无遗策，再完美的制度设计，也难以考虑到所有未知的可能性。因此，宋代宰相的权力在制度设计上、"祖宗之法"的初衷上，也许是要极力削弱。但在实际运用中，宰相的权力有没有可能扩张，甚至发展成"权相"呢？这就是另外一个问题了。

三、杯酒释兵权与改革军制

（一）杯酒释兵权

自从公元960年宋太祖赵匡胤通过陈桥兵变建立大宋帝国政权后，一个问题就一直萦绕在他的内心深处，令他寝食难安，那就是：怎样才能永远避免"陈桥兵变"的历史重演？如何保证赵宋王朝的长治久安？

军人掌握足够的兵权，拥有足够的力量，就能发动政变、改朝换代。这种事情在五代十国以来不断上演。赵匡胤由兵变做上了皇帝，某一天，他的部将会不会也发生"黄袍加身"、改朝换代的事情呢？宋太祖是眼界开阔、头脑清醒的一代英主。

---

① 参见于之伟、李鹏主编，袁岂凡著：《帝国的归宿》（两宋卷），中国华侨出版社2018年版，第23—26页。

他从晚唐以后的惨痛历史中深刻认识到军阀拥兵自重、武装割据、地方分裂的严重政治危害，因此从登基之日起，就慎重思考如何避免重蹈覆辙。

起初，宋太祖赵匡胤并没有太担心武人弄权的事件再次上演。不是他不懂得统兵大将权力过大的严重危害，而是他性格阔达、御将有道、宽厚仁慈，自信这种事情不可能会发生在他自己的部下身上。

然而，心腹赵普却不这么认为。

赵普不仅是宋太祖十分信任的幕僚首领，而且也是陈桥兵变的主要策划人之一。他深信不能将国家大事建立在感情与信任的基础之上，必须要用制度来制约，才能避免改朝换代悲剧的发生。

建隆二年（961年），宋太祖赵匡胤跟赵普有过一番对话，这番对话主要是宋太祖向赵普问询长治久安之策。

宋太祖问赵普："天下自唐季以来，数十年间，帝王凡易八姓，战斗不息，生民涂地，其故何也？吾欲息天下之兵，为国家长久计，其道何如？"

赵普听后马上回答说："此非他故，方镇太重，君弱臣强而已。今所以治之，亦无他奇巧，惟稍夺其权，制其钱谷，收其精兵，则天下自安矣。"

宋太祖说："卿无复言，吾已喻矣。"①

在这番对话中，赵普从收回拥有重兵将领手中"权、钱、兵"三方面提出了自己的观点，直指要害。其意要把政权、财权、兵权从方镇手中夺回来完全归皇帝所有，换言之，用"夺、制、收"的办法使方镇与政权、钱财、精兵三者分离。核心是财政，但当务之急却是兵权。

不过，赵普的建议起初并不为宋太祖所采纳。因为宋太祖对当时的部下非常信任。谁叛，谁不叛，他心中有数，而且是有相当自信的。

其实，宋太祖的自信也并非没有道理。

因为陈桥兵变前，宋太祖赵匡胤是从禁军士兵一步一步起家的，他"掌军政凡

---

① ［宋］李焘撰：《续资治通鉴长编》卷2，建隆二年七月戊辰。

六年，士卒服其恩威"①，在禁军中有很深厚的根基和影响力。

前面说过，赵匡胤集团，除了有以赵普为代表的文臣辅佐之外，赵匡胤在军中亦广结善缘，和许多军官感情都很好，例如他所结交的"义社十兄弟"就是突出的代表。此外，后周禁军一些手握重兵的大将，诸如慕容延钊、韩令坤、赵彦徽、高怀德等，也都是与赵匡胤相交多年的密友，在陈桥兵变中大多扮演了主谋的角色。这些人，对宋太祖赵匡胤来讲，应该都是信得过的。

正因为如此，当赵普劝说宋太祖削夺统兵大将权力的时候，宋太祖有些不以为然，认为是赵普"过虑"。"时石守信、王审琦等皆上故人，各典禁卫。普数言于上，请授以他职，上不许。"②但在赵普不断地劝说中，有些话还是触动了宋太祖，使其态度渐渐地发生了转变，倾向于尽快削夺统兵大将的权力，因为这些人对皇权的威胁最是直接。

根据史书记载，赵普之所以能触动宋太祖赵匡胤下决心收回兵权，与下面的一段对话有很大的关系：

宋太祖："彼等必不吾叛，卿何忧？"

赵普："臣亦不忧其叛也。然熟观数人者，皆非统御才，恐不能制伏其下。苟不能制伏其下，则军伍间万一有作孽者，彼临时亦不得自由耳。"③

宋太祖方悟而从之。

赵普担心石守信、王审琦都是不能节制部下的人，万一他们的部下在军中作乱，届时石、王二人恐怕会身不由己。赵普这番话触动了宋太祖，促使他下决心解除石、王等人的兵权。

于是，中国历史上最具有戏剧性的一场和平"夺权"行动随即展开，这就是"杯

① ［宋］李焘撰：《续资治通鉴长编》卷 1，建隆元年正月辛丑。

② ［宋］李焘撰：《续资治通鉴长编》卷 2，建隆二年七月戊辰。

③ ［宋］李焘撰：《续资治通鉴长编》卷 2，建隆二年七月戊辰。

酒释兵权"。

事件发生在建隆二年（961 年）七月。按《续资治通鉴长编》《国史》《实录》等记载，这天，宋太祖召集石守信、高怀德、王审琦等高级将领举行了一次宴会。

当酒喝到正酣的时候，宋太祖开始诉苦和感叹，做皇帝也太艰难了，还不如做节度使快乐，朕整个夜晚都不敢安枕而卧眠啊！

将领们十分不解地询问其缘故。

宋太祖回答说，这不难知道，朕这个皇帝的位置谁不想要呢？

此言一出，把大家吓一跳，将领们赶紧叩头表示，陛下何为出此言？今天命已定，谁敢复有异心？

宋太祖说，事情不像你们说得那么轻巧。你们虽然没有异心，然而你们部下想要富贵，一旦把黄袍加在你的身上，你即使不想当皇帝，到时也身不由己了。

石守信等人听罢，赶紧跪求宋太祖给指明出路。

宋太祖于是说出了自己早已给他们想好了的去处。

宋太祖说，人生在世，像白驹过隙那样短促，所以爱好富贵的人，不过是想多聚金钱，多多娱乐，使子孙后代免于贫乏而已。所以你们不如放下兵权，去镇守地方，多置良田美宅，为子孙立永远不可动的产业。同时多买些歌伎舞女，日夜饮酒相欢，直至终年。我同你们再结为儿女亲家，君臣之间，两无猜疑，上下相安，这样不是很好吗？

石守信等人叩头称谢。第二天，石守信、高怀德、王审琦等人纷纷称病、请求解甲归田。宋太祖顺水推舟解除了他们的兵权，同时，给予他们丰厚的赏赐。

当然，对于上述故事，史学界一直怀疑它是否在历史上真实存在过。因为《宋史》中没有提及。它的最早记载，是王曾（978—1038 年）的《王文正公笔录》。此后，司马光的《涑水记闻》、王辟之的《渑水燕谈录》等北宋史籍对"杯酒"一事亦有记载。这些记载，在文辞、情节详略上有所不同，在有关"杯酒"一事的时间、诸将释兵权后的职务安排等方面亦有分歧，但都能基本佐证"释兵权"一事确实发生过。其中李焘在《续资治通鉴长编》中的考订是极为严谨的。现在对"杯酒释兵权"的引用，一般都以李焘考订出来的版本作为依据，倾向于相信它的存在。

但真实的历史是错综复杂的。

实际上，宋太祖"释兵权"的措施是逐步深入、分批分次进行的，其对石守信、王审琦、高怀德等人的兵权的解除也只是水到渠成的一种结果。

历史上，宋太祖收回兵权主要是通过四次举措才得以完成的。

第一次发生在建隆元年（960年）八月。宋太祖调张光翰和赵彦徽"出守大藩"，分别外放为永清军节度使、建雄军节度使，同时自动解除他们在禁军中的军职。这是宋太祖第一次对禁军将领做重大调整。因为"出守大藩"既在名义上是"高升"，同时又享有"节度使"的优厚待遇，所以此二人愉快地接受了安排，外界也没有过度联想和关注。

第二次发生在建隆二年闰三月。宋太祖又如法炮制，在庆贺平定李重进的叛乱时，以加官晋爵的名义解除了"殿前都点检"慕容延钊和"侍卫马步军都指挥使"韩令坤的禁军军职。慕容延钊以"侍中"衔外放为山南系道节度使、西南面兵马都部署，韩令坤同样以"侍中"衔改任成德军节度使、北面缘兵马都部署。自此，"殿前都点检"的位置开始长期空缺。慕容延钊和韩令坤的外调，也是既有名义上的"高升"，又有节度使的优厚待遇，同时还能对诸多地方驻扎军队拥有指挥权。所以这批次的人事调动也相当的和平。甚至，慕容延钊对宋太祖的安排几乎到了"心领神会"的地步。

至于发生在建隆二年七月的"杯酒释兵权"，实际上只能算第三次的"释兵权"了。不管这第三次的"释兵权"是否发生在酒宴中，石守信、王审琦、高怀德、张令铎的禁军职权同时被解除却是不争的事实。此时距离第二次"释兵权"才四个月时间。而且石守信、王审琦、高怀德、张令铎被解除禁军职权后，也并不是真的就解甲归田了。宋太祖的安排，依然是"外放"去做节度使：石守信为天平节度使，高怀德为归德节度使，王审琦为忠正节度使，张令铎为镇宁节度使。至此，禁军中只剩下宋太祖的亲弟弟赵光义仍旧在禁军中任职了。不过，这也只是暂时的事。因为下面还有第四次的"释兵权"。

第四次的"释兵权"是紧随"杯酒释兵权"之后，宋太祖调任赵光义为开封府尹，并解除其殿前都虞候的禁军职务。"侍卫亲军步军都指挥使"罗彦瑰也因被外放为安国节度使，并被解除禁军职权。

至此，禁军两司（殿前司、侍卫司）的各级军官已经全部被替换掉了。

由此可见，"杯酒释兵权"只是宋太祖赵匡胤"释兵权"的一个著名样本而已，并不是"释兵权"的全部动作。所有批次的"释兵权"，都仅仅是针对"禁军"的各级将领——都是解除禁军将领的兵权——而不是地方节度使的兵权。但必须要承认的是，包括"杯酒释兵权"在内的四次"释兵权"，都是在比较和平、和谐的情况下完成的。在"释兵权"的过程中，皇帝与这些禁军将领之间，近乎达成了默契。

放下禁军职权的将领不仅没有了人身安全上的顾虑，而且还能享受经济上的优厚待遇，也能继续维持在军队中的昔日的声望和荣誉。有些将领还和皇帝结成儿女亲家，增进了和皇帝之间的私人感情。对于皇帝而言，卸任的禁军将领以各地节度使的名义，还在军中任职，可以继续在必要时参加大宋的统一战争；而新上任的禁军将领通常是军中级别和名望较低的军官，他们在军队中的威信远远不足以策划"陈桥兵变"这样改朝换代的政变。这意味着皇帝的个人安全和地位得到了空前的保障和巩固。

从表面上来看，第一代开国将帅由此调出京城，各守外藩，武人干预中央政治的局面为之改变；此后，新提拔的第二代将帅，资浅功薄，自然无法与皇帝——甚至与赵普等开国文臣相抗衡了。实质上，此番系列动作和平地消除了开国皇帝和开国功臣之间的矛盾，避免了历史上类似勾践、刘邦等诛杀开国功臣悲剧的重演，在君主专制的时代，能够做到这一点，委实不易，这要归功于宋太祖不同凡响的政治智慧。

更重要的是，"杯酒释兵权"不仅结束了五代十国以来强臣悍将发动兵变改朝换代的局面，而且其深远的影响，还在于为宋王朝营造了一种较为文明和理性的开国氛围，从而影响和带动着宋代的政治生活向着相对宽松和文明的方向发展，并最终形成了"未尝轻杀臣下""不以文字罪人""不杀士大夫及上书言事人"等值得肯定的政治传统。而且，军人干政局面的结束，也使得皇帝有时间致力于国家的统一和开展经济建设。所以，包括"杯酒释兵权"在内的、各批次的"释兵权"，都应该视作一种"双赢"的结局。

这种君臣"双赢"的合作局面之所以能够形成，与宋太祖个人政治智慧是分不开的。五代十国以来，不是没人注意到军人跋扈的危害性，也不是没人想过要杜绝此类现象的发生。然而，非不想为也，实不能为也！

宋太祖能和平、和谐地解除禁军将领的职权，是由多种因素共同促成的，这些因素在之前的朝代并不同时具备。总结起来，至少表现为三个方面：

第一，宋太祖在军中有足够的地位和威望。否则，既不可能有陈桥兵变——拥戴他改朝换代当皇帝的事情发生，也不会有这些禁军高级将领在政变后对他的持续支持和表现出一贯的忠诚。

第二，宋太祖在解决禁军将领职权的问题上，非常有策略、有步骤。他的基本策略和步骤可以归纳为：先易后难、名正言顺、明升暗降、待遇优厚。第一批次的"释兵权"，就是遵循了"先易后难"的策略。被调离岗位的是禁军中级别较低的将领，不容易引起高级将领们的恐慌，"释兵权"的战略意图也不明显。第二批次的"释兵权"，选在平定李重进的叛乱之后，平定叛乱自然需要论功行赏。这个正确的时机，给了宋太祖"名正言顺"调整人事安排的理由。且被调离禁军职位的将领，都在军中获得了足够多的职务补偿和名义上升职的安排。第三批次是"杯酒释兵权"，看上去这是实在没什么理由的情况下而随意为之。但此番人事安排之所以能够顺利成功，是以前面人事安排已经调整完毕、石守信等人相对被孤立为前提的，另外就是宋太祖给出的待遇也是对方无法拒绝的——既是节度使，又是宰相，再加"约为姻亲"和丰厚的赏赐。

第三，赵普的不断建议和坚持。从历次"释兵权"来看，宋太祖很可能早有此意，而且自有计划和步骤，只是他并不急于为之。但赵普是非常坚决、积极鼓励宋太祖尽早削夺禁军大将职权的。他的许多观点，非常具有文官集团的代表性。

不过，以"杯酒释兵权"为代表的系列"释兵权"举措，并不能代表皇权可以自此永远高枕无忧。因为假以时日，那些第二代禁军将领也会在禁军中逐渐建立自己的威信，进而重新威胁到皇权；那些已经外放为节度使的第一代禁军将领，也可能会重新威胁到中央集权。这意味着武将对中央集权的威胁始终没有彻底根除，随时有可能重新激化矛盾、发动叛乱或者政变。那么，届时北宋统治者又该如何是好？此时的宋太祖赵匡胤想到这一层了吗？

（二）军制的改革

作为开国之君，宋太祖对于国家治理是有系统而长远考虑的。"杯酒释兵权"只是解除禁军统兵将领兵权、加强中央集权的一个权宜之计而已。

对于如何巩固皇权，宋太祖实际上早已深谋远虑，形成了一个全盘的战略规划。北宋王朝全面而深刻的军事、政治改革，以"杯酒释兵权"为开端才刚刚拉开序幕。

在君主专制时代，无论如何，君主是不可能"一个人"独自统治国家的。他需要军队来保卫自己和国家，他也需要文官来协助自己治理中央和地方。但是权力一旦下移，军队可能会不受控制，甚至反过来威胁自己；文官可能会不称职，甚至背叛君主。这是君主专制的矛盾，也是君主专制的"原罪"——任何"君主专制"的国家或者社会都无法摆脱这样的矛盾。结果，君主在巩固自己的权力、地位过程中，常常首尾不能兼顾——总是不免衍生出各种头疼的问题，最终都表现成为巩固皇权与中央集权而产生各种形式的斗争。

对于宋王朝而言，武将的不可靠，宋太祖是最有深刻体会的。那么文官就可靠吗？文官同样也不可靠。陈桥兵变后在实际利益面前所表现出来的种种文臣面相就给了宋太祖最好的说明。并且殷鉴不远、历史上的类似事情触目惊心。远有秦朝丞相李斯与内廷赵高作乱祸国，近有唐玄宗统治时期的杨国忠、李林甫的朋党之争，这些人居庙堂之高、掌丞相之职，前者制造了宫廷政变（沙丘之变）、后者专权误国终致"安史之乱"并导致唐王朝由盛转衰。所以，巩固统治，不能独独对武将"释兵权"。

宋太祖深谙历代王朝兴亡盛衰之道，处心积虑地汲取每一个经验教训。皇帝统治国家，需要同时笼络文臣和武将，使之为皇权效力；但文臣和武将的权力都不能过重，且应当受到监督和制约，确保皇帝能始终高高在上、掌握全局。这就需要在制度上做出高超的顶层设计，从制度上消灭各种乱臣贼子的私欲空间，以确保国运永昌。这是保障君主专制政权长治久安的根本大计。

随着禁军的开国将领逐一外放为节度使，其在禁军中的位置被资浅望轻的将领所取代，解决了权臣悍将利用禁军发动军事政变的问题，宋太祖赵匡胤又向前迈开了宋王朝军制改革的步伐。

宋太祖的军制改革主要有四项内容：

1. 分散军权，将禁军的衙门由"两司"拆分为"三衙"

前面已经说过，"禁军"不管是在后周还是在北宋立国之初，都是中央军、正规军、主力作战部队。宋太祖在改革前，北宋承袭后周军制，禁军分为"殿前军"和"侍卫马步军"，分别由"殿前司"和"侍卫司"两个机构管辖，并且殿前司的地位高于侍卫司。

但"杯酒释兵权"之后，随着禁军将领的外迁，宋太祖顺势陆续撤销了侍卫司的长官都指挥使、副都指挥使、都虞候的建制。这样，侍卫司没有了长官，原先属于侍卫司的侍卫马军和侍卫步军各自独立成为两司，与殿前司并列合称"三衙"，"三衙"长官皆称都指挥使，并称"三帅"。"三衙""三帅"之设，在无形中分散了禁军的军权。

禁军经过机构改革后，"两司"变为"三衙"，且互不统属。看似改动不大，实际用意深远。因为和"两司"相比，"三衙"更难对抗皇权。改革前的"两司"同时背叛皇帝，听上去不是容易的事，但"陈桥兵变"的发生却说明其概率并不低。但在技术上，"三衙"同时背叛皇帝的概率肯定比"两司"要更低。而且在"三衙"中偶有一个出现叛逆的迹象，皇帝也能够及时拉拢其他两个衙门形成压倒性优势迫其就范。这一改革对稳固皇权之贡献，于此可见一斑。

2. 分散兵权，将兵权一分为二，分成领兵权和调兵权

对于由禁军首领摇身一变成为皇帝的赵匡胤来讲，兵变这种事情不论概率多低，

只要有发生的可能，即便未来可以平息，也一定是有代价和损失的。所以将这一隐患消灭于摇篮之中，才是上策。为此，赵匡胤精心谋划，将禁军统率的兵权一分为二：领兵权和调兵权，也叫"握兵权"和"发兵权"。

调兵权（发兵权）由枢密院掌管，但其权力主要限于军政、军令与军队调遣，并不参与日常统兵；领兵权（握兵权）则由"三衙"将帅掌管，他们只负责日常统兵、训练工作，无权发兵。如果我们假设"发动兵变"是一种"犯罪"的话，那么这一分权做法，等于是将"犯罪动机"和"犯罪实施"两者截然隔离——有能力犯罪的人产生不了犯罪动机，有犯罪动机的人没有犯罪的行为能力；结果只能是——"犯罪"不成立！至此，"陈桥兵变"这一幕是不可能再发生了！

事实也正是如此。

自从宋太祖军制改革后，直到宋亡，三百年间也没有再发生军事将领拥兵自重、祸害国家的事情。

北宋末年知枢密院事李纲说："在祖宗之时，枢密掌兵籍、虎符，'三衙'管诸军，率臣主兵柄，各有分守，所以维持军政，万世不易之法。"[1] 南宋汪藻也说："国家以'三衙'管军，而一兵之出，必待密院之符。祖宗于兹，盖有深意。"[2] 这个深意，就是保证皇权不受威胁。整个北宋时期，这种体制是皇帝控制军权的可靠保障。

在人事安排上，赵宋王朝的做法是枢密院的官员坚持由文官出任（正职必须是文官，副职偶尔任用武将），而禁军三衙的统帅则由武将担任。即枢密院负责"运筹帷幄"，三衙的将帅负责"决胜千里"。这种权力分配和人事安排，不仅防范了禁军将领重演"陈桥兵变"的隐患，强化了皇帝对军队的控制，而且还逐渐形成一个新的传统：文官的地位在实质上开始高于武将，"重文轻武"的文化正在形成中。因为枢密院和"三衙"之间，更像是上下级关系，"三衙"要服从枢密院的调遣。而且，枢密院的长官人选上正职用文官、副职偶尔用武将的做法，也体现出武将从属于文官

---

① 《宋史·职官志二》。

② ［宋］汪藻撰：《浮溪集》卷1《行在越州条具时政》。

的色彩。

这项改革的优点是加强了皇帝对军队的控制、实现了皇帝在军权上的"集权"，而缺点则是谁来保证"运筹帷幄"的质量和水平？战场上的情况瞬息万变、战机更是稍纵即逝，三衙的将帅若无灵活运用军队的权力，如何能够抓住战机、赢得胜利？这不能不说是"集权"带来的无法克服的矛盾。

3. 驻军轮换，实行"番休互迁"，使"兵不知将、将不知兵"

"番休"是轮流休息的意思，"互迁"是指互相调动。"番休互迁"是指宋太祖采纳赵普的建议，对军队实行"更戍法"，让戍边和驻扎地方的军队每三年轮换一次，但将帅却并不随同调动。这种制度设计，从表面上看，是为了让禁军习惯于这种勤苦的军旅生活，并且使戍边的军队和驻守地方的军队可以轮番休整，似是好意，但从实质上说是为了规避将帅与士兵之间形成私人集团或人身依附的不正常关系。

因为军队在轮换，但将帅却原地不动，而且，如果将帅不被调遣、另有任用，那么将帅便跟"营盘"一道都是"铁打"的。这种"兵"与"将"之间的相对流动性，会使得将帅与士兵之间只能保持相对的陌生。三年后士兵不知会被调往何方，而将帅也不知会率领哪支军队。士兵和将帅之间，永远都是相对陌生的。这就叫"兵不知将，将不知兵"，或者"兵无常帅，帅无常师"。

这种制度设计，其用意在于防范将帅和军队之间"感情过密"而发生不利于国家的事情。

因为将帅和士兵之间一旦感情过密，军队就容易被将帅"私有化"。经长年相处的官兵之间，容易建立私人感情上的效忠关系。如果将帅在军队中培植亲信、招贤纳士，甚至"歃血为盟"等，那么他所统率的军队就很容易团结在他的周围，建立对他牢固的效忠关系。这样发展的结果，将是军队不知有国家、只知有将帅，不知有皇帝、只知有长官。这样的军队，就是被将帅"私有化"了的军队。有一支听命于自己的、私有化了的军队，那么将帅何愁大事不成？一旦将帅有异心，轻则割据一方、自立为王，重则发动兵变、改朝换代。当初宋太祖赵匡胤统帅的军队若是只效忠于国家和皇帝，不单单效忠于将帅，又岂能上演赵匡胤在陈桥兵变中"黄袍加身"

的一幕？

所以，"驻军轮换"只是现象、手段，"兵不知将、将不知兵"才是真实军制改革的真正目的。这个制度斩断了将帅与军队之间建立情感的可能，确保了皇帝对军队的牢固控制，自然也带给了皇帝无上的安全感和踏实感。只是，将帅所不"知"的，恐怕不仅仅是士兵的姓名，应该还有这支军队的作战能力。

兵将之间互不了解、缺乏有效的磨合和训练，军队就自然缺乏凝聚力和战斗力，出现"元戎不知将校之能否，将校不知三军之勇怯，各不相管辖"[1]的局面。这不能不说是此种制度设计上的一大弊病。然而，世界上没有完美无缺的东西，宋太祖的军制改革与制度设计我们不能求全责备。

4. 守内虚外，京师大兵云集，边防则微兵虚守

如果说前述三项军制改革主要是汲取"陈桥兵变"的历史教训，处心积虑削弱武将的兵权以加强皇权统治的话，那么"守内虚外"的政策就应该是汲取了唐朝"安史之乱"的教训，其主要目的是为了加强中央集权。

"安史之乱"发生在唐玄宗统治时期，是一场让唐王朝措手不及的巨大动荡和政治危机。因为"安史之乱"，唐王朝从此由盛转衰。在世人眼中，这场动乱既不是源于国家在经济上出现了衰败，也不是源于外敌入侵，更不是源于适逢乱世——"安史之乱""制造了"乱世而不是"生于"乱世。它是"堡垒最容易从内部攻破"这个理论下的一个案例而已。叛乱发生前，唐王朝一派祥和、繁荣、富足，实足一个盛世时代；但叛乱发生后，叛军轻取洛阳和长安。大唐帝国的国都竟能如此轻易就被攻破，这实在让人感到震撼！

宋太祖对大唐帝国的巨大转折显然有过一番深入的思考。他将二十二万禁军一分为二：一半守京师，一半守边防。"京师"再大，也不过是一个城市（开封）而已。全国的军队，一半的精锐用于保卫这一个城市，另一半用于漫长的边防线上。很明显，在宋太祖那里，京师的安全是压倒一切的。历史文献《曲洧旧闻》是这么解释

---

① ［宋］李焘撰：《续资治通鉴长编》卷30，端拱二年正月癸巳。

他的用意的:

> 京师十余万,诸道十余万,使京师之兵足以制诸道,则无外乱;合诸道之兵足以当京师,则无内变。内外相制,无偏重之患。

这段话的大致意思就是,京师与地方各驻军十余万,使京师与地方的兵力大致持平。如果"诸道"有变,则京师之兵制之;万一"京师"有变,则诸道之兵可以合起来"勤王"。如此,就可以保证内外兵力互相制衡,"外乱"和"内变"就不能轻易发生。

如果说宋太祖赵匡胤的治国理念是重京师、努力使中央与地方"相互制衡"的话,那么宋太宗赵光义的"防止内患"的治国主张则就更为直接、更为露骨了。他明确认为内患才是最值得恐惧的。淳化二年(991年)八月,宋太宗赵光义曾对自己的近臣说:"国家若无外忧,必有内患。外忧不过边事,皆可预防。惟奸邪无状,若为内患,深可惧也。帝王用心,常须谨此。"①

宋王朝的政治中心,是京师。京师的安全,即是皇帝个人的安全。只有京师有足够数量的精锐兵力驻守,那么地方上就算有"安禄山、史思明"之流,量也不能攻破都城。禁军的这种"一半一半"的兵力分布,未见充分考虑外敌入侵。揣其历史情境下的心思,大概是因为,如果京师都守不住,皇帝人身安全尚且不保,国家再大又有什么意义呢,不照样"其亡也忽焉"?这种重京师轻地方、重内患轻外忧的内向型军事政策,后人称之为"守内虚外"。此政策形成于宋太祖,确立于宋太宗,并世代承袭,成为宋王朝的"基本国策"。

上述四项军制改革,有四点规律可循:

第一,充分汲取历史教训,主要是唐朝安史之乱以来的历史教训。

第二,处心积虑防范武将专权,想方设法分散他们的兵权。

第三,充分考虑"权力制衡"。实行禁军中三个衙门之间的相互制衡、枢密院和

---

① [宋]李焘撰:《续资治通鉴长编》卷32,淳化二年八月丁亥。

统兵将帅之间的制衡、京师和地方之间的制衡。

第四，制度改革的深度和广度都是史无前例，都不是对前代军制的小修小补，而是大刀阔斧，伤筋动骨，前无古人。[①]

从军制改革来看，最大的受益人无疑是宋朝皇帝。因为改革削弱了武将的权力，加强了皇帝对军队的绝对控制。后世再没有任何一个王朝能让自己的军队如此安分守己，忠顺于皇帝本人。通过多管齐下，中央集权得到巩固和加强，皇权的至高无上得到了制度上的保障，武将的权力受到限制，依仗武力干预朝政或者改朝换代的隐患也基本解除了。军人干政的可能性降至历史最低水平，那么治国理政也就能够由此变得理性。政权没有了被自己的武装力量推翻的风险，那么对皇帝而言最大的"内忧"也就解除了，国家的经济和文化建设也就从此放在了重心的位置。整个北宋期间，政局长期保持相对稳定。宋代文化之繁荣、经济之发达，于此可见端倪。

但众所周知的事实是，一个政权稳固与否，并非仅仅由强大的中央集权来决定。"外敌入侵"等外在原因同样也构成对赵宋政权的致命威胁。经此宋初军制改革，"陈桥兵变"和"安史之乱"这样的事情，已不大可能再发生了。宋王朝这个"堡垒"，已不大可能被内部势力攻破，逻辑上只剩下从外部攻破的可能。这可以看成是改革的成就，也可以看成是改革未竟的事业。既然宋王朝逻辑上只剩下被外部势力"攻破"的可能，那么这预示着：如果宋王朝某一天亡国了，那么很可能就是亡于外敌的入侵。

后来的历史发展也充分证明了这一点。

不过盖棺论定，赵宋王朝三百余年，虽然外患频仍，但是始终未曾出现武人拥军割据地方、分裂皇权的局面。这无疑应该归功于宋太祖的自觉意识、断然举措及高瞻远瞩、合理稳妥的制度安排。

[①] 参见于之伟、李鹏主编，袁岂凡著：《帝国的归宿》（两宋卷），中国华侨出版社 2018 年版，第 20 页。

四、推行文治国策

（一）实行以文制武

唐末，藩镇割据，中央政府大权旁落，使考试制度缺乏进一步发展的机会。

五代时期，武夫悍将左右政局，文人普遍不受重用，武将专政导致了国家政局的混乱。从九世纪到十世纪末，中国社会的仕宦途径由武人垄断，文人上达虽仍有考试一途可循，但终缺乏保障，远不及武人势力之盛。

宋王朝建立后，在宋太祖看来，要想国家稳定、发展，就必须改变武将专政这一不正常的局面。正如《宋史·文苑传序》所说："自古创业垂统之君，即其一时之好尚，而一代之规橅，可以豫知矣。艺祖（指宋太祖）革命，首用文吏而夺武臣之权，宋之尚文，端本乎此。"宋太祖曾对赵普说："五代方镇残虐，民受其祸，朕令选儒臣干事者百余，分治大藩，纵皆贪浊，亦未及武臣一人也。"[1] 就宋太祖的心理而言，他对武将心存芥蒂，认为文臣不过是书生而已，根本无法威胁到他的政权，所以，宋太祖比较重用文臣。

宋太祖非常重视人才的选拔，尤其重视选择士人充实官僚队伍，上意方欲兴文教，抑武事，创立"殿试"并曾经亲自主持科举考试，借以培养自己的"天子门生"。

开宝八年（975 年）二月，宋太祖下诏曰："向者登科名级，多为势家所取，致塞孤寒之路，甚无谓也。今朕躬亲临试，以可否进退，尽革畴昔之弊矣。"[2] 又说，"贵家子弟，唯知饮酒弹琵琶耳。安知民间疾苦？"因此下令："凡以资荫出身者，皆先使之监当场务，未得亲民。"[3] 太祖不准资荫出身者直接做州县长官，这是对氏族门阀势力的一种压抑，从中也可看出他对科举取士制度的重视和改革的决心及力度。

---

① ［宋］李焘撰：《续资治通鉴长编》卷 13，开宝五年十二月乙卯。

② ［宋］李焘撰：《续资治通鉴长编》卷 16，开宝八年二月戊辰。

③ ［宋］司马光撰：《涑水记闻》卷 1。

宋太祖的文治思想，其基本内涵就是将科举取士与文官政治相结合。他确立殿试制度，培养天子门生，压制世家大族，改变武人政治，士大夫从此成为赵宋统治大厦的基石与支柱。士大夫与皇帝共治天下是赵宋王朝政治的主要特色。宋太祖曾对近臣说："昔者，科名多为势家所取，朕亲临试，尽革其弊矣。"①人才选拔与任用的权力被中央政府甚至被皇帝所亲手掌控，本身就是加强中央政府集权的一条重要途径。从宋太祖开始，科举制成为大宋王朝选拔官僚人才的一种最有效的手段。到宋太宗时，科举制愈加完善，取士名额大增。降及后世，"大臣，文士也；近侍之臣，文士也；钱谷之司，文士也；边防大帅，文士也；天下转运使，文士也；知州，文士也"②。宋太祖这种重文轻武及用文人治国政策，给宋代的政治和文化的发展与繁荣提供了十分便利的条件。宋代之所以能够创造出"郁郁乎文哉"的文化景象，在哲学、文学、史学、科技等领域达到前所未有的水平，无不与宋太祖及宋初诸帝所提倡的重文政策以及文官政治所带来的宽松的文化氛围密切相关。

据学者统计，在宋代，通过科举选拔，文职官僚的队伍成为统治集团中的核心力量。两宋三百二十年，"进士科登第者共 39721 人"③。就其规模而言，远远超过前后各代。当时的一百三十五位宰相中，百分之九十以上是通过科举选拔最终出仕成功的。④由寒门学子通过科举途径直接参与决策的上层群体所占比例如此之高，这是前朝从来没有过的事情。这种政策，活跃了官民上下交流的途径，增加了政府管理层的活力。更重要的是，通过科举选拔方式造就出来的文官制度，对后来的中华政治文明作出了不可磨灭的贡献。

总的说来，宋太祖重文抑武，是由宋王朝初年的政治形势所决定的，唐末五代时武将跋扈不臣，内战不断、酷刑暴敛，荼毒生民，给广大百姓带来深重的灾难。当时，国家统一和稳定成为压倒一切的最大政治问题。宋太祖以文抑武，实行文官

---

① 《宋史·选举一》。
② ［宋］蔡襄：《端明集》卷 22《国论要目》。
③ 白钢主编，朱瑞熙著：《中国政治制度通史》卷 6《宋代》，人民出版社 1996 年版，第 636 页。
④ 参见苗书梅著：《宋代官员选任和管理制度》，河南大学出版社 1996 年版，第 106 页。

治国代表了当时历史发展的方向。不过，任何一个事物的发展与变化总是表现在两个方面。宋太祖抑制武将是为改变五代以来的武将跋扈所造成的社会不稳定的局面，无可厚非。然而，后世继任者把抑制武将作为祖训教条，不顺应时势的变化加以调整，最终又导致了后来的宋朝武功不竞、国防不足的局面。

（二）推行文官治国

建隆三年（962 年），宋太祖曾经咨询身边的侍臣："朕欲武臣尽读书以通治道，何如？""左右不知所对"[1]。

事实上，宋太祖"欲武臣尽读书以通治道"，是他准备转变治国政策的一个重要信号，并非仅就武臣方面而言。

宋代"重文轻武"国策的确立，有多种因素的影响以及宋初统治者的深虑及考量在里面。

第一个因素，自然是汲取唐末五代以来武将专权的历史教训。因为前面文章中已经多少有所提及，故此不赘述。

第二个因素，是受"文治兴邦"治理传统的影响。历史上，中国历代王朝多以武功建立，但治国平天下却要靠文治功夫来保障。所以，西汉政权重用儒生、东汉光武帝"以柔道"治天下、唐代大兴科举，都是遵循了这一历史规律。知识士人在传统君主时代代表着理性的力量，在政治与社会的长治久安中发挥着重要作用。北宋的创建者宋太祖和宋太宗皆深谙此道，宋初统治者走上"重文"之路，实属历史的必然。宋太宗更是对近臣说："朕每读《老子》，至'佳兵者不祥之器，圣人不得已而用之'，未尝不三复以为规戒。王者虽以武功克定，终须用文德致治。朕每退朝，不废观书，意欲酌前代成败而行之，以尽损益。"[2]并表示要重用文人，"以文化成天下"。

第三个因素，是道德文化建设的客观需要。唐末五代以来，社会风气败坏、道

---

[1] 《宋史·太祖本纪一》。

[2] ［宋］杨仲良撰：《皇宋通鉴纪事本末》卷 14，太宗皇帝，圣学。

德沦陷，忠、孝、节、义和廉耻观念在朝野之中已经非常淡薄。先秦以来的儒家文化大受冲击，道德标准改变，价值观念颠倒，所谓重忠义、讲气节之风尚荡然无存，而视寡廉鲜耻为固然，社会风气已经堕落到了一个极点。如五代官员崔倞、张文蔚及四朝宰相冯道，视改朝换代为常事，主易则他易，天下荡然，莫知礼义为何物矣！尤其是冯道，历仕四朝，三任中书，居相二十余年，但从不以之为羞耻。宋太祖显然不希望自己的政权中存在这样的官员。

北宋建立后，留任了不少前朝旧臣，例如宰相范质。范质为官极其清廉，从不谋私，朝野上下对此亦无不膺服。宋太祖对侍臣说："朕闻范质止有居第，不事生产，真宰相也。"但宋太宗赵光义评论范质的时候，却说"宰辅中能循规矩、慎名器、持廉节，无出质右者，但欠世宗一死，为可惜尔"①。言外之意，如果范质在"陈桥兵变"时，能为后周世宗以死殉节，那么其人格形象就完美了。在宋太宗赵光义看来，范质唯一不完美的，就是缺乏"气节"。而"气节"这一道德品质，是唐末五代以来官员最缺乏的，而道德建设只能靠"文治"来实现。所以，"重文"是重建封建道德的必由之路。

第四个因素，是提高官员文化素质的客观实际需要。北宋刚刚立国，宋太祖赵匡胤很快就受到一桩事件的刺激，使他充分意识到了提高官员文化素质的必要性。

建隆四年（963年），是宋太祖登上帝位的第四个年头，他准备改换年号，把这件事交付当时的宰相议定，要求定一个以前没有用过的年号。最终，宰相议定了用"乾德"这个年号，字面上的意思是"天意、上天的恩德"。这个寓意的年号，宋太祖当然是满意的。

然而，乾德三年（965年）却发生了一桩怪事。这年宋军攻灭后蜀，一些后蜀宫女进入大宋宫廷。结果，某一天在这些宫女的行李中发现一面镜子，背面刻有"乾德四年铸"字样。宋太祖将这面镜子拿给宰相赵普看，问：现在才是乾德三年，这面镜子竟然刻着"乾德四年"，这是怎么回事？如此诡异的情况，赵普一时也回答不出

①《宋史·范质传》。

来。宋太祖又找到了翰林学士窦仪。窦仪看了之后解释说："这块镜子应该是从蜀地来的。前蜀最后一个君主王衍，用过'乾德'这个年号，镜子应该是那个时候铸的。"原来"乾德"这个年号，已经被用过，而且使用这个年号的还是个亡国之君。这是何等尴尬！此件事让宋太祖大受刺激，感叹："宰相须用读书人！""由是益重儒臣矣。"①

那么，宋初的"乾德"年号是谁议定的呢？赵普是宋太祖乾德二年（964年）主相，所以议定年号的时候他不是宰相，与他无关。赵普之前，担任宰相的是首相范质、次相王溥和魏仁浦，"乾德"年号应该是这三人议定的。不过这三人中，范质与王溥都是科考进士出身、翰林学士，只有魏仁浦出身于枢密院小吏。那么宋太祖感叹的"宰相须用读书人"仅仅指的是魏仁浦吗？恐怕还要包括范质（乾德二年就已去世）、王溥和赵普。这说明，议定选用了"乾德"年号的范质和王溥在宋太祖眼中，应该是不合格的读书人。至于赵普，在宋太祖问及"乾德四年"这面镜子所刻年号出处时，竟然也回答不上来，本身就说明了问题。所以，建隆三年（962年），宋太祖所言"欲武臣尽读书以通治道"的要求，应该是针对整个官场的文武官员，不是只有武将才有提高文化素质的需要。

从五代以来的文化实际情况来看，这个事件的发生绝非偶然。

晚唐进士轻薄，门第衰落，读书人一代不如一代。五代十国时期，武人专制，读书无用，文治废弛。缺乏文化激励机制，读书人少，官员文化素质自然就会下降，这是势所必然的现象。北宋僧人文莹在《玉壶清话》中，曾记载有宋太祖劝宰相赵普多读书的故事："太祖尝谓赵普曰：'卿苦不读书。今学臣角立，隽轨高驾，卿得无愧乎？'普由是手不释卷，然太祖亦因是广阅经史。"此外，宋人李焘在其所撰的《续资治通鉴长编》中也提道："赵普初以吏道闻，寡学术，上每劝以读书，普遂手不释卷。"这都说明，作为宋初宰相，赵普虽然有"半部《论语》治天下"之类的豪然壮语，但其文化素养并不能应付辅佐宋太祖治理国家的工作。宋太祖对宰

---

① ［宋］李焘撰：《续资治通鉴长编》卷7，乾德四年五月甲戌。

相赵普的文化修养是不满意的，不仅劝勉其多读书，而且自己也有带头读书做出榜样。

宋朝初年的宰相文化程度尚且如此，其他官员之文化素养也就可想而知了。

种种事实表明，宋王朝建立后，在拨乱反正、治理国家中，遭遇到了文官奇缺的难题。而且随着北宋统一战争的逐步完成、统治区域的不断扩大，这个问题愈发显得突出与迫切。宋太祖开宝四年（971年），诸道幕职州县还"闲人百余员"。开宝六年，宋太祖"召京百司吏七百余人，见于便殿。上亲阅试，勒归农者四百人"①。面对官员素质不能符合国家治理这样的现实，宋太祖也就不得不实行"重文"政策了。

北宋"文治"国策从提出到形成，其间有一个逐步完善的过程，是在宋太祖、宋太宗两朝逐步确立起来的。该国策一经确立，遂成为宋朝后世皇帝必须遵守的"祖宗之法"。"重文轻武"国策是一套政策系统，主要包含重用文官与抑制武将权力两个方面。具体措施则主要表现在以下几个方面。

1. 扩大科举选官的录取名额

北宋立国，为了满足不断扩大的文官需求，以及巩固执政基础，从太祖赵匡胤时期开始逐年扩大科举取士（文士）的名额。

建隆二年（961年）录取进士十一人，开宝六年（973年）却一次性录取进士和诸科一百二十七人。太宗赵光义亦是即位不到两个月，就将录取名额扩大至四百多人（进士一百九十人，诸科二百七十人），大大超过了以往规模，文士的录取名额暴增。至于真宗及以后的历代宋朝皇帝，文士录取规模一般都不低于这时的数据。

为了扩大文官队伍，在科举取士方面，宋太祖除了正常录取的进士之外，还开创了科举制度的一种特殊规定：考进士多次不中者，另造册上奏，经许可附试，特赐本科出身，叫"特奏名"，与"正奏名"相区别。特奏名进士的名额从宋太祖时期开始出现，后来不断增加。

---

① ［宋］李焘撰：《续资治通鉴长编》卷14，开宝六年六月辛卯。

2.对文士授官任职升迁采取从优、从快的原则

北宋自宋太祖、宋太宗时期，就格外重视对新科进士的加恩笼络，殿试合格者常常要被赐袍笏、赐宴、赐试，以示荣宠。起初，新科进士的名单直接在尚书省放榜，但从太宗雍熙二年（985 年）起，要举行殿前唱名、皇帝亲赐及第、进士登第仪式，使新科进士直接成为"天子门生"，荣耀非常。

唐朝虽然也是科举制选官，但考中进士的人其实不会被直接授官，这是常常为人们所误会的地方。唐代的科举，进士及第后只是获得授官的资格，但何时授官，需要等候，这叫"守选"。在正式授官之前，还须经过吏部的释褐试，方得授官；吏部择人的标准有四：（1）体貌端正；（2）说话有条理；（3）书法工整美观；（4）文辞优美。与唐代相比，宋代将及第与授官并为一途。进士及第后不需其他考核程序就可被直接授官。而且，宋代一改唐代授官较低的现象，宋代对进士及第授官很高。按宋真宗时期制度：前三名多授监丞、大理评事，并通判诸州；一甲的其余进士，多授予秘书省校书郎，知县事；甲第较低者，多授主簿、县尉等职。

在宋代，科举出身的官员成为文职官僚队伍中的核心力量。两宋三百二十年，仅正奏名进士即达四万三千人之多，就其规模而言，远远超过了前后各代。整个北宋共七十一名宰相，除赵普等四人因"开国功臣"身份而任宰相外，只有三人不是由科举出身任宰相，其他六十四名均为进士或制科出身。在直接参与决策的上层群体中所占比例如此之高，是前朝无法相比的。正是在此基础之上，宋代的官僚队伍就其整体而言，素质有了明显的提高。

3.提高文官政治地位与政治待遇

宋代皇帝不仅重视文士，而且文士还拥有"与帝王共天下"的无比崇高的政治地位。据文献记载，这都是宋太祖、宋太宗留下的"祖宗家法"所致。

"与士大夫共天下"成为北宋帝王与大臣遵循的政策。帝王"与士大夫共天下"，等同皇帝与士大夫结成政治同盟。这种地位，是武将所不可能享有的。整个宋代，从未听说皇帝对武将有过类似表述。

宋代皇帝给予文士至高地位还表现在"不许杀士大夫及上书言事者",这句话据说是宋太祖赵匡胤留给后来宋代帝王的政治遗产。

4. 文官主政,以文驭武

按照宋初最高统治者的制度设计,赵宋王朝采取文官主政,以文驭武的政治模式。

枢密院虽是中央军事决策机构,但其事权却由文官主政。北宋一朝,在枢密院存在的一百六十七年中,出任枢密院正职长官的有七十三人、副职长官一百二十九人。在正职长官中,文官占百分之七十三点九,武将出身者只占百分之二十四点六;副职长官中有百分之八十三点七来自文官,百分之十六点二来自武将。而且,北宋枢密院存在了一百六十七年,有九十一年的时间由文官在枢密院独自任正职,文官主掌枢密院的时间长度约占北宋枢密院存在时间的百分之五十四点五:另有文官与武将并任枢密院正职时间长达十六年,与前者相加则有一百零七年,约占枢密院存在时间的百分之六十四。这说明,枢密院的正职长官主要而且长期是由文官充任的。其实副职长官也呈现这样的特点。北宋文官在枢密院独自任副职约一百二十一年,其独立任副职期间大约占北宋枢密院存在时间的百分之七十二点五;北宋文官另与武臣共同任副职二十七年,与前者相加,合计一百四十八年左右,约占北宋枢密院存在时间的百分之八十八点六。也就是说,文官出任枢密院正副长官的时间、人数与武将相比,始终有着压倒性的优势。枢密院作为中央最高军事机构,长期、大量由文官掌管,这种"文臣主枢密"的现象,很明显地表明了宋初最高统治者的治政理路。①

与中央"文臣主枢密"遥相呼应的,则是地方上大规模的"文臣任知州"。宋太祖从乾德元年(963 年)开始,就任用文臣做知州,管理州的行政事务,自此州不再隶属于藩镇,节度使也逐渐成为一个虚衔。为了防止知州职权过重,专擅作大,宋太祖后来还创设"通判"一职,与知州共管州的地方行政事务。知州与通判,相当

① 参见于之伟、李鹏主编,袁岜凡著:《帝国的归宿》(两宋卷),中国华侨出版社 2018 年版,第 40 页。

于州的正副长官，但都来自文官。文臣任知州、以及通判的设置，使地方权力实现了军政分离，自此军不代政。这种军政分离的局面后来还发展到地方财政、司法等领域，甚至战场上的指挥权都交给了文臣。

通过文臣主枢密、文臣任知州，设置通判、转运使等职，从宋太祖、宋太宗时起，宋王朝全面形成了文官主政的政治格局。

五、宋太祖的誓碑

中国历史上，宋王朝是一个"郁郁乎文哉"的文化昌盛时代。其所以能够如此，在很大程度上与宋太祖赵匡胤所推行的政策、所开创的制度、所立的祖宗家法、所体现的文化精神，有着很大的关系。

在宋代，中国人发明了活字印刷术，开始使用指南针、火药。世界四大发明，除了造纸术是汉代的发明外，其余都是宋代的成果。

在宋代，世界最繁华、最发达的十大城市，至少有五个以上在中国沿海口岸。

在宋代，中国人烧制的瓷器，从当时到现在，一直是世界的珍宝。

在宋代，中国的贸易船队和航海技术都具世界一流的水平。

在宋代，科举制度发达，选官制度比较公平、合理。

在宋代，重文轻武的治国措施真正得到了贯彻执行，文治成为治国的传统与瑰宝。

在宋代，涌现出了中华民族史上许多忠贞之臣、文化大家，如：寇准、包公、"杨家将"、狄青、范仲淹、欧阳修、王安石、柳永、苏东坡、司马光、秦观、黄庭坚、宗泽、李刚、岳飞、韩世忠、梁红玉、李清照、陆游、辛弃疾、文天祥等。他们是我们的榜样，我们是他们的子孙，我们的身上流淌着他们的血液，我们的文化思想上深深地烙有他们的印记。

无论怎样说，宋代都应该称得上是中国历史上较文明、较富裕、经济较发达、文化较繁荣的时代之一。

而这一切，都要归功于一位伟大的人物——宋太祖赵匡胤。

宋太祖赵匡胤，祖籍涿郡（今河北涿州），五代后唐天成二年（927年）诞生于洛阳（今属河南），建隆元年（960年）创建宋王朝，建都汴京（今河南开封），死于宋开宝九年（976年），享年五十岁。据古代礼法，事物之原始称"太祖"，赵匡胤作为宋朝的开国之君，庙号太祖，又因古代习称一朝之开国帝王为"艺祖"，由此，宋人常常尊称赵匡胤为艺祖、太祖，而后世之人一般称他为宋太祖。

赵匡胤生逢五代极乱之世。公元九世纪末，那强盛繁荣一时的大唐帝国，在经历了朋党之争、安史之乱、藩镇割据、宦官专权等无数劫难之后，又遭到了唐末黄巢农民战争的致命打击，使其本就奄奄一息的统治迅速土崩瓦解。唐天祐四年（907年），通过镇压黄巢农民军发家的军阀朱全忠，凭借长枪大刀、烈马悍卒，杀死唐朝最后一位君主唐哀宗，建立了后梁政权。由此，中国历史进入了长达半个多世纪的五代十国的乱世割据时期。

五代是指先后立国于中原地区的后梁（907—923年）、后唐（923—936年）、后晋（936—947年）、后汉（947—950年）、后周（951—960年）五个朝代，十国即指前后出现于南方与北方山西等地的前蜀、后蜀、南吴、吴越、南唐、楚、闽、南汉、荆南和北汉等十个割据政权。五代十国是晚唐藩镇之祸的扩大和延续。为篡夺政权、争抢地盘，这些军阀割据政权内部以及相互之间，不断爆发大规模的战争，杀人盈野，赤地千里，百姓流离失所，社会生产力遭到了严重的破坏。

乱世英雄起四方。

就在这风云变幻、天地翻覆的大分裂、大动荡的历史时代，一个注定要改变中国传统政治运作模式的伟大人物赵匡胤横空出世，迅速自一名默默无闻的低级军官晋升为后周政权的高级将帅，并依靠武力，于960年成功地发动陈桥兵变，黄袍加身，一举取代后周统治，建立起延续三百余年的赵宋王朝。

在中国数千年的历史发展进程中，宋王朝不过是长河一流，但却是一个忠臣、文人辈出的重要朝代。因为"唐诗宋词"，因为"唐宋八大家"，因为"杨家将"、岳飞、文天祥等，历史将古代盛世辉煌的唐宋朝代紧紧地联系在了一起。所以能够如此，与宋太祖赵匡胤的"文治"开创之功不无关系。可以说，赵宋一代的基本国策、政治制度，皆肇始于宋太祖时期。在五代乱世中开辟出一片新天地的宋太祖，面对五代十国各政权之寿命长则二三十年、短则不足十年这样一个残酷的现实，常怀"乾龙之惕"，在登基伊始，便拨乱反正，着眼于长远，逐步采取了一系列适应时代发展要求的相应的政策，变乱为治，培植文脉，为北宋百余年的长治久安奠定了坚实的基础。

宋太祖在位短短十六年，主要精力侧重于军事以消灭割据政权实现统一，同时也用心于拨乱反正与治理国家。开国次年，宋太祖即通过"杯酒释兵权"的和平方式，解除了禁军大将们的统兵之权；继采取先南后北的统一战略，选用将领驻守北方要地以防御契丹军队的南下，而向南先后平定了荆南、楚、后蜀、南汉、南唐等割据政权。在进行统一战争的同时，宋太祖又相继改革官制，加强中央集权，设置参知政事为副相，以枢密使掌军政，三司使掌财权，以分宰相之权；选拔地方精壮士兵为中央禁兵，削弱地方军事力量；创立"更戍法"，使兵不知将，将不知兵，以防止将领拥兵造反；在地方管理上，各州府增设通判一职，以分割知州的权力，并派遣文臣替代武将出任地方长官；设立转运使掌管地方财政，并负有监察地方官吏之职；等等。同时，宋太祖还十分注意文教，惩治贪吏，兴修水利，奖励农桑。他的努力，有力扭转了自唐末以来社会因长期战乱而极端凋敝的局面，促成了宋代政治经济文化的迅速发展。不过，金无足赤，人无完人。宋太祖为强化其中央专制集权统治而施行的重文抑武、强干弱枝等国策，也对整个宋代积弱局面的形成，产生了深刻而长远的负面影响。

据南宋初人笔记《避暑漫抄》记载，公元 962 年，宋太祖曾密镌一碑，立于太庙寝殿之夹室，谓之"誓碑"。平时用销金黄幔遮蔽，门钥封闭甚严。宋太祖下谕：自今后四季祭祀以及新天子即位，拜谒太庙之礼完毕，奏请恭读誓词。是年秋，礼官奏请如敕令，宋太祖便来到夹室之前，再拜升堂，只有一个不识字的小黄门（小太监）随从，其余人皆远远站立在庭中。小黄门验封条、启钥开门先入，焚香，明烛，揭开布幔，然后快速走下台阶，不敢仰视。宋太祖来到誓碑前，再拜跪瞻默诵，然后再拜而出。群臣及近侍都不知所镌刻的誓词内容。此后列朝宋帝皆依承"故事"，成为惯例，每逢岁节四季，都拜谒、恭读如仪，奉若神明，不敢漏泄，就是腹心大臣亦不知誓词的内容。直至靖康之变，北宋灭亡，金人进入太庙，将用于礼乐祭祀的礼器、祭器全部抢去，太庙之门洞开，市人得以入内纵观，方才看见所谓的誓碑，高七八尺，阔四尺有余，上面镌刻有誓词三行：

一、柴氏（周世宗）子孙有罪不得加刑，纵然犯谋逆之罪，止于狱中赐自尽，不得于市曹中刑戮，亦不得连坐支属。

二、不得杀士大夫及上书言事人。

三、子孙有渝（违背）此誓者，天必殛（杀死）之。

碑誓虽有三条，但实质内容却仅有两项，涉及对前朝皇帝柴氏子孙的保全及对士大夫的宽厚政策。更严格地说，核心主要是"不得杀士大夫及上书言事人"这一条。但就是这一条，已经表现出了宋太祖的仁慈、宽厚和以文化立国的长远眼光与高瞻远瞩，这是宋王朝在名节、文化等方面成为中国历史高峰的一个主要原因。

明末清初人王夫之在《宋论》中对宋太祖这块誓碑的内容则记载为："太祖勒石，锁置殿中，使嗣君即位，入而跪读。其戒有三：一、保全柴氏子孙；二、不杀士大夫；三、不加农田之赋。"他接着评论说："呜呼！若此三者，不谓之盛德也不能。"这里所记与宋人所述略有不同，"不加农田之赋"为前面记载所没有。如果真是这样的话，宋太祖的三条誓词真可谓是字字珠玑，条条洞彻治国理政的根本要领。它从统治策略说到文化政策，从文化政策又说到国计民生，无怪乎宋王朝一代的文化与经济水平能够发展到中国传统社会的一个高度。

可以说，宋朝统治者对于文化人的优容，宋太祖誓碑起到极大的作用。第一，因系宋太祖赵匡胤所立，具有国家法律的权威；第二，赵匡胤为赵氏家族的开国之君，他所立的誓碑，自然也就有钳束整个家族的契约力量；第三，围绕誓碑的种种神秘设施、神圣仪式以及谶语诅咒等，对后世继承人的威慑作用，也是毫无疑义的。在世界，在中国，即使不是唯一，也少有这样器识的最高权力拥有者，敢以碑刻这种不易磨灭的方式，要求后继者做出不得杀文人士大夫以及言事者的承诺。

"与士大夫共治天下"与"不杀文士"这一国策为宋太宗之后的历代宋朝皇帝所遵循。

北宋中期名臣范仲淹说："祖宗以来未尝轻杀一臣下，此盛德之事。"

南宋学者王明清也说："本朝法令宽明，臣下所犯，轻重有等，未尝妄加诛戮。"

明末清初学者王夫之说："自太祖勒不杀士大夫之誓以诏子孙，终宋之世，文臣无欧刀之辟。张邦昌躬篡，而止于自裁；蔡京、贾似道陷国危亡，皆保首领于贬所。"

单就这一点而言，宋太祖对于中国文化的贡献即是无与伦比的。

从烽火连天的岁月中黄袍加身的宋太祖赵匡胤，以其绝不矫揉造作的性格、脚踏实地的为政作风，使其对国家的治理烙上了极为鲜明的个人色彩：治国以"俭"，为政宽和，对文化人优容，对文官制度建设重视，对民众疾苦挂怀，对文明提倡，对文化与文艺宽容，等等。在宋太祖之前，焚书坑儒的秦始皇做不到，以儒冠为尿壶的汉高帝做不到，动不动就拿文人祭刀的魏武帝做不到，甚至连从谏如流的唐太宗也做不到。宋太祖誓碑及他所开创的以文治国模式，皆为前人所不及。所有这一切，使得他当之无愧地跻身于秦皇、汉武、唐宗等雄才大略的君主行列。

第二章　太宗扩大科举与"将从中御"政策

宋太宗在位期间，由于过分的猜忌心理作祟，在内对朝臣、在外对将领一概不放心，大权独揽，事无巨细，皆喜欢插手过问，故其勤政发奋，在两宋帝王中实属罕见。据《续资治通鉴长编》卷38中记载，宋太宗自称"朕自君临，未尝一日不鸡鸣而起，听四方之政，至于百司庶务，虽微细者，朕亦常与询访，所以周知利害，深究安危之理"。又说："有司常职，米盐细事，朕亦不惮劳苦，并躬亲裁断。"这一切并不是宋太宗的自我夸大之辞。在军事方面，因为对将帅的猜疑，边塞作战时太宗喜欢采取"将从中御"之术，亲授前敌将领以阵图，或是直接向前线将帅传达御前指令以指挥前线战事，前线将帅要按皇帝指令行事，不可随意变更。宋太宗在位期间，是宋代相权最为萎缩的时期，也是宋朝对辽夏金之军事势力由优势转为劣势的关键时期。宋太宗"守内虚外""将从中御"是宋朝军事势力由盛转衰的重要原因之一。

一、夺取与巩固皇权的斗争

皇权问题关系到传统王朝生死存亡，关系到国家政治、社会秩序是否正常。

宋太祖赵匡胤从后周的孤儿寡妇手中夺取政权以后，采取了许多防范武将、朝臣觊觎皇权的措施，包括"上下相制，内外相维"等收兵权、分节度使之权；分丞相职权，甚至采取"异论相搅"等种种政策，却不料"祸起萧墙"，政权居然被他的二弟晋王赵光义所夺取。

宋太祖与太宗之间的权力交替，有许多不明不白的神秘之处，后人从中嗅到了宫廷政变的可疑气味。这一次政权更替，破坏了已成习惯的"父终子继"的继承法，而代之以"兄终弟继"的方式。这样的皇位继承方式，在经过从西周王朝到宋王朝两千余年的成熟发展，显然是一种极不正常的最高权力的过渡状态。开宝九年（976年）太祖去世时，太宗已经三十八岁，太祖次子德昭也已经二十五岁，第四子德芳已十八岁，太祖就是传位于子，也称得上是"立长君"。因此，正史中的"金匮之盟"所谓"立长君"说是站不住脚的。

开宝九年十月，太祖病重，宋皇后派亲信宦官王继恩召第四子赵德芳进宫，以便安排后事。宋太祖二弟晋王赵光义早已窥伺帝位，收买王继恩为心腹，当他得知太祖病重后，即与亲信程德玄在晋王府通宵等待消息。王继恩奉诏后并未去召太祖的第四子赵德芳，而是直接前去通知了赵光义。于是赵光义立即进宫，入宫后不等通报，即径自进入宋太祖的寝殿。王继恩回宫，宋皇后即问王继恩："德芳来耶？"王继恩却说："晋王至矣。"宋皇后见赵光义已到，大吃一惊，知道事有变故，而且已经无可挽回，只得以对皇帝尊称之一的"官家"称呼赵光义，乞求道："吾母子之命，皆托于官家。"赵光义答以"共保富贵，勿忧也"。[①] 次日，赵光义即位，是为宋太宗。

---

① ［宋］李焘撰：《续资治通鉴长编》卷17，开宝九年十月癸丑。

宋太宗自开宝九年十月，乘太祖病危时夺得帝位，即位后为三弟廷美，太祖两子德昭、德芳加官晋爵，对太祖、廷美的子女，也称皇子、皇女，以表示一视同仁，来减轻弟侄们的敌对情绪。同时，也为宰相、执政大臣们加官晋爵以示安抚，努力缓解朝臣们的不安情绪。

宋太宗"自立"后的第六天，即任命廷美为开封尹兼中书令，封齐王；任命德昭为永兴军节度使兼侍中，封武功郡王；任命德芳为山南西道节度使、同平章事。又令太祖及齐王廷美的子女，并称皇子、皇女。随后不久，诏令廷美、德昭位居宰相之上。太平兴国四年（979年），又拜廷美长子德恭为贵州防御使。当然，宋太宗从来就没有过传位于弟、侄的想法，他在即位之初对弟、侄们所作的安排，无非是为了做个姿态而已。既然太宗之得位既出于逆取，则其即位之后自然不能不对那些潜在的威胁者或从前的敌人施以打击，必欲除之而后快。

就在宋太宗认为他的帝位已经巩固，而且由他率军消灭最后一个割据政权"北汉"、实现了中原统一的事业之后不久，太平兴国四年七月，在攻打辽燕京（今北京）的高梁河战役中，当他中箭受伤落荒而逃、下落不明时，竟然发生了一些将领想立随征的宋太祖的次子、本来有可能继承帝位的武功郡王赵德昭为帝的事件。据载，太平兴国"四年，从征幽州（今北京），军中尝夜惊，不知上（太宗）所在，有谋立德昭者，上闻不悦"[1]。说明宋太宗夺位已第四个年头，仍然有人对他心怀不满。本来此次北征宋太宗带着赵德昭，就是担心把他留在京城贻下后患，没想到在北征中自己只是一天下落不明，就有将领在溃军中要立赵德昭为帝，只是由于他很快到达涿州（今河北涿州）赶上溃退的大军，才没有演变成为现实。这次事件的发生，使宋太宗感觉到太祖诸子的存在对自己的帝位始终是个威胁，进而认为弟弟赵廷美的存在也威胁到了他的统治地位。

同年八月，赵德昭劝太宗应该对攻灭北汉的将领行赏，他终于将隐忍多时的怒气发作，"上大怒曰：'待汝自为之，赏未晚也。'"赵德昭知道灾祸降临，为了避免

---

[1]《宋史·赵德昭传》。

株连亲族，回家后即"取割果刀自刎"①。

太平兴国六年（981年）三月，宋太祖的第四子赵德芳不明不白地突然去世。赵德芳原是宋太祖病危时准备继承帝位的人物，他的死亡算是消除了对皇权最大的潜在威胁。

宋太祖的两个儿子虽已先后死去，但宋太宗认为对他或他儿子帝位的潜在威胁仍然存在，那就是弟弟秦王赵廷美。他想消除这个潜在的威胁。于是在赵德芳死后半年，太平兴国六年九月，太宗指使他当晋王时就是亲信的柴禹锡，告发"秦王廷美骄恣，将有阴谋窃发"②；另一个告发者，也是晋王府的旧人赵镕。在消灭赵廷美对皇权潜在威胁的过程中，宋太宗一方面用赵普编造了一个后来称之为"金匮之盟"的故事以解决困扰他多年的皇位合法性问题。赵普说建隆二年（961年）杜太后病重时，为防止骨肉相残，要宋太祖传位给二弟赵光义，赵光义（太宗）传给三弟赵廷美，赵廷美再传给太祖长子赵德昭，等等；赵普甚至还说是他亲自撰写誓书，藏入金匮。另一方面，宋太宗重用赵普为相彻底解决赵廷美问题。在赵普罗织的罪名之下，秦王赵廷美终于一贬再贬。太平兴国七年五月，秦王赵廷美被降封为涪陵县公，房州（今湖北房县）安置。雍熙元年（984年）正月，赵廷美终因"忧悸成疾而卒"③。这样，宋太宗才算真正解决了弟、侄对帝位威胁的隐患，宋初皇权动荡才算彻底稳定下来。④

二、"须用文德致治"的右文政策

宋太宗即位后，把宋太祖开创的右文政策推到了极致。在他统治时期，基本上是承袭宋太祖草创之制，也对有些制度有所补充和变革。宋朝的各项典章制度，经

---

① ［宋］司马光撰：《涑水记闻》卷2。

② ［宋］李焘撰：《续资治通鉴长编》卷22，太平兴国六年九月丙午。

③ 《宋史·赵廷美传》。

④ 参见陈振著：《宋史》，上海人民出版社2020年版，第24—29页。

过太宗一朝，更为完善，渐成定制。

宋太宗在武功上比不上其兄宋太祖，乃力求在文治上能超过。他经常向臣僚们讲："王者虽以武功克定，终须用文德致治。朕每退朝，不废观书，意欲酌前代成败而行之，以尽损益也。"① 以此表明自己是太祖事业的当然继承者，是继体守文的一代圣君，因此在位期间始终以文治标榜自诩，大有"功业与太祖同昭"的意思。

作为一个重视文教的皇帝，宋太宗不但重视扩大科举生源名额，对于文献的整理、编修也不遗余力。查其"文治"业绩，主要有两项：一是极力扩大科举考试的录取名额；二是开展大规模的图书编纂工作。

在扩大科举方面：

为了扩大统治基础，宋太宗扩大了科举考试的规模，使中第人数剧增，在扩大科举考试规模的同时，也使科举制度进一步完善。

"国朝科举取士，自太平兴国以来，恩典始重。"② 宋太宗曾对近臣说："天下州县阙官，朕亲选多士，忘其饥渴，召见临问，以观其才，岂望拔十得五，但十得三四，亦岩穴无遗逸，朝廷多君子矣。朕每见布衣缙绅间有端雅为众所推举者，朕代其父母喜，或召拜近臣，必择良日，欲其保终吉也。朕于士大夫无所负矣。"③

太平兴国二年（977 年）正月，宋太宗首开科考。光进士科就录取了一百零九人，超过了太祖在位期间十五次科考所取进士总额（一百八十八人）的一半以上。加上其他各科，本年取士总计五百零七人。取士之多，为历代所未有。据统计，太宗一朝共开科八次，取进士一千四百八十七人，平均每榜约一百八十六人。不仅取士数额激增，而且待遇特别优厚。每次殿试后，太宗都要亲自举行唱名赐第、赐诗、赐宴等仪式，令及第者感激涕零、备感荣耀。进士及第后的升迁也十分迅速：太祖时期，进士头名一般只授予司寇参军等职务，属于州级属官；太宗时期，进士位列前茅者

① ［宋］李焘撰：《续资治通鉴长编》卷 23，太平兴国七年十月癸亥。

② ［宋］洪迈：《容斋续笔》卷 13《科举恩数》。

③ ［宋］钱若水等撰：《宋太宗皇帝实录》卷 26，四部丛刊三编本。

往往直接授予通判之职。太祖朝进士及第者无一人位至宰执，而太宗朝则多达十余人。通过这些措施，宋太宗既培植发展了自己的统治势力，又适应了统一后各地区对人才的迫切需求，并最终确立了文官统治的基本格局。①

揆诸太宗朝形势，以科举出身为主体的士大夫阶层已经成为统治集团的中坚力量。太祖、太宗朝对科举制度的重视，打破了自魏晋以来形成的世族门阀霸占朝廷政要的格局，使得累世公卿、富贵长存的局面一去不复返。这就决定了士大夫必须更紧密地与专制皇权相结合，效忠最高统治者。因此，在宋太宗过分强化皇权统治和因循治国理念的驯化下，他们为了维护自身政治上和经济上的既得利益，也势必成为保守政治的参与者和贯彻者。②

宋太宗扩大科举取士，重用科举出身者，对整个宋代文化的发展，客观上起到了巨大的推动作用，以科举官僚代替门荫等其他途径出身的官僚行使政权，无疑是时代的一大进步。

在图书编纂工作方面：

宋太宗时期，官修的史书除起居注、时政记、实录、会要、国史等以外，在校勘并刊刻的图书方面主要有以下成就：（1）详定《玉篇》《切韵》。《玉篇》和《切韵》作为古代最为重要的韵书，不仅关系到诗文写作的用韵问题，还关系到科举取士的顺利进行。（2）校勘和刊刻《说文解字》。作为第一部字书，《说文解字》历经东汉至宋近八百年，它是作为解读和研究经典的重要工具。对于它的校勘和刊刻，也可以反映出宋太宗对于图书校勘和颁行的重视。正是由于这次校勘，才出现了《说文解字》最为重要的版本"大徐本"，挽救了《说文解字》在之前几乎失传的厄运。（3）撰定《雍熙广韵》。（4）校勘和刊刻"前三史"、《五经正义》等图书。（5）颁行《神医普救方》《太平圣惠方》，以此来方便普通百姓，使中医的大量民间药方得以保存和

① 参见齐涛主编，江晓涛、李晓著：《中国政治通史》卷6《动荡与变迁的宋辽金政治》，泰山出版社2003年版，第83—84页。

② 参见陈峰著：《宋代军政研究》，中国社会科学出版社2010年版，第9页。

传播。（6）完成了北宋"四大书"的三部，即《太平御览》《太平广记》《文苑英华》，均为大型图书、卷帙庞大。（7）整理、编纂《开宝藏》《宋高僧传》等重要佛学文献。

大致而言，宋太宗时期官方藏书的数量，《玉海》的记载为八万卷。其中，《太平御览》《太平广记》《文苑英华》代表了宋太宗时期的图书整理与编辑成就，同时《开宝藏》《太平圣惠方》等佛教、医学类典籍也对后世产生重要影响。

三、"将从中御"政策的提出与实施

唐末至五代，武将跋扈已甚，他们出兵打仗，当然不可能也不会死守内廷规定，而是全按战场上的实际情况行事。这种做法，直至太祖朝时亦然。从宋太宗时起，宋朝与北方辽国、西北夏国政权的关系相继出现恶化，战争频频爆发，此时宋朝的战时军事指挥政策也发生了变化，由宋太祖时期对前线将帅基本不做干预转变为对将帅指挥权的过多节制。"将从中御"成为宋太宗战时军事指挥的主要策略和基本原则。"太宗时用兵，多作大小卷付将帅，御其进退，不如太祖。"[1] 由于太宗在登基前并无带兵作战的经验，在军队中也无太祖那样的威信，所以特别害怕诸将不听调遣，为此便推行了所谓"将从中御"的政策，以驾驭前线诸将。其内容为：主将在行军和指挥作战时，必须按皇帝所出的方略或阵图办事，否则即属违旨。

"将从中御"一语最早出自先秦兵书《军志》，曰："将从中御，兵无选锋，必败。"《六韬》亦认为："国不可从外治，军不可从中御。"宋代"将从中御"的大致含义是指皇帝在军队出发前向将帅面授机宜，给予拒敌方略、攻守计划，授以作战阵图或是直接向前线将帅传达御前指令以指挥前线战事，前线将帅要按皇帝指令行事，不能随意变更，违者予以严惩。[2]

宋太宗猜疑、防范的性格使他对统兵在外的将帅必须实施"将从中御"的政

---

① ［宋］李焘撰：《续资治通鉴长编》卷237，熙宁五年八月庚子。

② 参见田志光著：《宋代政治制度史研究》，人民出版社2017年版，第34页。

策。宋太宗是通过篡位夺得皇位的，加之其兄"黄袍加身"的往事又历历在目，所以太宗深知皇位"易取亦易去"的道理，这使他对皇位的眷恋与痴迷到了无以复加的地步，其狭小的气量、阴暗的心理、猜疑的本性更加重了他对出征将帅的防范与制约，那么最佳措施就是实行"将从中御"，授以作战策略、机宜或"阵图"，严格控制和指挥将帅的一切行动；虽然大臣曾多次劝谏，如端拱二年（989 年）正月，知制诰田锡奏疏曰："今委任将帅，而每事欲从中降诏，授以方略，或赐与阵图，依从则有未合宜，专断则是违上旨，以此制胜，未见其长。"户部郎中张洎亦劝谏"将从中御，士不用命"，而"将不中御，众知向方，而不能震大宋之天声，制单于之族类者，未之有也"①。但宋太宗却无动于衷，照常施行他的"将从中御"政策。淳化二年（991 年）八月丁亥，宋太宗对宰臣们说："国家若无外忧，必有内患。外忧不过边事，皆可预防。惟奸邪无状，若为内患，深可惧也。帝王用心，常须谨此。"②宋太宗所谓的"内患"，在很大程度上指的就是拥兵在外的将帅。在"外忧（边事）皆可预防"的前提下，如何控制出征之将帅，是萦绕在宋太宗心头的大事，他的做法就是：想方设法控制前线将帅，做到"事为之防，曲为之制"，即使损兵折将，斥地与敌，也不放弃"将从中御"。③不仅如此，宋太宗在选择前方将帅时往往不以指挥才能为标准，而只注重其人是否可靠、是否听话。以雍熙三年（986 年）的北伐为例，太宗所用的曹彬、米信、田重进、潘美等人都是循谨忠实有余，而指挥才能不足。这势必会对战争结果造成影响。退一步说，就算他们都具有出色的指挥才能，那么在太宗"成算"的严格限制下，也难以充分、有效地发挥。有些将领在太祖朝仗打得很好，可到了太宗时期几乎不会打仗了。其中原因，令人深思。④宋太宗这种运筹于深宫之中，授阵于千里之外，剥夺将帅临阵处置决

① ［宋］李焘撰：《续资治通鉴长编》卷 30，端拱二年正月癸巳。

② ［宋］李焘撰：《续资治通鉴长编》卷 32，淳化二年八月丁亥。

③ 田志光著：《宋代政治制度史研究》，人民出版社 2017 年版，第 43—44 页。

④ 齐涛主编，江晓涛、李晓著：《中国政治通史》卷 6《动荡与变迁的宋辽金政治》，泰山出版社 2003 年版，第 89 页。

断权的"将从中御"政策，为后嗣所继承，不仅终太宗之世未作改变，此后更成为祖宗家法而为子孙们遵行惟谨，从而对北宋中后期对外战争的结果造成了重要的影响。

四、"守内虚外"的消极防御国策

宋初面对强大的契丹政权，宋太祖被迫采取守势，但并没有放弃收复被后晋石敬瑭割让给契丹的燕云十六州之地。他一方面积极整顿边防，训练军队，准备以武力解决；另一方面在经济上做了充分准备，从每年国家财政中提留部分钱物，另设封桩库，希望用所储备的财物与契丹人做交易，从他们手中将燕云十六州之地赎回来，如果契丹人不同意，那么就用这些钱招募勇士，武力攻占。

宋太宗继位后，因其继位不正、舆情难服，亟思大有作为，以树立其个人威望。因而在刚刚平定北汉之际，不顾朝臣和众将的反对意见，以疲弊之师率尔北向，企图一举夺取燕、蓟，在功业上超迈周世宗和宋太祖。在战争过程中，又急于表现自己在军事方面的才能和见识，竟开启"将从中御"的恶劣先例，对军事部署乱加干预，既不知己，又不知彼，卒致高梁河之败，徒取其辱。其后，又昧于辽朝方面的形势，凭空认为辽圣宗即位初期"主少国疑""母后专政"，企图借此机会大举北伐，收复失地，以雪前耻，结果导致了更大规模的失败。经过太平兴国和雍熙年间的一系列北伐失败，使得自太祖以来苦心积聚的力量遭到毁灭性的打击，宋、辽双方形势根本扭转，北部边境再无安宁。与此同时，西北党项人的困扰和威胁也就此开始，诚可谓雪上加霜。自此以后，宋太宗再无主动进取的勇气和力量，其对外政策开始陷于消极防御、被动应付的泥淖。[1]

经过上述巨大挫折以后，宋太宗锐气尽失，开始调整内外策略，采取"守内虚

---

[1] 齐涛主编，江晓涛、李晓著：《中国政治通史》卷 6《动荡与变迁的宋辽金政治》，泰山出版社 2003 年版，第 127 页。

外"国策。首先是调整了作战部队的部署，将大部分禁军分布在都城开封府及其周围地区，其中开封府就驻扎了禁军将近三分之一的兵力，而且基本上是挑选战斗力强的部队。而广大的南方地区却很少驻扎禁军，北方边境的兵力因此也明显不足。"宋初，有正规军队三十七万八千人，其中用于驻守京师的就达二十万人。北宋军队最多时达到一百一十六点二万人，其中用于驻守京师的竟高达一百多万。"① 其次是形成了消极防御政策。宋太宗几度与契丹人交手失败后，面对不断向南进攻的辽国军队，宋廷不是考虑集中优势兵力主动出击，歼灭其作战部队，而是命令士兵在宋辽边境的平原地区开挖塘泊，利用河渠湖泊筑堤蓄水，形成西起保州（今河北保定）、东至海边长达九百里的防线，以防止契丹骑兵的冲击。再如与西夏的战争，本来西夏国土面积小，人口少，财力不足，从实力上很难与强大的宋朝相抗衡。宋朝在宋夏边境地区有军队三十万左右，但分兵四路，由四名文官主持军务。相反，西夏军队却集中十万左右骑兵，选择宋军防御的弱点或战略要点从不同的区域重点突击，等宋军从相关地区调集军队后，西夏军队又很快撤了回去，从而使宋军在对西夏的战争中常常处于被动挨打的地位。②

太平兴国二年（977 年）正月，太宗发布诏令："自今不得因乘传出入，赍轻货，邀厚利，并不得令人于诸处回图，与民争利。有不如诏者，州县长吏以名奏闻。"③ 与此同时，又重申节度使不得补亲吏为镇将的禁令。前者彻底剥夺了武将的经济特权，后者彻底剥夺了藩镇在人事上的自主权。

表面上看，这些措施有利于加强中央集权，但过分强调"内重外虚"，势必也会造成地方脆弱、边备松弛的严重后果。在既无财力又无人事权的情况下，边境将领也就很难巩固边防，调动士卒的积极性，最终难以有效应付外敌入侵。此种弊端到后来变得愈发严重，不但边防脆弱，就连内地州县也十分空虚。一旦强敌入侵，很

① 王丽薇：《北宋的守内虚外政策》，《甘肃教育学院学报》（社会科学版）卷 17，2001 年专辑。
② 参见游彪著：《宋史》，中信出版社 2017 年版，第 44—46 页。
③ ［宋］李焘撰：《续资治通鉴长编》卷 18，太平兴国二年正月丙寅。

难组织起强有力的抵抗，致使敌军每每能够长驱直入，如入无人之境。正如南宋朱熹所指出的："本朝鉴五代藩镇之弊，遂尽夺藩镇之权，兵也收了，财也收了，赏罚刑政一切收了，州郡遂日就困弱。靖康之祸，虏骑所过，莫不溃散。"①

五、重视刑政与吏治

宋太宗在位期间，政治上值得称道的除了重用科举出身者以外，尚有重视刑政和注重对官吏的考课两个方面。

（一）重视刑政

太宗践祚，屡屡发布加强刑政的诏令以促进官员习法，如谓："禁民为非者莫大于法，陈力就列者当习其书。苟金科玉律之不明，虽食檗饮冰而何益？"②太平兴国四年（979年），改司寇院为司理院，"令于选部中选历任清白、能折狱辨讼者为之，秩满免选赴集"③，以此精选和优待司法官员。同时，采取具体措施督促官员习法。雍熙三年（986年）九月，诏："自今京朝幕职、州县官，并须习读律令格式，秩满至京者，当加试问。其全不明习者，量加殿罚。"④端拱二年（989年）九月，又下诏：对于京朝官中有明于法律者，许上书自陈，通过考试后，可以补刑部、大理寺官属，"三岁迁其秩"⑤。

为防止负责刑狱的官员草菅人命，迁延狱事，太宗下诏规定，凡御史台鞫狱"御史必须躬亲，毋得专任胥吏"⑥。"笞、杖罪不须证逮者，长吏即决之，勿复付所司。

---

① ［宋］黎靖德编：《朱子语类》卷128，《本朝二·法制》。

② ［清］徐松辑：《宋会要辑稿选举十二》。

③ ［宋］李焘撰：《续资治通鉴长编》卷20，太平兴国四年十二月丁卯。

④ ［元］马端临撰：《文献通考》卷166，《刑考五》。

⑤ ［宋］李焘撰：《续资治通鉴长编》卷30，端拱二年九月戊子。

⑥ ［宋］李焘撰：《续资治通鉴长编》卷25，雍熙元年七月癸丑。

群臣受诏鞠狱，狱既具，骑置来上，有司断已，复骑置下之州。凡上疑狱，详覆之
而无疑状，官吏并同违制之坐，其应奏疑案，亦骑置以闻。"① 淳化元年（990 年）五
月，在刑部置详覆官六员，专阅天下所上案牍，不再派遣官员赴各地鞠狱，并置御
史台推勘官二十员，皆以京朝官充。若诸州有大狱，则乘传往鞠，辞日，太宗必下
谕旨道："无滋蔓，无留滞。"返京后，必定召见，"问以所推事状，著为彝制，凡满
三岁，考其殿最而黜陟之"②。

　　为了督促和鼓励地方官秉公执法，淳化五年（994 年）五月，审官院上新选京朝
官二十余人充知州，太宗分赐每人一张亲书的条幅，上谓："公务刑政，惠爱临民，
奉法除奸，方可书为劳绩，本官月俸并给实钱。"同时送大理正尹玘等人。后来太
宗觉得"奉法除奸"一语，"恐不晓者别思生事以求功劳"，特召知审官院钱若水作
解释道："除奸之要，在乎奉法，故有是言也。"于是，钱若水向尹玘等人"一一谕
之"③。由此可见太宗对刑政慎重之一斑。

　　宋初刑政，经过宋太宗的认真整顿，基本上结束了五代以来混乱局面，奠定了
宋代刑狱法规的基础，培养了一些通晓法律的官员，多少减轻了百姓所受的牢狱之
苦，对此，《宋史·刑法志一》中有"数年之间，刑罚清省矣"的感叹之语。

（二）对官吏的考课

　　太宗即位后，比较重视对官员的考课。太平兴国三年（978 年）二月，在吏部南
曹董淳的建议下，下诏严格填写印纸、历子的制度："州县官批书南曹所给［印］、历
子，敢漏一事者殿一选，三事者降一资。虽所部无其事，令式所合书者，亦著其无，
以相参验。"④ 太平兴国六年（981 年）二月，又下诏，凡是京朝官出仕地方，"悉给

---

① 《宋史·刑法志一》。
② ［宋］李焘撰：《续资治通鉴长编》卷 31，淳化元年五月辛卯。
③ ［宋］李焘撰：《续资治通鉴长编》卷 36，淳化五年五月戊寅。
④ ［宋］李焘撰：《续资治通鉴长编》卷 19，太平兴国三年二月丁巳。

以御前印纸，所贵善恶无隐，殿最必书。俾因满秩之时，用行考绩之典"①。雍熙四年（987 年）三月，太宗又下诏对州郡长吏的考课做了具体规定："天下知州、通判，先给御前印纸，令书课绩。自今并条其事迹，凡决大狱几何，凡政有不便于时，改而更张，人获其利者几何，及公事不治，曾经殿罚，皆具书其状，令同僚共署，无得隐漏。罢官日，上中书考较。"②

太平兴国六年九月，置京朝官差遣院，主管少卿监（正六品）以下京朝官考校劳绩、品量材器，注拟差遣事。淳化三年（992 年）十月，置磨勘京朝官院，淳化四年二月，改名审官院，并将差遣院并入审官院，设知审官院两人，由御史知杂以上充任，掌考校京朝官，考覆功过，以定其官爵品级，分拟其内外任使，奏报皇帝。又改磨勘幕职州县官院为考课院，掌幕职州县官殿最，同年五月，并入归吏部流内铨。雍熙四年七月，置三班院，主管武臣三班使臣（从九品）以下的功过、升迁、酬赏等事。至此，除高级文武官员由皇帝直接对他们进行考课以外，自正六品以下的京朝官到选人，都须经过磨勘、考课，才得以升迁。所不同的是，选人由长吏填写印、历，由流内铨考课；下级武臣由三班院考课；知州、通判和外出京朝官由本人填写御前印纸，或同僚共署，由审官院考课；在京中下级京朝官亦由审官院考课。③

---

① ［明］陈邦瞻撰：《宋史纪事本末》卷 3，《太宗致治》。

② ［宋］李焘撰：《续资治通鉴长编》卷 28，雍熙四年三月庚辰。

③ 参见何忠礼著：《宋代政治史》，浙江大学出版社 2007 年版，第 64—67 页。

第三章　真宗时期的内外政策

宋真宗赵恒是宋朝继太祖、太宗之后又一位比较有作为的帝王。他在位二十五年间，利用宋辽"澶渊之役"及西夏李继迁发展受挫之机，先后与辽、西夏达成和约，奠定了宋王朝多年和平发展的基础；他用黄老无为之术治国，遵循与坚持太祖、太宗的右文政策，重视完善科举制度与发展文化事业，北宋前期所编撰的四大书之一《册府元龟》一千卷，就成书于大中祥符六年（1013年）。他重视对官吏的教化，亲自撰写并推行《文武七条》与行政责任追究制度。在他统治期间，宋代国家治理日益走向完善，社会秩序稳定，经济繁荣，文化昌盛，史家将他的治理成就概括为"咸平之治"。

一、对辽及西夏政策的调整

宋真宗即位后，继续遵循乃父和平安边的政策，在对辽、西夏外交上均取得了一定的成绩。

（一）宋辽和战与澶渊之盟

宋初，宋太祖赵匡胤虽采取先南后北的战略，但在燕云十六州的归属问题上，宋与辽仍然是尖锐对立。宋太祖出于军事上的考虑，对契丹及其卵翼下的北汉虽然有过大规模的军事行动，但主要还是采取防御政策。在此期间，宋辽双方都试图进行沟通。开宝八年（975 年）三月，辽朝密命涿州刺史耶律琮遣书修好。太平兴国元年（976 年），宋太宗继位，曾遣使者去辽朝报新皇帝登基之事。太平兴国二年，宋朝安葬宋太祖时，辽也派使者前来吊丧。不过，这种关系非常脆弱，甚至一度中断，宋辽间仍以战争为主，尤其是宋太宗在位期间，宋辽之间的战争一度白热化。

宋统一南方后，太平兴国四年灭亡北汉，宋太宗想乘着灭北汉的余威，一举收复燕云十六州，正式拉开宋辽长达二十余年的大规模战事的序幕。高梁河战役，宋军伤亡惨重，元气大伤。雍熙三年（986 年），宋太宗再次北伐，结果宋军继续惨败。

两次大规模的北伐失败，尤其是雍熙北伐的惨败，对宋王朝的对外政策产生了重要的影响，使宋朝统治者渐渐地从积极对外变成了消极抵抗和"守内虚外"，从而影响到整个两宋时期的边防形势与对外政策的变化。宋太宗晚年，辽朝气势逼人，一度摆出南下进攻的阵势，还帮助西夏李继迁对抗宋朝，但宋太宗只命宋军在边境疏通河道，设军寨、塘堰，企图阻止辽朝骑兵；不许宋军主动出击，万不得已，也只许出城退敌，同时禁止越界攻城略地，奉行的是以守为主的政策，这种态度直接影响到以后的真、仁两朝。

至道三年（997年），宋太宗去世，其子赵恒即位，是为宋真宗。真宗即位之初，曾通过边境官员向辽朝表达了愿意和好的意向，却受到辽朝的冷淡。因为当时宋朝不仅在辽朝面前失去了优势，而且正深受西北党项人的困扰。辽朝统治者看透了宋朝的软弱和所处的困境，因而决定加强攻势。

咸平二年（999年）十月，辽军大举入侵河北。起初，辽军先在保州附近受挫于宋军田绍斌、石普和杨嗣等部，继而又在遂城受挫于宋军杨延昭（杨业之子，俗称"杨六郎"）部。于是，辽军改变战术，撇开宋军重兵把守的城镇，纵兵深入河北内地，肆意践踏掳掠，并在瀛州西南大败宋军，宋将康保裔被俘。在此情况下，宋真宗决定率军亲征，车驾至大名府，并撤换了前方主帅傅潜，却未能与辽军交锋。次年正月，辽军北撤。

咸平四年十月，辽军再次入侵，宋将王显在遂城击败辽军，辽军进至满城后即行撤退。

咸平六年四月，辽将耶律奴瓜、萧挞凛又率军进攻定州望都。宋将王超、桑赞临阵畏缩而退，王继忠力战不支，被俘投降。这两次季节性的攻势，都是辽国在更大规模进攻之前的试探性行动。

景德元年（1004年）八月，辽军在辽圣宗和萧太后的亲自指挥下，再次大举南侵。此次辽军来势极猛，一路攻占遂城、望都、冀州等城，并越过许多宋军坚守的州县，迅速深入北宋腹地，于十一月间进逼黄河北岸的重镇澶州（今河南濮阳）。澶州又称澶渊，距离北宋首都开封不过一百公里。当时形势极为严峻，前方急报一夕数至，宋廷上下一片震恐。朝中大臣在如何对付辽期进攻的问题上，产生了迁都逃跑和坚决抵抗两种截然对立的意见。参知政事王钦若主张迁都金陵，签书枢密院事陈尧叟主张逃往成都；宰相寇准力排众议，坚持要求真宗即刻御驾亲征，以鼓舞士气，安定人心，击退辽军。他认为如果抛弃宗庙社稷，窜往楚、蜀，必然会使敌军长驱深入，宋朝的江山就难保了。另一位宰相毕士安也支持亲征的意见，但主张不要匆忙，应做好充分准备。经过一番激烈争论，主战的意见终于占了上风，宋真宗决定北上亲征。

宋真宗从开封出发，一路上顾望不前，行动迟缓，只是在宰相寇准和殿前都指挥使高琼的一再敦促下，才由韦城继续向澶州进发。当时，澶州横跨黄河分为南、北二城，中间以船排列组成浮桥，作为两城之间的通道。十一月二十六日，宋真宗终于到达澶州南城。在此以前，辽军主力已进抵黄河北岸的澶州北城，宋朝的御前亲征军也先于真宗到达澶州及其周围地区。十一月二十四日，辽军对澶州北城展开三面围攻。辽军主帅、顺国王萧挞览身先士卒，向宋军发起进攻，却被宋军的强弩射中额角，于当晚死去。这一意外，使辽军士气大挫。寇准和高琼再次力排众议，坚持要求真宗过河以鼓舞士气、激励人心。高琼甚至用马鞭抽打给真宗抬轿的卫士，促令前进。于是，宋真宗登上北城城楼，打起龙旗，张开黄伞，澶州内外的宋军官兵顿时高呼万岁，士气大振。相形之下，辽军士气则更加低落。

在这种情况下，辽朝统治者感到要在澶州击败宋军已不可能，而辽军南下又系冒险深入，沿途州县大多仍控制在宋军手里，随时可能截断辽军的退路。因此，双方在澶州相持的时间越长，对辽军越为不利。于是，辽朝统治者决定尽快同宋朝议和，以摆脱危险尴尬的境地，宋真宗当然也愿意议和，双方最终签订了和约并互相交换盟书，其具体内容如下。

（1）宋朝每年给辽朝绢二十万匹和银十万两，以为"助军旅之资"。

（2）双方沿边州县各守境界，严格制止对对方边界的非法侵入。

（3）双方均不得接受对方逃亡人员，对逃入对方境内的人必须遣返。

（4）双方交界处的城池和边防设施可依旧保存修葺，但不得增修针对对方的军事设施。

此外，双方还就外交礼仪和彼此名分地位做了约定：双方约为"兄弟之国"，辽圣宗称宋真宗为兄，宋真宗称辽主为弟，并称萧太后为叔母。彼此以"南朝"和"北朝"称呼对方。这种虚构的亲属关系实际体现了双方的平等地位。同时，这一关系也使得双方日后在礼仪交换方面陷入无休止的循环之中，偶尔也会发生某方以"长辈"的身份压低对方的事情，但这并没有妨碍彼此关系的实质。

这个盟约就是历史上有名的"澶渊之盟"。该盟约是宋、辽双方力量相对均衡条件下互相妥协的产物。对辽朝来说，虽常以进取的姿态介入中原事务，每每以武力威胁南方，但似乎并未认真打算过要彻底地征服和统治整个中原地区。其期望值最多也止于索取失于周世宗的关南之地，同时保有自辽太宗以来业已从中原攫取的好处。其武力南下的行动虽能渔利，但同样也会招致南方的打击报复。兵连祸结的后果，只能是两败俱伤。反视北宋王朝，虽自太宗北征屡败以来"畏辽"心理日益增加，战略上渐居守势，且在地理形势、后勤补给、军事战术诸方面常陷于被动，但其强大的经济力量和庞大的军备仍令对方忌惮。具体到这次盟约的签订，如果不是宋军主力业已集结，如果不是宋军在战争过程中表现出相当的战斗力和打击力，那么仅凭宋朝单方面的退让求和，也是难以实现的。

宋真宗利用"澶渊之役"，抓住了由"战辽"到"和辽"的转折点，实现了"和辽"的重大战略决策。从此，宋辽双方形成共存双和的局面达百年之久，为宋朝和平发展创造了条件。尽管澶渊之盟给人以"城下之盟"的印象，但基本内容是平等的。从经济角度来看，每年银十万两、绢二十万匹的"岁币"对北宋并不构成沉重负担，且和平实现以后，北宋还能从双方贸易中获得大量盈余，辽朝亦可借此获得其必需物品，因而对双方都是划算的。

总之，澶渊之盟是宋、辽双方务实态度的一大成果：宋朝以有限的代价获得了持久的和平；辽朝也获得了稳定的额外收入来源，且在一定程度上减轻了其南方边境的防卫负担。双方在此后一百二十年的时间里基本保持了和平往来、密切交流的状态。这种新型的地缘政治平衡在中国历史上是前所未有的。[①]

（二）对党项政策的调整

从宋太宗时起，北宋王朝开始受到来自西北边地党项人的困扰。随着形势的发展，党项人问题越来越影响宋朝的政治、军事与外交，且对宋、辽之间的关

---

① 参见齐涛主编，江晓涛、李晓著：《中国政治通史》卷6《动荡与变迁的宋辽金政治》，泰山出版社2003年版，第108—112页。

系也产生了很大的影响。太宗、真宗两朝对党项的政策虽迭经变化和调整，但始终难以阻挡党项民族的迅速崛起和日益明显的独立倾向。到十一世纪上半期，这个民族终于建立起一个成熟而多元化的强大政权，先后与北宋、辽以及南宋、金构成三足鼎立的局面，在将近两个世纪的漫长时间里对中国的历史产生了重大影响。

李继迁统治西夏时期，与宋朝时战时和。景德元年（1004年）初，李继迁去世，临终之际嘱其继承人、长子李德明奉表臣服于宋。景德二年，李德明接受辽朝所册封的西平王，使他于内加强了对其他少数民族的号召力量，于外增加了对宋朝交涉的政治资本。同年六月，他遣使奉表臣服。李德明同意约和，一是长期与宋战争也使党项民族不堪困扰，因而决心遵循其父的遗嘱；二是宋辽议和，也使西夏失去政治声援，不便一意孤行。针对李德明的约和，宋真宗召见驻延州（今陕西延安）守将张崇贵面授议和方略。宋政府许诺：授李德明为定难军节度使，封西平王；赐银四万两、帛四万匹、缗钱四万贯、茶二万斤；给内地节度使俸禄；允许"回图往来"贸易；放开盐禁等五项。要求李德明承诺：自立誓约；归还灵州；辖区限于原平夏地区；遣子弟入京宿卫（实是人质）；送还被俘的宋方官吏；遣散蕃汉兵及被扣押的人口；如与蕃部发生侵扰，要向朝廷报告等项。李德明认为宋朝条件苛刻，不肯承诺宋方提出的条件。七月，辽朝抢先封李德明为西平王。在这种情况下，宋真宗也降低了修好的条件，默认了党项对灵州的占领，也不再要求李德明遣子弟做人质。景德三年（1006年）九月，双方达成了协议。宋朝授李德明为定难军节度使，封西平王，给内地节度使薪俸，每年赐赠金、帛、缗钱各四万，茶两万斤，正式承认了西夏的割据地位。宋真宗终于以封王授官及赐钱物的方式，换取了西北边境的相对平静。这个和议，其性质和效果不啻是澶渊之盟的翻版。自此以后，北宋和西夏维持了二十多年的和平。对北宋王朝而言，困扰它二十年的西北边患暂时解除，也换取了党项人名义上的臣服，这也算得上是宋真宗外交战线上的又一次胜利。

二、《文武七条》与规范审判权制度

古今中外，吏治问题都是国家治理的一个重要内容。倡导为政清廉、惩治贪污腐败是中国历代王朝治理国家、管理社会的一项重要内容。在这方面，宋真宗可谓是宋朝诸帝中做得最为出色之一人。

1. "作《文武七条》戒官吏"

宋真宗有一个传诸后世的良好的廉政理念。大中祥符二年（1009 年）十一月丙辰，他"作《文武七条》戒官吏"[①]。主要内容：一是清心，要平心待物，不为自己的喜怒爱憎而左右政事。二是奉公，要公平正直，自身廉洁。三是修德，要以德服人，而不是以势压人。四是务实，不要贪图虚名。五是明察，要勤于体察民情，不要苛税和刑罚不公正。六是勤课，要勤于政事和农桑之务。七是革弊，要努力革除各种弊端。这《文武七条》均是廉政之举，是统治者的苦心孤诣的安排。在宋真宗看来，"清心""修德"就是廉政的源头，就能实现"德治"。

除了颁布告诫百官的《文武七条》，宋真宗还建立严谨有效的官员选拔任用制度。他定"州县三课"法，"公勤廉干惠及民者为上，干事而无廉誉、清白而无治身者为次，畏懦贪猥为下"。严明赏罚，官员有试用期，试用官员转正要有若干名正式官员保举。不得保举曾犯有贪污罪的官员。宋朝允许在职官员参加科举考试，考中者可提前转正或越级提拔，但曾犯贪污罪者不许参加科举考试。又规定，只要是重要职务和接触钱财的职务，一律不允许曾犯贪污罪者担任。宋朝官员通常定期升级，但曾犯贪污罪的官员升迁则举步维艰。一个官员若犯贪污罪，其曾经保举的官员以及直接上级都将受到惩罚。[②]

---

① 《宋史·真宗本纪二》。

② 参见张静：《反腐皇帝——宋真宗赵恒》，《西部大开发》2013 年第 9 期。

2.加强监察机构的建设

宋初，统治者忙于征战，未暇顾及各级监察机构的建设。太宗太平兴国六年（981年），朝廷中央仍然处于"御史不能弹奏"和"谏官废职"的不景气状况。从真宗起，着手整顿朝廷监察机构御史台和谏院，使台谏监察系统开始走上了正轨。

御史台是宋朝最高监察机构之一。宋初，沿袭唐、五代的体制，设立御史台。以御史大夫为长官，御史中丞为副长官。下设台院和殿院、察院等三院，台院设侍御史，殿院设殿中侍御史，察院设监察御史。这一机构有宋一代始终未变。

谏院是宋朝的另一个最高监察机构。宋初，谏院尚未成为独立的机构。常以门下省和中书省两省的官员两员判谏院事，下设谏议大夫、补阙、拾遗等职。左谏议大夫和左补阙、左拾遗属门下省，右谏议大夫和右补阙、右拾遗属中书省。宋真宗天禧元年（1017年）在门下省内正式设置谏院。

3.规范出入人罪的责任追究制度

所谓出罪，指有罪判无罪或重罪轻判；入罪指无罪判有罪或轻罪重判。根据司法官吏判决动机，又分为故出入人罪和失出入人罪。出入人罪是法官最主要的职务犯罪，其责任也最为严重。大理寺在审理案件过程中，要求法官秉公审理、依法判决，但由于各种原因或是因为司法官吏出于各种动机，常常出现错判、误判或故意出入人罪，这就要使法官承担相应的法律责任，受到相应的处罚。

北宋初期，立法尚不完备。真宗以前，大理寺法官因过失判错案件又能自行改正，基本上不承担责任，即官吏因"公事失错自觉举者，原其罪。应连坐者，一人自觉举，余人亦原之"①。真宗咸平二年（999年）四月，知审刑院雷有终言："大理寺断官，每有公案，定断刑名，经申奏后，内降付审刑院详议，其议官看详，或寺司定断刑名，重轻未允，即札下本寺问难，其本断官各无所执，随而入状改定，谓之觉举"，在这种情况下，法官基本上不承担法律责任。他认为"法寺出入刑名，朝廷略无劾问，甚非钦恤之义也"。他建议出入较大的错判，"若将杖罪入徒，或徒罪

① ［宋］窦仪等撰：《宋刑统》卷5《名例律·公事失错自觉举》。

入杖"①，不许自觉举，要追究法官责任。如果是杖、笞小罪递互出入，可依旧觉举改正。真宗大中祥符五年（1012 年）三月辛巳诏："大理寺自今诸处奏案有失出入徒半年罪者，其元勘、录问、检断官等，不须问罪。"②景德四年（1007 年）九月甲戌诏："审刑院详议、刑部详覆、大理寺详断官，自今任满，如书罚四次以上，未得考课引对，其同签连署者，件析以闻，当酌其轻重差降。"③即把法官受处罚的轻重与断案失误的次数相联系，如失误过多，则主判官不许引对改转，并且连签者也要承担连带责任。④

宋律规定：故意出入人罪（谓故增减情状，足以动事者，若闻知有恩赦而故论决，及示导令失实辞之类），若全出全入，则以全罪论；故意从轻入重或从重入轻各以所剩论。如果大理寺法官贪赃枉法、以私曲法而故意出入人罪，就会受到严厉的惩罚。太祖、太宗时，以重典治贪，对法官受赃枉法者往往处以弃市、杖杀等极刑。真宗后方按律文追究责任，而"弃市之法不复见，惟杖流海岛"⑤。如真宗大中祥符八年，开封豪民崔白强买邻居张寡妇的房舍，张氏诉于开封府。崔白因与殿中丞、权大理少卿阎允恭友善，于是请求阎允恭勾通开封府判官韩允，韩允故而出崔白之罪，并以张氏"妄增屋课"⑥之罪而杖之，结果被皇城司发觉，韩、阎皆被除名降授外州文学。大中祥符九年（1016 年），咸平县民张斌妻卢氏诉案中，大理寺丞慎钧和慎锐因受贿枉法、泄露案情、出入人罪，结果慎钧被免官，配隶郓州；慎锐则受到"削一官"⑦的处罚。

此外，宋朝对大理寺官员鞫狱时按察不实、议法不当，也制定了相应的处罚措施，以求罪当其罚，将罪犯绳之于法，最大限度地保障受害人的权益。如真宗咸平

---

① ［清］徐松辑：《宋会要辑稿·刑法一》。

② ［宋］李焘撰：《续资治通鉴长编》卷 77，大中祥符五年三月辛巳。

③ ［宋］李焘撰：《续资治通鉴长编》卷 66，景德四年九月甲戌。

④ 参见田志光著《宋代政治制度史研究》，人民出版社 2017 年版，第 208 页。

⑤ ［清］赵翼撰：《廿二史札记》卷 24《宋初严惩赃吏》。

⑥ ［清］徐松辑：《宋会要辑稿·刑法四》。

⑦ 《宋史·慎知礼传》。

四年（1001年）七月戊子，判大理寺韩国华因"议刑失中"而丢了官，真宗"命知制诰梁颢代之"[①]。真宗景德二年（1005年）十月庚寅，权判大理寺尹玘、权大理少卿傅珏、审刑院详议官梁象等人，"赎金有差"，大理寺详断官仇象先等六人"并削官一任，坐议狱不当，为外郡覆奏抵罪也"[②]。《宋史·刑法志一》中记载："真宗性宽慈，尤慎刑辟。尝谓宰相曰：'执法之吏，不可轻授。有不称职者，当责举主，以惩其滥。'审刑院举详议官，就刑部试断案三十二道，取引用详明者。审刑院每奏案，令先具事状，亲览之，翌日，乃候进止，裁处轻重，必当其罪。"

宋朝皇帝多次下诏严禁大理寺审判时状外求罪。真宗大中祥符五年（1012年）三月戊辰朔，诏："自今审刑院、大理寺奏案，情状已正，条目未备，不致妨阂者，并即许断……无别致追扰。其元推官，如事情不变未周备者，亦不须问罪。务绝滋蔓，以称钦恤之意焉。"[③]

还有，为防止审判时法官徇私舞弊，宋真宗对法官的回避制度进一步完善。《宋刑统》中规定："诸鞫狱官与被鞫人有五服内亲，及大功以上婚姻之家，并受业师，经为本部都督、刺史、县令及有仇嫌者，皆须听换。"在其后的司法实践中，对此又做了许多重要的补充，使回避制度更加严密。如真宗景德二年（1005年）九月诏："应差推勘、录问官，除同年同科目及第依元敕回避外，其同年不同科目者不得更有辞避。"[④]即法官与被审之人有同年同科目关系的必须回避。

三、涵养崇儒右文风气

北宋时期，真正崇儒重文，延续太祖太宗的右文政策、并使之成为有宋一代"祖宗家法"并进而形成普遍社会风尚的，是宋真宗。

---

① ［宋］李焘撰：《续资治通鉴长编》卷49，咸平四年七月戊子。
② ［宋］李焘撰：《续资治通鉴长编》卷61，景德二年十月庚寅。
③ ［宋］李焘撰：《续资治通鉴长编》卷77，大中祥符五年三月戊辰。
④ ［清］徐松辑：《宋会要辑稿·刑法三》。

宋太宗时，重视东宫讲读。太平兴国八年（983年），太宗曾为诸王及皇子府置咨议、翊善和侍讲等官。"诸王及皇子府初置谘议、翊善、侍讲等官，以户部员外郎王通、著作佐郎姚坦、国子博士邢昺等十人为之。先是，诏丞、郎、给谏以上官，于常参官中，举年五十以上通经者备宫僚，通等被举。"① 这为宋真宗爱好儒学、完善科举制度奠定了重要的基础。据《湘山野录》中记载："真宗居藩邸，升储宫，命侍讲邢昺说《尚书》凡八席，《诗》、《礼》、《论语》、《孝经》皆数四。既即位，咸平辛丑至天禧辛酉，二十一年间，虽车辂巡封，遍举旷世阔典，其间讲席，岁未尝辍。至末年，诏直阁冯公元讲《周易》，止终六十四卦，未及《系辞》，以元使虏，遂罢。及元归，清躯渐不豫。后仁宗即位半年，侍臣以崇政殿阁所讲遗编进呈，方册之上，手泽凝签及细笔所记异义，历历尽在。两宫抱泣于灵幄数日。命侍臣撰《讲席记》。"② 真宗自幼聪颖，比"就学受经，一览成诵"③，"自出阁后，专以讲学属词为乐。禁中游息之所，皆贮图籍，置笔砚。及即位，每召诸王府侍讲邢昺及国子监直讲孙奭等更侍讲说，质问经义，久而方罢。"④ 其读书又能反复玩味，领会旨义，自谓："朕在东宫，（邢）昺为侍讲，尝遍讲'九经'。书亦有三五过或十余过者，唯《尚书》凡十四讲。盖先帝慈旨勉励，每旦听书，食讫习射，使与兄弟朝夕同处，所习者文武二事尔。"⑤ 这些记载，都可看出宋真宗在东宫时所受的教育对他日后当政的重要影响。

1. 宋真宗崇儒重文，表现在他对经筵制度的建设上面

宋真宗即位之初，便于咸平元年（998年）正月，诏崔颐正讲《尚书·大禹谟》，并命大臣"更于班行中选经明行修之士一二人，具以名闻。自是，日令颐正赴御书

---

① ［宋］李焘撰：《续资治通鉴长编》卷24，太平兴国八年三月己巳。
② ［宋］文莹撰：《湘山野录》卷中。
③ 《宋史·真宗本纪一》。
④ ［宋］范祖禹撰：《帝学》卷3，影印文渊阁《四库全书》第696册，第745页。
⑤ ［宋］范祖禹撰：《帝学》卷3，影印文渊阁《四库全书》第696册。

院侍对，讲《尚书》至十卷"①。次年七月，又幸国子监，诏崔偓佺讲《尚书》，并"置翰林侍读学士。以兵部侍郎杨徽之、户部侍郎夏侯峤、工部郎中吕文仲为之。置翰林侍讲学士。以国子祭酒邢昺为之。初，太宗命文仲为翰林侍读，寓直禁中，以备顾问，然名秩未崇。上奉承先志，特建此职。择老儒旧德以充其选，班秩次翰林学士，禄赐如之。设直庐于秘阁，侍读更直。侍讲长上，日给尚食珍膳，夜则迭宿，令监馆阁书籍。中使刘崇超日具当宿官名，于内东门进入。自是多召对询访，或至中夕焉"②。由此建立起一套完善的经筵制度。此后又频频诏儒臣讲经，如诏邢昺讲《春秋左传》《礼记·中庸》，诏冯元讲《周易》《论语》，习以为常，示天下以轨则。咸平四年（1001年）六月，真宗又诏诸路州县凡有学校聚徒讲学之所，并颁"九经"。景德三年（1006年），"诏天下诸郡咸修先圣之庙。又诏庙中起讲堂，聚学徒，择儒雅可为人师者以教焉"③，如此等等，不一而足。

2. 宋真宗崇儒重文，表现在对经籍的校勘整理上面

自开国到景德年间，国子监所刊经籍的数量已为数甚众。景德二年五月，宋真宗亲临国子监，问及书库经籍版刻。邢昺曰："国初不及四千，今十余万，经史正义皆具。臣少时业儒，观学徒能具经疏者百无一二，盖传写不给。今板本大备，士庶家皆有之，斯乃儒者逢时之幸也。"上喜曰："国家虽尚儒术，然非四方无事，何以及此。"④这里说到"四方无事"，自是儒学复兴的重要原因，然经籍至此大备，也不能不说是自宋初以来尤其是真宗一向注重经籍整理的结果。太宗末年，始诏李沆、杜镐编纂《孝经》、《论语》和《尔雅》新疏，然显然未及完成。真宗即位之初，便"命祭酒邢昺代领其事，杜镐、舒雅、李维、孙奭、李慕清、王焕、崔偓佺、刘士元预其事，凡贾公彦《周礼》、《仪礼疏》各五十卷，《公羊疏》三十卷，杨士勋《穀梁疏》十二卷，皆校旧本而成之。《孝经》取元行冲《疏》，《论语》取梁皇侃《疏》，《尔雅》

① ［宋］李焘撰：《续资治通鉴长编》卷43，咸平元年正月甲戌。
② ［宋］李焘撰：《续资治通鉴长编》卷45，咸平二年七月丙午。
③ ［宋］杨侃撰：《重修先圣庙并建讲堂记》。
④ ［宋］李焘撰：《续资治通鉴长编》卷60，景德二年五月戊辰。

取孙炎、高琏《疏》，约而修之，又二十三卷。（咸平）四年九月丁亥以献。赐宴国子监，进秩有差。十月九日，命杭州刻板"①。后世"十三经注疏"中，《孝经注疏》《论语注疏》《尔雅注疏》三种皆成于真宗朝，而《孟子音义》二卷也是真宗诏校勘《孟子》时修撰的。

3. 宋真宗崇儒重文，表现在他对科举制度的完善上面

宋初承唐制，科举重进士，以诗赋取士。虽取人最多，然浮华之风亦不能免。对此，咸平年间已有人上书言："圣人居守文之运者，将欲清化源，在乎正儒术……今进士之科，大为时所进用，其选也殊，其待也厚。进士之学者，经史子集也，有司之取者，诗赋策论也……是故五常、六艺之意，不遑探讨。其所习泛滥而无著，非徒不得专一，又使害生其中。"因此建议："明行制令，大立程式。每至命题考试，不必使出于典籍之外，参以正史。至于诸子之书，必须辅于经、合于道者取之，过此并斥而不用。然后先策论，后诗赋，责治道之大体，舍声病之小疵。如此，则使夫进士之流，知其所习之书简而有限，知其所学之文正而有要。不施禁防，而非圣之书自委弃于世矣；不加赏典，而化成之文自兴行于世矣。"② 宋真宗对此建议颇为欣赏。景德二年（1005 年）七月，龙图阁待制戚纶和礼部贡院上书宋真宗曰："近年进士多务浇浮，不敦实学，惟钞略古今文赋，怀挟入试。昨者，廷试以正经命题，多懵所出……仍请戒励专习经史。"③ 到景德四年闰五月，制科考试开始从经义中命题。宋真宗在崇政殿廷试应贤良方正制科考试的士人，便明确命两制各以经义撰拟策问，选而考之。真宗告诉大臣王旦说："比设此科，欲求才识，若但考文义，则积学者方能中选，苟有济时之用，安得而知？朕以为六经之旨，圣人用心固与子史异矣。今策问宜用经义，参之时务。"王旦答曰："臣等每奉清问，语及儒教，未尝不以六经为首。迩来文风丕变，实由陛下化之。"同月，"龙图阁待制陈彭年又上言：'请令有

① ［宋］王应麟撰：《玉海艺文校证》卷 7 "咸平《孝经》、《论语正义》"条。

② ［宋］李焘撰：《续资治通鉴长编》卷 53，咸平五年十一月庚申张知白上疏。

③ ［宋］李焘撰：《续资治通鉴长编》卷 60，景德二年七月丙子。

司详定考校进士诗赋、杂文程式，付礼部贡院遵行。又请许流内选人应宏词拔萃科，明经人投状自荐策试经义，以劝儒学。'诏贡院考较程式，宜令彭年与待制戚纶、直史馆崔遵度、姜屿议定，余令彭年各具条制以闻"[1]。

4. 宋真宗崇儒重文，表现在作《劝学诗》与《劝学谕》引导世风上面

宋真宗亲作的《劝学诗》在封建时代长期流传，家喻户晓，妇孺皆知，全诗如下：

> 富家不用买良田，书中自有千钟粟。
> 安房不用架高堂，书中自有黄金屋。
> 娶妻莫恨无良媒，书中有女颜如玉。
> 出门莫恨无人随，书中车马多如簇。
> 男儿欲遂平生志，六经勤向窗前读。[2]

除了《劝学诗》，宋真宗还有一首《劝学谕》传世：

> 为学好，不学不好。学者如禾如稻，不学者如蒿如草。如禾如稻兮，国之精良，世之大宝；如蒿如草兮，耕者憎嫌，锄者烦恼。他日面墙，悔之已老。[3]

《劝学诗》与《劝学谕》以召唤人们走读书求取功名富贵之路而著称，亦即大名鼎鼎的"读书做官论"，全诗通过生动形象的比喻，艺术地概括了读书的巨大价值。长期以来，这首诗被斥责为腐朽没落思想。其实，从封建社会选官制度的发展历史来看，读书做官洋溢着时代进取精神的新价值观，以文化素养或文化水准作为择士的唯一准则，以此来决定读书人的前途命运，在宋代以至相当长的历史时期内，都不失为一种新的制度和新的观念，对增强读书人的参政意识，提高官僚的文化素质，

---

① ［宋］李焘撰：《续资治通鉴长编》卷 65，景德四年闰五月壬辰。
② 李启明：《宋真宗〈劝学诗〉新论》，《广西师范大学学报》（哲学社会科学版）1990 年第 2 期。
③ 任鹏杰：《宋真宗的〈劝学诗〉》，《中学历史教学参考》2015 年第 13 期。

促进文化教育的繁荣，均起到了一定的促进作用。

总之，在宋真宗的提倡下，"上以风化下"，崇儒重文，已由皇帝、士大夫个人修习、庙堂之策，逐渐渗入普通士子的生活，其产生的影响，是不可低估的。可以说，只有到了真宗朝，崇儒右文才真正成为朝廷有意识的提倡，成为一个时代的风尚。史实表明，宋代科举制度到真宗朝才纯然以正经酌正史之义命题。咸平以来，科举遵守"经旨"，多以经史命题，集中反映了当时政治思想和崇文风气内涵的变化，宋初君臣尤其是宋真宗在宋代思想文化发展转变中的作用实不可忽略。继宋真宗之后，宋仁宗承真宗朝崇儒尚文的家法和思想导向，以儒学为本，以宽仁治国，宋学规模得以形成，政治范式得以建立。①

① 参见巩本栋《略论宋真宗在宋代文化史上的作用和地位》，《国学学刊》2019 年第 4 期。

第四章　仁宗朝的“庆历新政”

北宋仁宗时期，原先已经产生的诸多矛盾进一步发展，多年积攒的"冗官""冗兵""冗费"等问题所造成的国家积弱积贫、国势不振局面，成为仁宗后期以及其后各朝不得不面对的一大困扰问题。冗官表现为机构性"冗官"、人员性"冗官"、财政性"冗官"和效率低下的事务性"冗官"；"冗兵"指的是宋代军队"数额猥多，冗而不精"和"不任征战，坐而冗食"；"冗费"是指冗军、冗官之费，以及奢靡祭祀、大兴土木等过度财政支出。"三冗"问题是北宋中期最为突出的社会问题，涉及政治、经济、军事等重大领域，是宋代积贫积弱的主要原因及当时社会矛盾激化的终极根源。范仲淹的"庆历新政"，是针对"三冗"症结而进行的旨在富国强兵的一个国家治理的过程。

　　庆历新政的核心政策，是从整顿吏治、解决冗官、冗费入手，限制贵族官僚们的政治特权，扩大选官范围和统治基础，强化国家专政机器，以稳定和巩固宋王朝的统治。新政的改革举措侵犯了贵族、官僚们的既得利益，同时在某些方面也触犯了"祖宗家法"，最终在守旧势力的反扑下，新政在进行了短短一年五个月后便不幸夭折。

一、"三冗"问题的凸显

北宋仁宗时期，随着宋夏战争的落幕、财政困境的加剧，诸多的社会问题逐渐凸显出来，这其中，"冗官、冗兵、冗费"问题最为突出。"冗"有"闲散、多余"之意。"三冗"问题，是指北宋在官员数量、兵员数量、财政开支三个方面太多、太滥，已经严重地影响到了赵宋王朝的正常统治秩序。

1. "冗官"的由来

"三冗"之中，以"冗官"为最。"冗官"问题在中国历朝历代都有，是一种官僚政治下的常态现象，但北宋尤为突出。"冗官"首先是统治者滥开仕途造成的，其次是机构重叠、臃肿，官吏人数大大超过应有编制的结果。

北宋官僚队伍的规模在宋太祖时期还算比较合理，但从宋太宗时期就开始走向膨胀了，至宋真宗、宋仁宗、宋英宗、宋神宗几朝更是登峰造极。因为从宋太宗时期，统治者开始明确实行"重文轻武"政策，大量任用文官主政，这就必然会扩大科举考试中文士的录取规模。宋代科举录取的人数要大大超过唐代。隋唐科举取士尚受门第限制，北宋取消了门第限制，增设了经义、吏治、恩科、神童科等科目。唐代进士及第每次不过二三十人，北宋每次录取七八百人。据史载，宋太宗在位二十三年，通过科举得官者将近一万人。宋真宗以后，官员无限膨胀，科举取士，越来越多。如宋真宗咸平三年（1000年），真宗亲试举人、进士、诸科（包括屡试不中者），一年之中就录取一千八百多人。但这都还算是正常途径选官、入仕。在这一途径之外，宋朝统治者还滥开入仕途径，进一步助长了官僚队伍的膨胀，并最终形成了"冗官"现象。

宋朝统治者滥开的入仕途径，主要是"恩荫"。

所谓"恩荫"，是指已得官者可荫其子孙亲属入仕。这种制度古已有之，不过到北宋有了更大发展。宋代四品以上文官和六品以上武官致仕时，可按官品授给一至三名近亲子弟以中、低级官衔。五品到七品文官或武官，如不愿转官，也可荫补一名近亲。当时称官员荫补亲属为"恩泽"①。

宋中期后"恩荫"泛滥，有许多理由和机会施行。比如皇帝郊祀的时候、官员致仕的时候或者官员去世，基本上只要是个理由就可以"恩荫"。对于皇族来讲，"恩荫"的门槛极低：原来规定皇族宗室七岁授官，仁宗时改为襁褓之中即有官位。宋仁宗庆历七年（1047 年），一年内单是皇族授官的就达一千多人。其他文武官员则以地位高低对其家属近亲授官，甚至职位低微的郎中、员外郎也可荫子孙一人得官，真是"恩逮于百官者，唯恐其不足"。如宋真宗天禧元年（1017 年）太尉王旦死后，皇帝就一次"录其子、弟侄、外孙、门客、故吏授官十数人"。宋仁宗庆历三年（1043年），范仲淹就针对这种情况向宋仁宗提出了批评意见："假有任学士以上官经二十年者，则一家兄弟子孙出京官二十人，仍接次升朝，此滥进之极也。"②

"恩荫"如此容易、如此普遍，"冗官"现象也就自然加重。这种比科举考试入仕更快、更易的途径，导致因"恩荫"得官的人数在官吏中占了很大比例。

除了"恩荫"之外，还有输粮输钱授官、卖官鬻爵等"非正常"入仕途径，也是助长官僚队伍膨胀、"冗官"形成的重要因素。如遇灾荒，一般地主肯于开仓出粮或肯于雇用民夫出钱的，也可视其出钱多寡由朝廷授予官位。北宋统治者公开卖官鬻爵可于宋人朱卉《曲洧旧闻》卷十中的谚语为依据，文中说："三千索，直秘阁，五百贯，擢通判。"由此可见，北宋时官位各有定价。这些途径与"恩荫"一样，都是科举考试之外的"非正常"入仕途径。所有这些非正常的入仕途径都是极具随意性，并完全可以在政策上杜绝和避免的。它们是宋代"冗官"形成的重要原因。

以上都是从"入仕"的角度看"冗官"的形成。但"冗官"的形成尚有一种制度性需要，那就是宋代官僚机构的臃肿和重叠。冗官可能导致政府需要增设一些官僚机构，以作安置；但宋代官僚结构本身也存在设置不合理、不科学的问题，由此

① 白钢主编，朱瑞熙著：《中国政治制度通史》卷 6《宋代》，人民出版社 1996 年版，第 690 页。
② ［宋］李焘撰：《续资治通鉴长编》卷 143，庆历三年九月丁卯。

徒增对大批官员的需求。除机构臃肿、闲官过多外，编制外吏的数量更是庞大得惊人，这是北宋行政编制泛滥的显著特点。

北宋政府行政机构的臃肿和重叠，主要表现在两个方面：一是保留了大量可有可无的前代中央机构；二是地方官制层级太多、太过复杂且多有重叠。

北宋保留的可有可无的前代中央机构主要是唐朝和五代十国时期的，有台、省、寺、监、院、部、司等。这些机关及其官员在宋代并不管事，纯属虚衔，只依品级领受俸禄；还保存着阶、勋、爵等名誉官衔，也只是领俸禄而不负责具体事务。北宋实际管事的中央机构仅是"二府三司"。北宋虽仍设有三省六部二十四司等机构，但这些机构实际早已有名无实。最典型的莫过于门下、尚书两省，它们在唐代是最核心的中央权要机关，但在宋代却完全沦为摆设。宋代的门下、尚书两省连办公地点都移到皇宫之外了，其长官就更不是宰相了。北宋的宰相称为"同中书门下平章事"，另设"参知政事"一人或数人为副相，原来的三省六部已经名存实亡，完全是多余的机构。

和中央行政机构相比，地方机构臃肿的现象则更为突出。地方行政区划，在唐代是道、州、县三级，宋代初为州、县二级制，后又改为路、州（府、军、监）、县三级。但更为烦琐的是，每一级都因分权的考虑而细分为多部门、多人主政。比如在各"路"设置四个"监司"，即安抚司、转运司、提刑司、提举常平司，又分别设安抚使管军事、设转运使管财政、设提点刑狱使管司法、设提举常平使管农田水利等事务。除了地方正官之外，还设置所谓通判官，即由中央直接派遣的地方副长官。小郡设通判官一人，大郡设二人。凡地方公事，"并须长吏、通判签议连书，方许行下"。另外，在北宋地方官吏中还设有节度使、防御使、团练使、刺史、观察使等名号。全套下来，地方机构既庞大臃肿又重叠，真有叠床架屋、"十羊九牧"之感，以至于北宋官员宋祁在其《景文集》卷二十六中感叹说，本朝"州县不广于前，而官五倍于旧"。

由于上述种种因素，造成北宋官吏逐年倍增。到宋仁宗嘉祐八年（1063年），北宋官员已"十倍于国初"。由于人多官职少，有的地方竟出现一官五六人共做的现象。

2. "冗兵" 的形成

宋代军队兵员的数量，自宋太祖赵匡胤开国时，军队人数便呈不断增加的趋势，至宋仁宗庆历年间，军队人数达到一个高峰。

《宋史·兵志一》说：

> 宋之兵制，大概有三：天子之卫兵，以守京师，备征戍，曰禁军；诸州之镇兵，以分给役使，曰厢军；选于户籍或应募，使之团结训练，以为在所防守，则曰乡兵。又有蕃兵，其法始于国初，具籍塞下，团结以为藩篱之兵；其后分队伍，给旗帜，缮营堡，备器械，一律以乡兵之制。

北宋实行兵农分离的募兵制度，军队员额不断增加。宋太祖开国初期，禁、厢军总额仅二十二万人，到开宝年间（968—975 年）已增加到三十七万八千人；宋太宗至道年间（995—997 年）总兵额增至六十六万六千人，较之宋太祖朝增加近一倍；宋真宗天禧年间（1017—1021 年）总兵额为九十一万二千人，军费开支占财政收入的百分之二十二点九；到宋仁宗庆历年间（1041—1048 年），因为与西夏交战，朝廷不断扩充军队，总兵额迅速膨胀到一百二十五万九千人，其中禁军马步猛增至八十二万六千人。此后虽宋夏议和、战事中止，但军队员额却未见减少。到宋英宗治平年间（1064—1067 年），总兵额仍保持在一百一十六万二千人，其中禁军马步为六十六万三千人。[①] 兵员的猛涨使得 "冗兵" 现象极端严重，给国家财政造成了沉重的负担。

北宋军人数量为何膨胀得如此迅速？主要原因有以下三点。

第一，紧张的民族关系带来了严峻的边防形势。宋朝建立后，从宋太宗开始，辽宋之间多次交战；宋夏之间也由和平走向冲突，至宋仁宗时期达到顶点。边防形势的严峻，使得统治者必须要扩充兵力以维护国家的安全。由于朝廷对军队的控制过于严密、武将在 "重文轻武" 环境下受到压制，造成军队总体战斗力不强。面对虎

---

① 参见《宋史·兵志一》。

视眈眈的辽、西夏，朝廷不得不一再往前线增兵——也就是寄希望以庞大的数量优势来弥补战斗力的劣势。越是打了败仗，朝廷越是需要更多的兵员来提高心理上的安全感。于是，军队的规模就这样膨胀起来了。这方面的原因是最直接、最直观的，也是最主要的。

第二，宋王朝通过募兵制度实行的"养兵政策"。这个问题在第一章中已经有所论及。所谓"养兵政策"，就是指每当国内一个地方矛盾激化、民众难以生存时，政府就大量征兵，把社会上的流亡百姓收揽为士卒。宋朝统治者的逻辑是："每募一人，朝廷即多一兵，而山野则少一贼。"按此逻辑，军队多吸收一个社会上的流亡百姓，国家就因此少了一个不稳定的治安因素、少一个人造反。这个逻辑有其一定的道理。因为宋朝实行的是募兵制，国家花钱招募军队，士兵参军后按时领取兵饷。饥荒之年，人们温饱无依、流离失所，要么揭竿而起、要么被饿死。与其这样，自然不如去当兵混口饭吃。这种政策在整个北宋推行了一百余年。宋太祖时，由于狠抓落实、拨乱反正，国家养兵的数量有限。但从北宋中叶以来，随着阶级矛盾的加剧，朝廷统治力的下降，北宋政府开始全面地推行这种"养兵政策"，大量招兵，这成为北宋军队膨胀的又一个重要原因。

第三，北宋军人服役期限的终身制。宋朝军制实行"减切法"，除伤病等丧失战斗力的情况之外，达到六十岁的人一律从军队中"减切"下来，作为"剩员"；达到六十五岁的人一律"放停"，退役回家。有战功的士兵，达到放停的年龄，可以按照剩员对待、做些看管军营之类的事情，待遇减半但直至终老。所以，按照宋朝的退役年龄，士兵基本是终身服役。但士兵的作战能力主要集中在自己的青壮年时期，过了此时期，士兵体格能力、战斗力下降了，国家还要继续养着哪怕充作"剩员"。如此下去，军队的规模长期只增不减，岂能不庞大？"冗兵"就是这些制度、政策环境下的产物。

3. "冗费"的产生

"冗官"要从国家手中领取薪俸，而"冗兵"又要耗费庞大的日常军费开支，这对于国家财政而言，无疑是一笔沉重的负担，这个问题长期困扰着北宋统治者。

北宋每年官俸开支之大相当惊人。北宋官僚的俸禄，名目繁多：有官俸（包括纸币和绫绢，宰相和枢密使每月钱三百，绢三十匹，绫二十匹，冬绵百两），有禄粟（宰相每月一百石，节度使一百五十石），有职钱（兼职的俸钱），有公用钱（最高额每年两万贯），有职田（最高额为四十顷），有给券（文武官出差路费），有茶、酒、厨料之给（有些官每月给酒一升至五升，有些官每日供茶和厨料米六斗、面一石二斗），有薪、蒿、炭、盐诸物之给，还有僎人（即仆人）、衣粮或餐钱（宰相七十人，枢密使和节度使各五十人）。

至于养兵之费，同样惊人。《宋史·兵志一》说："仁宗之世，西兵招刺太多，将骄士惰，徒耗国用，忧世之士屡以为言，竟莫之改。"宋仁宗时期养兵费用高达全部赋税收入的十分之七。曾任三司使的蔡襄，依据宋仁宗末年和宋英宗初年的财政状况，得出结论说："今天下大患者在兵：禁军约七十万，厢军约五十万，积兵之多，仰天子衣食，五代而上，上至秦汉无有也……臣约一岁总计，天下之人不过缗钱六千余万，而养兵之费约及五千（万）。是天下六分之物，五分养兵，一分给郊庙之奉、国家之费，国何得不穷？民何得不困？"[1]蔡襄所说的只是三司一年的总收入，其中有六分之五是用于养兵。除此之外，还有所谓"留州以供军者"。元丰年间曾任翰林学士的孙洙指出："前世之兵，未有猥多如今日者也。前世制兵之害，未有甚于今日者也。盖常率计，天下之户口千有余万，自皇祐一岁之入一倍二千六百余万，而耗于兵者常十八，而留州以供军者又数百万也。总户口岁入之数，而以百万之兵计之，无十户而资一厢兵，十亩而给一散卒矣。其兵职卫士之给，又浮费数倍，何得而不大蹙也？"[2]

针对北宋募兵制下士兵终身服役的情况，史学家钱穆先生在《国史大纲》中算过这样一笔账："募兵终身在营伍，自二十以上至衰老，其间四十余年，实际可用者至多不过二十年，廪之终身，实际即是一卒有二十年向公家无用而仰食。"这也就是

---

① ［宋］蔡襄撰：《蔡忠惠公文集》卷18《国论要目十二篇》。
② ［宋］王明清撰：《挥麈后录余话》卷1。

说，一个士兵从二十多岁服役至衰老退役，国家可能要养他四十年左右；但他实际在战场上为国家效力的时间可能最多不过二十年，国家则要白白养他剩下的那二十年。这就是军队常规开支负担的真实情况。

如果官俸和养兵之费是北宋仅有的财政开支名目，倒也罢了。但坏就坏在，还有许多其他雪上加霜的名目，比如：崇佛、倡道的花费，皇室的庞大开支，官员的腐败开销，等等。其结果就是，北宋政府的财政情况每况愈下、不断恶化。太祖时设内库，"凡岁终用度之余，皆入之，以为军旅饥馑之备"，谓之"封桩库"。这是说宋太祖时财政尚有大量积累。但自宋太宗伐辽以来，前代的积累便逐步消耗殆尽。到宋真宗、仁宗两代，宋夏冲突不断，财政消费巨大，不仅没有盈余，而且年亏月损，不断"支诸宿藏"，以致"百年之积，惟有空簿"。宋英宗治平二年（1065年），北宋朝廷的财政税收达到一亿一千六百多万贯，而这年的财政支出为一亿二千多万贯，非常支出有一千一百五十多万贯，收支相抵尚亏一千五百多万贯。

"冗费"，是对北宋庞大财政开支的总结，是林林总总各项开支名目铸就的局面。从财政有所结余到出现绝对赤字，这便是宋太祖至宋英宗这一百余年时间里北宋政府财政面貌的变化趋势。[①]

二、积贫积弱局面的形成

自太宗朝以后，随着国家统一事业的基本完成，以及强干弱枝、重文抑武政策的进一步实施，政权日趋稳定，社会经济获得了充分恢复与发展，封建文化越来越繁荣。但是，与此同时，因为"三冗"现象的长期并存，加上受到周边少数民族政权的严重威胁，逐步走上了"积贫积弱"的道路，导致宋王朝逐渐成为"对外之积弱不振""内部之积贫难疗"的国家。所谓"积贫"，主要是指国家财政而言，就是说，

---

① 参见于之伟、李鹏主编，袁岂凡著：《帝国的归宿》（两宋卷），中国华侨出版社2018年版，第110—116页。

原先并不贫，积久而成贫，造成人不敷出的局面；所谓"积弱"，主要是指抵御北部边境契丹族、党项族少数民族政权侵略的军事力量而言，原先尚有进攻之力，久而连防御也产生了困难。这种"积贫积弱"的局面，从太宗朝后期起开始露出了苗头，历经真宗、仁宗朝，到北宋中期已经达到必须改变的地步。

北宋皇帝为了直接控制财权，把财权一分为二：一归计司，一归内库。计司掌管的是名义上的"全国"财政收支，但实际上不包括皇帝的私产——内库。"内库"实为皇帝个人的金库，其贮藏财物的具体数字到底是多少，并不为外人所知。宋代官员反映的财政状况，通常只是计司所掌握的财政数字，而根本不包括内库之贮藏。宋朝有个奇怪的财政现象，计司一有用度不足，则往往仰之于朝廷，依靠宫廷的贷支或补给，才能达到收支平衡。这说明，即便计司掌握的"国库"没钱，但皇帝的"内库"还是有钱的。但皇帝有钱不代表百姓有钱，如果皇帝有钱而百姓没钱，这样的国家还是应该被视为"贫穷之国"。史学家钱穆先生之所以认为宋代"积贫积弱"，原因正是宋朝长期存在普遍的"民贫"现象。宋太宗时将乡村五等户中占田二十亩以下的人户称为贫民，宋神宗时又进一步规定，乡村第五等户或产业在五十贯以下的属于贫民。也就是说，宋代贫民的主体应是农村的五等户及无地户。那么按此标准，宋代当时的贫民有多少呢？宋仁宗时期担任过三司使、熟悉财政数据的官员张方平估计说，四等户以下的可"及十分之九"。这说明，至少在宋仁宗时期，北宋已经是一个高度的贫民社会了。

宋代统治者本指望以富人立国，认为富人可以为国聚财、守财，是国家的根本，只要大土地所有者得到发展，国家财富与财政收入就有了可靠的保障。由此出发，宋代长期实行富人立国的财政方针，不仅对官僚地主实行税收优惠政策，而且实行"不拟兼并"的土地政策，致使土地很快完全私有化，被官僚地主所占有。在这种土地政策下，一方面，地主豪强占有大量的土地而不纳税，当时不交租的土地就达到了百分之七十；另一方面，农民则因为失去土地而被迫到处流亡或荫庇于富室豪门，失去了缴纳税收的基础。结果与宋代统治者的"富国"愿望完全相反，国家依靠的那些大土地所有者的财富不仅不能为国家所用，反而还通过兼并土地、税负转嫁等方式侵吞国家的税基，使国家财政陷于危机之中。

为了摆脱危机，国家不断加重农民的赋税。宋代广大农民负担着繁重的租税和徭役。从赋税来看，除了缴纳名正言顺的"两税"之外，还有各种名目繁多的苛捐杂税。如丁身税，从二十岁到六十岁的男子按人头缴纳，除此还有"杂变""支移""折变"，等等，数不胜数。徭役既多且重，其中最繁重的是"职役"和"夫役"。"职役"按户等派遣，到官府衙门供役，服职役的农户即使是自耕农也常常为此倾家荡产。"夫役"近者几百里，远者数千里，运送之苦难以承受，"民被差役，如遭寇虏"。在繁重的剥削和奴役下，百姓无以为生，而"四民之中，惟农最苦"。农民辛苦劳作，若遇灾情，则转死沟壑，幸有所获，则"公私之债，交争互夺，谷未离场，帛未下机，已非己有。农夫蚕妇所食者糠籺而不足，所衣者绨褐而不完"。农民由于没有生路，纷纷揭竿而起，从而破坏了宋帝国乡村基层社会发展的正常秩序。

说到"积弱"，宋代留给后人的印象可以以宋真宗时期与辽国议和的"澶渊之盟"以及宋仁宗时期与西夏的"庆历和议"为典型。

宋真宗景德元年（1004年），辽圣宗和萧太后带领辽军南下侵略宋朝，闰九月，入宋境内，十一月在连破一些州城后，直抵澶州，直接威胁宋的都城开封。宋君臣震动。王钦若和陈尧叟主张迁都。宰相寇准和毕士安坚决主张宋真宗亲征。经过激烈的争论，宋真宗终于亲自出征，大大鼓舞了宋军的士气。宋真宗至澶州，渡河抚慰诸将。辽军受挫，难以支持战争继续进行下去。辽军请和，毕士安也主和。宋真宗对抗辽本来就是举棋不定，这时更希望尽早回师，同意议和。经过数次交涉，十二月，双方议和成。和约规定：宋朝每年输给辽绢二十万匹，银十万两；双方为兄弟之国。澶州又称为澶渊，所以这次和约又称为"澶渊之盟"。宋朝统治者在军事力量不足的情况下用金钱供奉暂时换得了宋辽之间的和平局面。

宋仁宗康定元年至庆历二年（1040—1042年），西夏和宋发生了三川口（今延安西北）、好水川（今宁夏隆德东）和定川寨（今宁夏固原西北）三次大的战斗。宋军遭受惨重的失败。由于连年战争，西夏与北宋的经济都遭受到严重损失。庆历四年（1044年），宋和西夏签订和约。和议规定，西夏取消帝号，宋册封元昊为夏国王，宋每年赐西夏银七万两，绢十五万匹，茶三万斤。宋夏的紧张关系缓和下来。

宋夏战争虽然以"庆历和议"、李元昊对北宋称臣而宣告结束，但这个看似比澶渊之盟还要光鲜的结局掩盖不了在战争期间宋军在战场上一败再败的耻辱。在经济实力、兵力对比等各方面都拥有"量"的优势前提下，宋军仍然屡战屡败是无法理解的。人们没法不将之视为"弱"。这个"弱"主要是体现在军人素质之低下、军队的战斗力之孱弱上面，而不是囊括经济实力在内的"综合国力"。宋军战斗力之"弱"，是北宋开国以来一系列加强中央集权、重文轻武政策的结果。在这些政策下，宋朝军队的军纪松弛，将领不和，兵源质量差，军队的战斗力自然上不去。再加上宋军实行将兵分离制度，平时无人严加管教和训练士兵，其战斗力之低自然可想而知。

在"三冗"问题的困扰下，北宋王朝积贫积弱，宋王朝的统治已经处在了一个转折点上。

军政之腐败、军队战斗力之低下，使得北宋王朝在对辽、西夏的关系中始终处于被动挨打的地位。而由于冗兵、冗官以及各种靡费所造成的"冗费"，也使北宋政府面临着愈益严重的财政危机。而尤其值得注意的是，在一个政权中，地方官与民众直接接触最多，如果基层单位"冗官""冗吏"不作为，对民众的伤害最大，也最容易引发民间动荡。

到宋仁宗末年，也就是北宋建立百年之际，国势不振的局面几已无法挽回，各种矛盾已经日趋尖锐。"官乱于上，民贫于下，风俗日以薄，财力日以困穷"，而最高统治者却"高居深拱，未尝有询考讲求之意"，朝野上下"因循苟且"；"逸豫而无为"①，但求侥幸。正像南宋朱熹所说："且如仁宗朝是甚次第时节，国势却如此缓弱，事多不理。"②这种状况，已经到了非改不可的地步。

---

① ［宋］王安石撰：《临川先生文集》卷39《上时政疏》，王水照主编：《王安石全集》第5册，复旦大学出版社2017年版，第771页。

② ［宋］黎清德编：《朱子语类》卷130，《本朝四·熙宁至靖康用人》。

三、以澄清吏治为核心的新政举措

近人谈北宋变法，一般都从以范仲淹为代表的"庆历新政"开始。实际上，由于北宋的"积贫积弱"从太宗朝后期已开始出现，因此早从真宗朝开始，一些有识之士就陆续发出了改革的呼声。① 早在至道三年（997 年）五月，也就是真宗刚即位两个多月，时任刑部侍郎、知扬州的王禹偁就上疏言五事：（1）"谨边防，通盟好，使辇运之民有所休息"；（2）"减冗兵，并冗吏，使山泽之饶稍流于下"；（3）"艰难选举，使入官不滥"；（4）"沙汰僧尼，使民无耗"；（5）"亲大臣，远小人"。② 这道奏疏的主旨是改革政治，减少三冗，可谓切中时弊。仁宗宝元二年（1039 年），时任天章阁待制、同判礼院的宋祁提出"三冗三费"论，他说："何谓三冗？天下有定官，无限员，一冗也。天下厢军不任战而耗衣食，二冗也。僧道日益多而无定数，三冗也。三冗不去，不可以为国……何谓三费？一曰道场斋醮，无日不有……二曰京师寺观或多设徒卒，或增置官司，衣粮所给，三倍它处。帐幄谓之供养，田产谓之常住，不徭不役，坐蠹齐民。而又别饰神祠，争修塔庙……三曰使相、节度，不隶藩要，贪取公用，以济私家。"③ 这些改革建议，都成为庆历新政的前奏。

庆历三年（1043 年）三四月间，宋仁宗在罢免权相吕夷简的同时，又对政府做了一系列的改组。改组后的政府成员如下：宰相章得象、晏殊；枢密使杜衍；参知政事贾昌朝、范仲淹；枢密副使韩琦、富弼；三司使王尧臣。这是一个新老结合的政府班子，章得象、杜衍、晏殊虽然年纪大、地位高，但发挥主导作用的却是宋仁宗眷顾正隆的范、韩、富三人。除此之外，一向以敢言著称的王素、欧阳修、余靖、蔡襄等人也被选入谏院，受到宋仁宗的器重。

---

① 参见何忠礼著：《宋代政治史》，浙江大学出版社 2007 年版，第 146 页。

② ［宋］李焘撰：《续资治通鉴长编》卷 42，至道三年十二月甲寅。

③ ［宋］李焘撰：《续资治通鉴长编》卷 125，宝元二年十一月癸卯。

经过这番改组，宋朝廷呈现出一派崭新的气象，"庆历新政"也由此而拉开了帷幕。

同年九月，宋仁宗在天章阁召见中书、枢密院官员，向他们询问当世要务和治国方略；又下手诏给范仲淹、富弼等人说："比以中外人望，不次用卿等，今（韩）琦暂往陕西，仲淹、弼宜与宰臣章得象尽心国事，毋或有所顾避。其当世急务有可建明者，悉为朕陈之。"①

随后，范、韩、富等人上书，分别向宋仁宗陈述了自己的改革建议与更新主张。

韩琦先上"当今所宜先行者七事"：一曰"清政本"，即改革中书、枢密院办事制度，强化其议决军国大事的职能；二曰"念边事"，即注重对边疆问题的讨论；三曰"擢贤才"，即改革官员以年资叙迁的制度，实行唯才是举、不次超拔的政策；四曰"备河北"，即加强宋、辽边境地区的防备，以免辽方侵侮；五曰"固河东"，即加强河东地区的守备，与陕西相呼应，以防西夏侵扰；六曰"收民心"，即用内藏库钱物佐助边疆之需，以宽民力、安民心；七曰"营洛邑"，即考虑到京师开封无险可守，应加强西京洛阳的城防建设和战略储备，以便形势危急时可作陪都之用。继而又条陈八事，主要内容是"选将帅，明按察，丰财利，抑侥幸，进有能之吏，退不才之官，去冗食之人，谨入官之路"②。富弼则"上当世之务十余条及安边十三策，大略以进贤退不肖、止侥幸、去宿弊为本，欲渐易监司之不才者，使澄汰所部吏"③。但所论之事涉及面最广、所提改革意见最为详尽的，还是范仲淹那篇著名的《答手诏条陈十事》。在这篇奏疏中，范仲淹首先指出了当时北宋王朝所面临的严峻形势：

> 我国家革五代之乱，富有四海，垂八十年，纲纪制度，日削月侵，官壅于下，民困于外，疆场不靖，寇盗横炽，不可不更张以救之。

---

① ［宋］李焘撰：《续资治通鉴长编》卷 143，庆历三年九月。
② ［宋］李焘撰：《续资治通鉴长编》卷 142，庆历三年七月甲午。
③ 《宋史·富弼传》。

接下来，他提出了十项改革方案：

一曰"明黜陟"。即改革官员的升迁制度。"黜"是降职或罢免，"陟"是升官。"黜陟"一语，典出《尚书》："三载考绩，三考黜陟幽明。"其义是对官吏定期考察以决定升降。宋代称此为"磨勘"。"明黜陟"即是重定文武百官的"磨勘"之法，严于考绩，抵制滥进，责成实效，以提高行政效率。当时文官三年一迁、武官五年一迁，将政绩呈有关机构验核，如无大过，例行迁转，叫作"磨勘"。然而考课形同虚设，官员升迁只讲年限资历，不问能力大小、政绩好坏，以致"人人因循，不复奋励"。凡是想兴利除弊、有所作为的官员，往往被同僚指为生事，受到妒忌，一旦"稍有差失"，即刻"随而挤陷"；相反，那些"愚暗鄙猥，人莫齿之"的庸碌之辈，却能"三年一迁，坐至卿监、丞郎"。而京城的肥缺美差，也长期被权势子弟瓜分占据。在这种情况下，很少有官员愿意"兴公家之利，救生民之病，去政事之弊"。为此，范仲淹建议，应切实依据官员在任期间的政绩决定其升迁：凡"京朝官、选人逐任得替，明具较定考绩"，由审官院、流内铨、考功司结罪闻奏。"内有事状猥滥，并老疾愚昧之人，不堪理民者，别取进止"；在京为官者，若有保举及曾选差在京"重难库务"，任职三年，即与磨勘。未经保举者，须经五年方得磨勘。以便让权势子弟肯就外任，不至霸占在京职事；官员才能卓越、功绩显著、智略超群者，可"特恩进改"，不必拘守磨勘军限；武官的磨勘年限，由枢密院"比附文资，定夺闻奏"。通过这些措施，可使"因循者拘考绩之限，特达者加不次之资"，然后"人人自劝，天下兴治"。

二曰"抑侥幸"。即改革恩荫过滥的弊端，这是针对恩荫制度而发。所谓"恩荫"，就是皇帝以恩赐的形式，使官僚子弟或亲属直接补官，或称作"奏荫""荫子"及"任子"。这种制度，虽然汉唐以来就有，但是宋代恩荫之滥却是前所未有的。特别是宋真宗以来，每遇节庆及朝廷大典，都要大肆推恩，自大两省官至诸路提刑以上差遣者均可奏荐子弟任官。如果某人任学士以上官达二十年，则其兄弟子孙就有二十人可充京官。由于恩荫太广，使得"冗官至多"，"审官院常患充塞，无缺可补"。官员冗滥又导致朝廷开支浩大，加重了百姓的赋税负担。正所谓"俸禄既广，刻剥不暇","百姓贫困"。又因为官位来得容易，致使由恩荫入仕者尸位素餐、政事不举、吏治腐败的状况更加严重。为此，范仲淹提出了一系列的建议，对恩荫入仕加以限制，以免官僚子弟与孤寒争路。与此同时，他还请求朝廷下令"两府、两省子弟并不得陈乞馆阁职事"，以免清要之地为不肖所占。

三曰"精贡举"。即改革科举制度，振兴学校教育。范仲淹指出："国家专以词赋取进士，以墨义取诸科，士皆舍大方而趋小道，虽济济盈庭，求有才有识者十无一二。况天下危困，乏人如此，固当教以经济之业，取以经济之才，庶可救其不逮。"就是说，要摒弃词赋声律、帖经墨义之类的无用之学，引导士人敦本实学，经世致用。在考试科目方面，进士科应以策论为先、诗赋为次，诸科除默写经文外，还必须对经义融会贯通。在考试制度方面，他建议乡试一级不实行糊名之法，以便能够充分了解士子平时的品行和学业情况，逐步恢复"乡举里选"的古意。省试一级则严格封弥试卷，以便精考艺业，防止作弊。在人才培养方面，则应大力发展教育，令"诸路州郡有学校处，奏举通经有道之士，专于教授，务在兴行"，使人才的培养和选拔能够很好地结合起来。

四曰"择官长"。即严格选拔地方各级官员，奖励能吏，罢免不才。在地方各级官吏的选拔任用上实行逐级荐举制，以便改善地方吏治，让民众安居乐业。其具体方式是：中书、枢密院且各选转运使、提点刑狱共十人，大藩知州十人；两制共举知州十人；三司副使、判官同举知州五人；御史中丞、知杂、三院御史共举知州五人；开封知府、推官共举知州五人；各路转运使、提点刑狱同举知州五人，知县、县令共十人；各州知州、通判同举知县、县令共二人。凡被举之人，以举主多者优先差补；仍令审官院、流内铨具其历任功过及举主人数，报中书看详，取旨引对。

五曰"均公田"。即改革职田制度。所谓"公田"亦称"职田"，是地方官员俸禄的一部分。自宋真宗时起，朝廷授予官员一定数量的职田，作为官员薪俸的补充。到宋仁宗年间，职官往往被大官僚所占，分配很不公平；又强迫农民耕种，出现扰民现象。范仲淹认为职田之设有利于官员养廉，因而不赞成废除这项制度，而是要求朝廷派员检查，使"有不均者均之""有未给者给之"，使地方官无论大小，都能得到厚禄而尽职，以便"责其廉节，督其善政"。

六曰"厚农桑"。范仲淹认为："善政之要，惟在养民，养民之政，必先务农。"农政既修，则衣食足，衣食足则爱肤体，爱肤体则畏刑罚，畏刑罚则寇盗自息、祸乱不兴。针对当时粮价上涨、府库空虚、军粮匮乏、农民困厄的形势，范仲淹请求朝廷厉行重农政策，兴修水利，减少灾害，鼓励垦荒，发展农业生产。这样既可稳定粮价，减少漕运粮食的费用，又可安定民生，杜绝饥民离乱的现象。

七曰"修武备"。范仲淹很赞赏唐代寓兵于农的府兵制，认为这种制度既无养兵之费，又能保证军队的素质，单纯依靠募兵制已使得朝廷军费开支浩大，财力极度匮乏；西北连年用兵又使得禁军精锐尽集于此，造成京师空虚，缓急难备。因此他建议朝廷借鉴唐代府兵制度，于京畿及近辅州郡召募强壮之士，每年三季务农、一季训练，既可节省军费，又可增强京师防卫力量。"候京畿近辅召募卫兵已成次第，然后诸道效此，渐可施行。"

八曰"减徭役"。范仲淹针对北宋以来徭役至重的状况，主张精简地方机构，省并县邑。建议先在西京河南府试点，裁县为镇，将十九个县合并为十个县，减少衙门机构，减轻职役负担。然后渐次推广到大名府和其他地区。

九曰"覃恩信"。北宋朝廷每三年举行一次郊祀大典，每次照例要大赦天下，以示天子恩泽。然而各级官府却不能体会"圣意"、切实执行，以至于赦诏颁下还不到一两个月，就"督责如旧，桎梏老幼，籍没家产。至于宽赋敛、减徭役、存恤孤寡、振举滞淹之事，未尝施行，使天子及民之意，尽成空言"。为此，范仲淹请求朝廷下旨：今后赦书内宣布之事，如各级官府不能切实执行，一律按违制罪论处；凡天禧以前民间所欠赋税，一概蠲免；今后每遇郊赦，由中书精选臣僚前往各路安抚，"察官吏能否，求百姓疾苦，使赦书中及民之事一一施行"。这样，朝廷才能够取信于民，才可以在民众中树立起恩信。

十曰"重命令"。即加强法制建设，"慎乃出令，令出惟行"。范仲淹批评当时朝廷所降法令条贯"烦而无信"，常常朝令夕改；各级官吏也不把这些条贯当回事，每每贪赃枉法。其结果，必然是"上失其威，下受其弊"。他请求今后订立条法时必须严谨审慎，反复讨论，只有经久适用才可颁行。而一旦颁行，就必须严格遵守，违者重惩。①

范仲淹所提十事，除了恢复府兵、征召强壮之外，其余各条均被宋仁宗接受采用，从庆历三年（1043 年）十月到次年五月，先后以诏书的形式颁行天下，力求实施，这就是人们所熟知的"庆历新政"。

从范、韩、富三人的改革建议来看，其共同的核心内容，就是整顿吏治。具体而言，又包括如下几个方面：一是改革按固定年限叙迁的磨勘制，加强对官员在任期间政绩的考核，使年资和政绩能够很好地结合起来；二是限制恩荫特权，以减轻"冗官"之弊；三是加强监督机制，通过荐举和按察相结合的办法，达到澄清地方吏治的目的。一言以蔽之，就是"进贤退不肖"。除此之外，范仲淹还从加强法制建设（"重命令"）、改革选举制度（"精贡举"）等更为长远的方面提出了改革吏治的途径和方法。②

四、"庆历新政"失败之主客观因素

"庆历新政"的目的是为了挽救社会危机，巩固赵宋政权，其改革举措并不十分激烈，但实行不到一年，即到庆历四年（1044 年）六月，在保守派的猛烈攻击下，范仲淹看到自己已无法将新政推行下去，便请求出朝巡边，以参知政事出任陕西、河东路宣抚使。八月，富弼也离开朝廷，宣抚河北。庆历五年三月，韩琦被出知扬州，新政彻底失败。

关于"庆历新政"失败的原因，宋人已有所论及。李焘说，范仲淹等感激眷遇，以天下为己任，遂与富弼等日夜谋虑，兴致太平。"然规模阔大，论者以为难行；及

---

① 参见［宋］李焘撰：《续资治通鉴长编》卷 143，庆历三年九月丁卯。
② 参见齐涛主编，江晓涛、李晓著：《中国政治通史》卷 6《动荡与变迁的宋辽金政治》，泰山出版社 2003 年版，第 193—198 页。

按察使多所举劾，人心不自安；任子之恩薄，磨勘之法密，侥幸者不便。于是谤毁浸盛，而朋党之论，滋不可解。然仲淹、弼守所议弗变。"①这一分析很有见地。

庆历新政所涉及的范围虽然有限，但其矛头却是直接指向官僚体制的各项弊端，尤其是整顿史治势必损害到官僚队伍中不少人的既得利益，其所遇到的阻力之大自然也就可想而知了。

宋代官员，有所谓勘磨。文官三年一迁，武官五年一迁，不限内外，不问劳逸，好坏都一样。做事之人，兴利除弊，往往被看作"生事"，阻挠、妒嫉、非笑，即随之而来。一有差错，便被挤陷。不做事，尸位素餐，即使能力极差，人望极次，照例年限一到，升官进秩。庆历三年（1043年）十月，在范仲淹提议下，宋仁宗诏令中书、枢密院新定勘磨之制。十一月，对荫补之法也做了修改。新的荫补法公布后，侥幸之人，都为自己利益受到侵害而出怨言，诽谤范仲淹的新政。范仲淹深信，贤者在位，能者在政，可以医国救民。他检查全国监司的名单，把不称职的转运使、提点刑狱一一勾掉，打算逐一撤换。枢密使富弼不甚同意，对他说，你勾得容易，可被勾去的一家人都要哭了。范仲淹说："一家哭何如一路哭耶！"②

当初，韩琦在提出自己的改革方案时，已经预感到"数事之举，谤必随之"，所以他特别希望宋仁宗能够"委信辅臣，听其措置，虽有怨谤，断在不疑"，认为只有这样，才能使"纲纪渐振，而太平可期"③。富弼的"进贤退不肖、止侥幸、去宿弊"的改革建议刚刚提出，就引起了朝野众多官僚的"不悦"④。范仲淹早就被守旧官僚们讥为"迂阔"，此番主持新政，更成为保守官僚攻击的对象。他们故伎重演，仍以"朋党"之名攻击改革派，诋毁新政，最终导致新政的夭折。《宋史·范仲淹传》说：范仲淹"更张无渐，规摹阔大，论者以为不可行。及按察使出，多所举劾，人心不悦。自任子之恩薄，磨勘之法密，侥幸者不便，于是谤毁稍行，而朋党之论浸

---

① ［宋］李焘撰：《续资治通鉴长编》卷150，庆历四年六月壬子。
② 《五朝名臣言行录》卷7。
③ ［宋］李焘撰：《续资治通鉴长编》卷142，庆历三年七月甲午。
④ 《宋史·富弼传》。

闻上矣"。

宋仁宗虽然也主张调整和改革，但他是位"宽仁少断"的"官家"，遇事犹豫不决、"无定志"。王夫之在《宋论》中评价：宋仁宗"进"的时候，也不坚持进；"退"的时候，也不退到底，时而又进；大臣们意见一致的时候，很容易贯彻执行；但遇到出现分歧、互相攻击时，他常常将双方同时罢免以息事宁人；使"吏无适守，民无适从"。结果，宰相、枢密两府的官员常常反复更换、屡进屡退。宋仁宗亲政的三十年中，两府大臣换了四十余人，"计此三十年间，人才之黜陟，国政之兴革，一彼一此，不能以终岁"。范仲淹就是其中的一个例子，在宋夏战争爆发前他被一再调进调出，时而为地方官，时而为京官；新政开始后，同样如此。这就为"庆历新政"的忽兴忽败埋下了伏笔。

新政伊始，就在反对派们众口铄金、准备向新政官员施放明枪暗箭时，新进士大夫们自身的弱点如不能团结一心、意气用事、固执己见等，以及对新政的准备不足也迅速暴露了出来，凡此种种漏洞又被反对派们及时利用，加以攻击，从而使新政开始不久即不幸夭折。

首先，新政危机来自台谏的分裂。

"庆历新政"中，欧阳修也是一位十分重要的人物。他不但文章名冠天下，而且一向以风节自持，遇事敢言，是公认的清流领袖，也是范仲淹最坚定的改革支持者。庆历三年（1043年），宋仁宗调整谏官人选，以天下名士为之，欧阳修即在首选之中，被任命为知谏院。上任伊始，他就表现得十分活跃：遇事必奏，言辞切直，举劾官吏，无所顾忌，每每以检举揭发朝中"小人"为己任，以致"人视之如仇"[1]。而他在新政之初攻击得最多的，竟然也是以弹劾官员为主要职责的御史台。

当时御史台的长官是王拱辰。他与欧阳修不但是天圣八年（1030年）的同年进士（王为状元，修为省元），而且还是连襟（二人同为前参知政事薛奎之婿）。按照一般的规律，这种同年加亲戚的关系，最能结成天然的盟友，可是他们却在新政期

---

[1] 《宋史·欧阳修传》。

间成了政治斗争上的死对头。这也许是因为二人都极端自负、互相攀比、谁也不服谁的缘故。

就在庆历三年（1043 年）十一月，欧阳修上书仁宗说："近年台官，无一人可称者，近日台官，至有弹教坊弟子郑州来者，朝中传以为笑。台宪非才，近岁尤甚！"[1] 如此喋喋不休地攻击御史台官，势必引起王拱辰及其前任贾昌朝（现任参知政事）等人的不满，造成台谏之间的分裂和对抗，其后果是十分严重的。自此以后，御史台遂成为新政人士的公开敌人，成为阻碍新政实施的一股重要政治力量。

庆历四年正月，刑部员外郎、天章阁待制、权知凤翔府滕宗谅被贬为祠部员外郎、知信州。

滕宗谅就是范仲淹在其名篇《岳阳楼记》中提到的滕子京。他跟范仲淹是同年进士，为人尚气节，以倜傥自任，一派名士风度。滕、范二人可谓是一对志趣相投、患难与共的志同道合的朋友。早年间，滕子京也做过谏官（左司谏），跟范仲淹一样敢言，因为多次上书批评宋仁宗沉溺女色而触犯龙颜，被贬出京城。后来范仲淹调离西北，力荐滕宗谅接任。然而没过多久，监察御史梁坚就弹劾滕宗谅滥用公使钱，数额达十六万贯之巨，其中除少量是按旧例犒赏西北蕃部之外，其余绝大部分都被滕氏做了人情、揣入私囊。不仅如此，御史还控告滕宗谅在听说朝廷要派人前来按察后，竟擅自焚毁了账本。宋仁宗于是大怒，令御史台全力追究此事。

这件事很快就演变成参知政事范仲淹与御史中丞王拱辰之间的直接冲突。范仲淹慷慨陈词、长篇大论，坚称滕氏是清白的，甚至不惜以辞去参政之职来力保自己的老朋友。王拱辰则坚持认为滕宗谅贪赃枉法，证据确凿，应予重惩，并且也以辞职相要挟。御史台其他官员当然站在自己的长官一边，于是也争相论奏。监察御史里行李京还揭发了滕宗谅擅差兵士、牛车为自己贩运茶叶的劣行。

在范、王之争中，宋仁宗最终站在了王拱辰一边。庆历四年（1044 年）二月，

---

[1] ［宋］李焘撰：《续资治通鉴长编》卷 145，庆历三年十一月辛未。

滕宗谅被再贬为岳州知州。在宋仁宗看来，即便是御史们反映的情况有点夸大其辞，但官员涉嫌贪污总是不能容忍的。不仅如此，范仲淹身为执政，跟被告的关系又非同一般，不但不知回避，反而在朝堂上吵吵闹闹，公开回护，不仅有失大臣之体，而且难免有朋党的嫌疑。所以，宋仁宗此举未尝不是对改革派敲山震虎、暗寓警告的手段。

其次，范仲淹、韩琦的政见分歧也给反对派提供了机会。

就在滕宗谅一案闹得不可开交时，围绕着修水洛城一事，又引发了范仲淹、韩琦这两大新政领袖之间的矛盾与纷争。

在经略西北的政策方面，范、韩二人早就有过矛盾：范氏主守，韩氏主攻。范仲淹离开陕西后，知永兴军郑戬出任陕西四路都总管兼经略安抚招讨使，主持西北防务。

郑戬是天圣二年（1024 年）的进士，与范仲淹是连襟，两人关系密切。他在主持边务之后，继续实行范仲淹修固城堡、稳健防守的策略，支持静边砦将领刘沪修建水洛城（今甘肃庄浪），以便秦州、渭州的军队可以互相应援。不久，郑戬调离，城尚未修好。时任陕西宣抚使的韩琦和知渭州尹洙都反对修筑该城，他们认为："前此屡困于贼者，正由城砦多而兵势分也。"便令刘沪停止修建。刘沪不听，照修不误。尹洙大怒，派裨将狄青逮捕了刘沪以及郑戬派去协助修城的著作佐郎董士廉，将他们械送德顺军监狱关押。双方发生了激烈的冲突。韩琦支持尹洙，一再上言修城的弊病。范仲淹则极力为郑戬、刘沪等人辩护，并要求把尹洙调回京师。谏官孙甫、余靖、欧阳修都站在范仲淹一边，认为修建水洛城有利无害。为了平息事端，宋仁宗只好将尹洙调离渭州，改任知庆州，同时继续修建水洛城。

韩、范二人同为新进士大夫的领袖；尹洙也是"四贤"之一，曾被守旧官僚视作范仲淹的同党。此次却在修城事件上互相对立，这不仅削弱了改革派阵营的力量，而且也进一步加重了宋仁宗对朝廷内部朋党问题的忧虑。宋仁宗的改革热情开始降温，转而更加关注朋党问题。

自古以来，朋党为祸的事例比比皆是，至唐代牛李党争而达到高潮。历史的教训历历在目，朋党危害为宋王朝历代统治者所高度关注。宋仁宗亲政以来，最怕大臣们结党营私、朋比为奸，以致危害朝廷，在守旧派的聒噪下，对范仲淹等人产生了疑忌，而范仲淹等人一旦染上了朋党的污名，也就难以在宋仁宗的内心深处再洗刷干净，从而降低了他对改革派的信任，新政因此而乌云重重。

庆历四年（1044年）三月，宋仁宗在迩英阁出示御书十三轴，分赐丁度、曾公亮等讲官，上书治政要目凡三十五项，内中赫然列有"辨朋比"一项，且位居"斥谄佞"之前。由此可见朋党问题在宋仁宗心目中所占的分量。[1]

同年四月，宋仁宗又对辅臣说："自昔小人多为朋党，亦有君子之党乎？"范仲淹回答："臣在边时，见好战者自为党，而怯战者亦自为党，其在朝廷，邪正之党亦然，唯圣心所察尔。苟朋而为善，于国家何害也？"[2]范仲淹的回答显然不能让宋仁宗满意，更无法消除宋仁宗的疑虑。因为在宋仁宗看来：既是朋党，总难免小人之嫌；要想辨明君子、小人，也不是一件容易的事情；就算范仲淹他们是君子结党，这些"君子"们的自负、偏激、狂妄、强辩等习气也是令人难以容忍的。总之，宋仁宗希望看到的，是臣下规规矩矩、一遵皇命的局面，而不是吵吵嚷嚷、惹是生非、互相倾轧的场景。

可是，改革派们似乎没有察觉或者没有重视宋仁宗这种内心深处的忧虑。

同月，欧阳修写成《朋党论》一文，进呈宋仁宗。其言曰：

> 臣闻朋党之说，自古有之，惟幸人君辨其君子小人而已。大凡君子与君子，以同道为朋；小人与小人，以同利为朋。此自然之理也。然臣谓小人无朋，惟君子则有之。其故何哉？小人所好者禄利也，所贪者财货也，当其同利之时，暂相党引以为朋者，伪也。及其见利而争先，或利尽而交疏，则反相贼害，虽其兄弟、亲戚，不能相保，故臣谓小人无朋，其暂为朋者，伪也。君子则不然，所守者道义，所行者忠信，所惜者名

---

① ［宋］李焘撰：《续资治通鉴长编》卷147，庆历四年三月己卯。

② ［宋］李焘撰：《续资治通鉴长编》卷148，庆历四年四月戊戌。

节。以之修身，则同道而相益；以之事国，则同心而共济，终始如一，此君子之朋也。故为人君者，但当退小人之伪朋，用君子之真朋，则天下治矣。①

欧阳修《朋党论》的出笼，非但没能为朋党正名，消除宋仁宗的疑虑，反而造成了极为严重的后果。

第一，他不但自认是朋党，而且把朋党作为"君子"们的专利。这就说明，以前人们对朋党的议论，并非空穴来风；进而使人们得出结论：凡主张改革、拥护新政的人，全是朋党。

第二，圣人早就说过"君子不党"，历代朋党为祸的事实也为人们所熟知，统治者更是以防范臣下结党营私作为维护皇权的首要任务。面对如此强大的传统观念，欧阳修为朋党翻案的论点显然是缺乏说服力的，就连真正的正人君子也不会苟同。

第三，也是最重要的，欧阳修明白无误地把大臣官员们分为君子和小人，凡赞成其观点者即为君子，反对者则是小人，并且要求宋仁宗按此标准"进贤退不肖"，这无疑是在朝廷中公开制造分裂和紧张气氛，不但使守旧派对新政人士抱有更深的敌意，也使不少中间人士感到不安、产生动摇，从而给新政带来了更大的阻力。

欧阳修上宋仁宗《朋党论》后，"于是为党论者恶修，摘语其情状"。内侍蓝元震上疏攻击新政派说：

范仲淹、欧阳修、尹洙、余靖，前日蔡襄谓之四贤。斥去未几，复还京师。四贤得时，递引蔡襄以为同列。以国家爵禄为私惠，膠固朋党，苟以报谢当时歌咏之德。今一人私党，止作十数，合五六人，门下党与已无虑五六十人。使此五六十人递相提挈，不过三二年，布满要路，则误朝迷国，谁敢有言？挟恨报仇，何施不可？九重至深，万机至重，何由察知？②

① ［宋］李焘撰：《续资治通鉴长编》卷148，庆历四年四月戊戌。
② ［宋］李焘撰：《续资治通鉴长编》卷148，庆历四年四月戊戌。

在革新派授人以柄的情况下，庆历四年（1044年）六月，夏竦设计构陷新政人士，最终迫使范仲淹、富弼离开了京师。

夏竦博学多才，自经史、百家、阴阳、律历，外至佛老之书，无不通晓。宋仁宗被封为庆国公时，宰相王旦就推荐夏竦担任资善堂讲书，使他成为宋仁宗幼年时的老师。然而夏竦却一向心术不正，"喜交结，任数术，倾侧反覆，世以为奸邪"。宋夏战争时，他担任陕西经略安抚招讨使，主持西北防务。在任期间"依违顾避"，表现平平，实际支撑西北局面的是范仲淹和韩琦。不仅如此，他还贪恋京师繁华，不能忍受西北地区的艰苦生活，因而一再请求内调，引起了朝臣们的不满。庆历三年政府改组时，宋仁宗曾打算任命他为枢密使，却招来台谏官的一致反对。他们纷纷上奏，指责夏竦"在陕西畏懦不肯尽力"，曾"置侍婢中军帐下，几致军变"；且为人"挟诈任数，奸邪倾险"，就连老谋深算的吕夷简都不敢跟他共事。在台谏官的极力阻止下，宋仁宗不得不撤销这项任命，改任杜衍为枢密使。刚到国门的夏竦只好悻悻而归。

这件事使得另一位名士、国子监直讲石介感到欢欣鼓舞，他在兴奋之余写了一首《庆历圣德诗》，内中有"众贤之进，如茅斯拔；大奸之去，如距斯脱"的文句，对范仲淹、韩琦、富弼、欧阳修等新进官员大肆吹捧，而把夏竦直斥为大奸之人，由此使得夏竦怀恨在心。而且这首诗语气狂妄、荒诞不经，所以刚一出笼就引起了名士们的忧虑。石介的老师孙复说："介祸始于此矣。"范仲淹也对韩琦说："为此鬼怪辈坏事也。"

后来，夏竦就唆使其女奴偷偷练习石介的笔迹，伪造了一份废立皇帝的诏书草稿，并散布谣言，说是石介为富弼、范仲淹起草了诏书，企图废黜当今圣上，另立新主，以便推行其新政。这一招既狠且毒，就算宋仁宗不信真有此事，也足以使范、富等人惶惶不可终日。六月，范仲淹以防秋之名，出为陕西、河东宣抚使；八月，富弼出为河北宣抚使。

再次，范、富出朝后，反对派对新政的攻击愈发猛烈。

八月，监察御史刘湜就指责转运使按察所属州县官时过于苛刻，以致人人惶恐，不知所为。于是宋仁宗诏令："如闻诸路转运、按察、提点刑狱司，发摘所部官吏细过，务为苛刻，使下无所措手足，可降敕约束之。"①

九月，陈执中被任命为参知政事。此人才学平庸，只因促成真宗立储，后来一直受到仁宗的眷顾。此番被任命为参知政事，受到谏官蔡襄、孙甫的激烈反对，而宋仁宗却不为所动。于是蔡、孙二人请求外任，宋仁宗也一概照准。

蔡襄、孙甫都是新政的坚定支持者，他们的罢职，使新政人士更加势单力薄。接任谏官的钱明逸投靠守旧老臣章得象、陈执中，充当了打击新政人士的急先锋。

当时新政人士的主要阵营除谏官之外，还有担任馆阁之职的一批青年才俊。他们大多是新政首脑引荐的后生，风华正茂，才气横溢，且自诩清流，好发议论。在守旧派人士看来，他们是一群十足的"轻进躁狂"之人，与谏官互为表里，为新政摇旗呐喊，因而也是必须拔除的眼中钉、肉中刺。

是年十一月，大理评事、集贤校理、监进奏院苏舜钦发起组织"进奏院赛神会"，按惯例用出卖废纸所得公费设宴招待馆阁同僚，与宴者有天章阁侍讲、史馆检讨王洙，太常博士、集贤校理刁约，殿中丞、集贤校理江休复和王益柔，太常博士周延隽，太常丞、集贤校理章岷，著作郎、直集贤院、同修起居注吕溱，殿中丞周延让，校书郎、馆阁校勘宋敏求，将作监丞徐绶。这些书生饮酒作乐，得意忘形，且招来歌伎以助酒兴，整整折腾了一个晚上。席间，王益柔还赋诗一首，内中有"醉卧北极遣帝扶，周公孔子驱为奴"之句，语气狂傲至极。

御史中丞王拱辰早就对这帮轻狂书生看不顺眼，闻知此事后，即令属下鱼周询、刘元瑜等出面弹劾，将这些人贬的贬、降的降，全部一网打尽。

从表面上看，御史台弹劾行为不检的官员乃是分内之事，十分正常，其实却是在借题发挥。即以此次事件的主角苏舜钦而言，其人既是范仲淹极力推许举荐的名流才子，又是另一位新政首脑、枢密使杜衍的乘龙快婿，一向敢为议论，不避权贵，是新政最热诚的拥护者之一。在御史台的弹劾下，苏舜钦受到了除名勒停、永不叙

---

① ［宋］李焘撰：《续资治通鉴长编》卷151，庆历四年八月乙卯。

用的严厉惩罚。这对范、杜二人来说，无疑是沉重的打击。在这次事件中，御史台与守旧政客通力合作、配合默契，对新进士大夫痛下杀手。如果不是在朝的韩琦居中调停、极力回护，恐怕这些新进士人的下场会更加悲惨。

"进奏院事件"发生以后，宋仁宗对朝廷上朋党现象已是忍无可忍，遂下诏斥责道："朕闻至治之世，元、凯共朝，不为朋党，君明臣哲，垂荣无极，何其德之盛也。朕夙食厉志，庶几古治，而承平之弊，浇竞相蒙，人务交游，家为激讦，更相附离，以沽声誉，至或阴招贿赂，阳托荐贤。又按察将命者，恣为苛刻，构织罪端，奏鞫纵横，以重多辟。至于属文之人，类亡体要，诋斥前圣，放肆异言，以讪上为能，以行怪为美。自今委中书、门下、御史台采察以闻。"①

在宋仁宗表明态度的情况下，庆历五年（1045年）正月，右正言钱明逸在章得象等人的授意下，大肆攻击范仲淹、富弼"更张纲纪，纷扰国经，凡所推荐，多挟朋党，心所爱者尽意主张，不附己者力加排斥"，使得"倾朝共畏"。又说"仲淹去年受命宣抚河东、陕西，闻有诏戒励朋党，心惧彰露，称疾乞医。才见朝廷别无行遣，遂拜章乞罢政事知邠州，欲固己位，以弭人言，欺诈之迹甚明。乞早废黜，以安天下之心，使奸诈不敢效尤，忠实得以自立"②。钱明逸的奏疏刚呈上去，宋仁宗就立刻下诏：罢免范仲淹参知政事之职，出知邠州；罢免富弼枢密副使之职，出知郓州；免去杜衍宰相兼枢密使之职，出知兖州。同年三月，韩琦也被免去枢密副使之职，出知扬州。新政领袖转眼之间罢黜殆尽。与此同时，新政的各项措施也相继被取消。"庆历新政"推行仅一年就夭折了。③

不过，"庆历新政"不是可有可无，它是王安石变法的预演，为王安石的变法提供了经验教训。

---

① ［宋］李焘撰：《续资治通鉴长编》卷153，庆历四年十一月己巳。

② ［宋］李焘撰：《续资治通鉴长编》卷154，庆历五年正月乙酉。

③ 参见齐涛主编，江晓涛、李晓著：《中国政治通史》卷6《动荡与变迁的宋辽金政治》，泰山出版社2003年版，第198—207页。

第五章　神宗朝的"王安石变法"

王安石变法涉及的领域包括经济、政治、军事与文化等各个方面，大体而言，变法措施主要表现在三个方面：一、引领国家富裕的条文，如均输法、青苗法、农田水利法、免役法、市易法、方田均税法；二、以军队强大为导向的条令，如保甲法、军器监制度、保马法、将兵法；三、以整顿吏治与提升教育内涵为目的的法令，尤其是关于科举制度的改革与完善。王安石的治国理政是一套比较系统的政治设计及其治理国家的政治实践主张，核心内容则表现在他的理财主张及其发展经济的实践上面。变法虽然失败，但王安石并没有失败，变法使他从北宋文人士大夫群体中脱颖而出，一跃而跻身于中国古代为数不多的大政治家行列。

一、王安石治国理政之方略

熙宁二年（1069 年）王安石出任参知政事前后，他已经对如何治理国家在大政方针上形成了自己一整套比较系统的理论与主张。主要表现在：第一，方今治国之道，当以"择术"为先；"择术"当以"变风俗，立法度"为先。第二，欲摆脱政治经济社会危机，应该从经济与分配利益入手打破与抑制官僚地主豪强对土地及其他国家与社会资源的兼并与垄断，由中央政府掌控与重新分配一切经济与社会资源，推行"均无贫"政策，重建利益分配秩序。第三，理财重在"开源"，"善理财者，民不加赋而国用饶"。不要仅仅将眼光定在固有赋税征收办法上，不应通过科敛加赋的办法增加民众的负担，更不应该官与民争利。国家理财应该放开眼光，拓宽视野，"欲富天下则资之天地"，去寻找开发自然之利、拓展增加财源，通过发展和增加农业、手工业、矿冶业等各种产业的生产，扩充和增加社会财富的总量。

（一）"择术"

治平四年（1067 年）正月，宋英宗赵曙去世，其子赵顼以十九岁的弱冠之年即皇帝位，是为宋神宗。

宋神宗是一位急于作为的皇帝，即位后对国家"财不足用于上而下已弊，兵不足威于外而敢骄于内，制度不可为万世法而日益丛杂，一切苟且，不异五代之时"[①]的内政外交都有深深的焦虑。年轻的皇帝心高气大，他不满意事事因循守旧的官员，希望选用能够引导北宋朝廷走出财政困境与政治危机的股肱能臣，以帮助他实现富国强兵的宏图大略。在曾公亮等元老重臣的推荐下，宋神宗渐渐地将目光聚焦到王安石的身上。

当宋神宗早年居东宫时，长期做他记室参军的韩维，经常向他称道王安石的学

---

① ［宋］欧阳修撰：《居士外集》卷 10《本论》。

问和为人，这使得他对王安石具有了深刻的印象，加上即位后其他人的举荐，宋神宗更是对王安石充满了期望。因此在他继位后之闰三月，就起用王安石知江宁府，同年九月，又改命他为翰林学士，把他调回汴京留在自己的身边随时资政。

熙宁元年（1068 年）四月乙巳，王安石越次入对，这是他第一次与宋神宗对面长谈治国之道。

宋神宗发问："朕久闻卿道术德义，有忠言嘉谟，当不惜告朕，方今治当何先？"

王安石对曰："以择术为始。"

又问："唐太宗何如？"

对曰："陛下每事当以尧舜为法。唐太宗所知不远，所为不尽合法度，但乘隋极乱之后，子孙又皆昏恶，所以独见称于后世。道有升降，处今之世，恐须每事以尧舜为法。尧舜所为，至简而不烦，至要而不迁，至易而不难，但末世学士大夫不能通知圣人之道，故常以尧舜为高而不可及，不知圣人经世立法，常以中人为制也。"

宋神宗说："卿可谓责难于君矣。然朕自视眇然，恐无以副卿此意。卿可悉意辅朕，庶几同济此道。"[①]

此次召对后不久，王安石就根据宋神宗"祖宗守天下能百年无大变，粗致太平，以何道也"[②]的咨询奏进了《本朝百年无事劄子》。

《劄子》首先历述了宋朝从宋太祖到宋英宗时期的施政概况，而于宋仁宗一朝所述较详。对于前面诸帝的对辽政策、兵政、刑法，对大臣贵戚和左右近习的政策，对中外官吏的升黜以及对谏官御史言论的公听，等等，都分别举述其利病。接着，又对宋帝国建国百年来在创立法度时所遵依的原则、所贯穿的精神——提出了自己的批评性意见。文中说：

---

① ［宋］杨仲良撰：《皇宋通鉴长编纪事本末》卷 59《王安石事迹（上）》。
② ［宋］杨仲良撰：《皇宋通鉴长编纪事本末》卷 59《王安石事迹（上）》。

然本朝累世因循末俗之弊,而无亲友群臣之议;人君朝夕与处,不过宦官女子,出而视事,又不过有司之细故,未尝如古大有为之君,与学士大夫讨论先王之法,以措之天下也。一切因任自然之理势,而精神之运有所不加,名实之间有所不察。君子非不见贵,然小人亦得厕其间;正论非不见容,然邪说亦有时而用。以诗赋记诵求天下之士,而无学校养成之法;以科名资历叙朝廷之位,而无官司课试之方。监司无检察之人,守将非选择之吏。转徙之亟,既难于考绩,而游谈之众,因得以乱真。交私养望者多得显官,独立营职者或见排沮。故上下偷惰取容而已。虽有能者在职,亦无以异于庸人。农民坏于徭役,而未尝特见救恤,又不为之设官以修其水土之利。兵士杂于疲老,而未尝申敕训练,又不为之择将而久其疆场之权。宿卫则聚卒伍无赖之人,而未有以变五代姑息羁縻之俗;宗室则无教训选举之实,而未有以合先王亲疏隆杀之宜。其于理财,大抵无法,故虽俭约而民不富,虽忧勤而国不强。赖非夷狄昌炽之时,又无尧、汤水旱之变,故天下无事过于百年。虽曰人事,亦天助也。盖累圣相继,仰畏天,俯畏人,宽仁恭俭,忠恕诚悫,此其所以获天助也。伏惟陛下,躬上圣之质,承无穷之绪,知天助之不可常恃,知人事之不可怠终,则大有为之时,正在今日。[①]

《本朝百年无事劄子》对宋王朝建国百年来的政治、军事、税赋与理财、农业生产等情况,全都作了概括性的陈述,而贯穿于其中的一个批评性意见,就是无处不在的那种因循、疲沓、苟且度日的萎靡气象。王安石告诉宋神宗,只是"赖非夷狄昌炽之时,又无尧汤水旱之变,故天下无事过于百年"。不然的话,早就发生问题了。王安石认为,当神宗即位伊始,正是亟须把这一弥漫全国的颓势加以振作的"大有为之时",他鼓励宋神宗抓住这个宝贵的更新机会,更易创新,做一个大有为之君。

---

① [宋]王安石撰:《临川先生文集》卷41《本朝百年无事劄子》,见王水照主编:《王安石全集》第6册,复旦大学出版社2017年版,第802—803页。

对于王安石奏进的《本朝百年无事劄子》，宋神宗阅览多遍、深有感触。到他第二次见到王安石时，便向他说道："治国之道，大概都包括在这道奏章之内了。你所指陈的那些弊政，大概你也都已想出改革的办法了吧，希望你也把具体的施设之方一一告我。"王安石回答说："当下是不可能一一说到了，愿陛下以讲学为事、讲学既明，则施设之方不言自喻。"然而宋神宗还是要王安石稍加陈述。在王安石略陈施设之方以后，宋神宗非常高兴，向他说道："此皆朕所未尝闻。他人所学固不及此。能与朕一一为书条奏否？"及王安石又重复了他的"以讲学为事，则诸如此类皆不言而自喻"诸语时，宋神宗又说："卿今日所言已多，朕恐有遗忘，试录今日所对以进。"王安石虽在退朝时满口应承下来，却一直没有把这次的对话写出来进呈。

十月壬寅，宋神宗又留王安石坐谈，说："且欲得卿议论。"

宋神宗说："唐太宗必得魏郑公，刘备必得诸葛亮，然后可以有为。魏郑公、诸葛亮诚不世出之人也。"

安石对曰："陛下诚能为尧舜，则必有皋、夔、稷、契；陛下诚能为高宗，则必有傅说。魏郑公、诸葛亮，皆有道者所羞，何足道哉！"[1]

可见，王安石不满意宋神宗做唐太宗、刘备之类的君王，希望他能以尧舜为榜样，而王安石自己则欲要辅助宋神宗做夔、稷等名臣那样的事业。志向与格局不可谓不大。

熙宁二年（1069 年）春初，王安石又一次向宋神宗畅论天下大事，宋神宗说："此非卿不能为朕推行，朕须以政事烦卿。料卿学问如此，亦欲施设，必不固辞也。"

王安石对曰："臣所以来事陛下，固愿助陛下有所为。然天下风俗法度一切颓坏，在廷少善人君子，庸人则安常习故而无所知，奸人则恶直丑正而有所忌。有所忌者唱之于前，而无所知者和之于后，虽有昭然独见，恐未及效功而为异论所胜。陛下诚欲用臣，恐不宜遽，谓宜先讲学，使于臣所学本末不疑，然后用之，庶几能粗有所成。"

---

[1] ［宋］杨仲良撰：《皇宋通鉴长编纪事本末》卷 59《王安石事迹（上）》。

宋神宗说："朕知卿久，非适今日也。人皆不能知卿，以为卿但知经术，不可以经世务。"

王安石对曰："经术者所以经世务也。果不足以经世务，则经术何赖焉。"

宋神宗说："朕仰慕卿道德甚至，有以助朕，勿惜言。不知卿所施设，以何为先？"

王安石对曰："变风俗，立法度，方今所急也。凡欲美风俗，在长君子、消小人。以礼义廉耻由君子出故也。《易》以《泰》者通而治也，《否》者闭而乱也。闭而乱者以小人道长；通而治者以小人道消。小人道消，则礼义廉耻之俗成，而中人以下变为君子者多矣；礼义廉耻之俗坏，则中人以下变为小人者亦多矣。"

对于王安石的回答，宋神宗深以为然。①

以上所引录的王安石在任翰林学士时，向宋神宗所说的治国安邦之道，全都为宋神宗所接受，特别是当宋神宗提出"朕须以政事烦卿"时，王安石立即表示："臣所以来事陛下，固愿助陛下有所为。"两人的心志与治国理政方案此时遂得到了完全的契合。于是，在熙宁二年（1069 年）二月庚子，宋神宗遂擢用王安石为右谏议大夫、参知政事，正式主持诸项变法事宜。

（二）抑制豪强兼并

宋王朝统治者把官僚豪绅地主阶层作为其政权的统治基础，在其建立之初所制定的种种政策法令中，就赋予这个阶层以种种特权，使其对土地可以肆行兼并，对赋税、徭役可以任意摊派、科敛，而他们自己应该向国家缴纳的赋税却可以在各种名义之下大部以至全部予以豁免。其所以这样做的理由，正如王铚《枢廷备检》中所说："不务科敛，不抑兼并，曰：'富室连我阡陌，为国守财尔。缓急盗贼窃发，边境扰动，兼并之财，乐于输纳，皆我之物。'所以税赋不增，元元无愁叹之声。"② 然

---

① ［宋］杨仲良撰：《皇宋通鉴长编纪事本末》卷 59《王安石事迹（上）》。

② ［宋］王明清撰：《挥麈后录余话》卷 1，载王铚：《枢廷备检》。

而这样做的结果，大量的土地都被豪强地主所占有，社会上丧失土地、破产失业的民众日见其多，而宋帝国在赋税的征收和徭役的征发诸方面，也因此都受到极为严重的影响，成为政府"积贫"病象所产生的重要原因之一。

对于这种奉行已久的传统政策和这一传统政策所寓有的用意，究竟是要继续奉行贯彻下去呢，还是要加以调整和变革呢？这是牵涉到从中央到地方各级官僚地主利益集团内部之间财产和权力再分配的问题，也是以王安石为首的变法派和以司马光、韩琦、富弼等人为首的保守派进行斗争的一个重要焦点。保守派利用所有的习惯势力，顽固地、不顾一切地要把官绅豪强地主阶层的既得权势利益维护下去；而王安石却着眼于地主阶级的整个利益与前途，要"摧豪强""抑兼并"，制止土地兼并恶性发展，借以保证地主经济能获得一个比较稳定发展的局势。

抑制豪强兼并，是王安石新政的重要政策之一。

上任参知政事伊始，王安石就曾谈到"周置泉府之官，以权制兼并，均济贫乏，变通天下之财"，为了理财，国家也应当"修泉府之法，以收利权"①。

在《兼并》古诗中，王安石说：

> 三代子百姓，公私无异财。
>
> 人主擅操柄，如天持斗魁。
>
> 赋予皆自我，兼并乃奸回。
>
> 奸回法有诛，势亦无自来。
>
> 后世始倒持，黔首遂难裁。
>
> 秦王不知此，更筑怀清台。
>
> 礼义日已偷，圣经久埋埃。
>
> 法尚有存者，欲言时所咍。
>
> 俗吏不知方，掊克乃为材。

---

① ［明］陈邦瞻撰：《宋史纪事本末》卷 37《王安石变法》，中华书局 2015 年版，第 327 页。

俗儒不知变，兼并可无摧。

利孔至百出，小人私阃开。

有司与之争，民愈可怜哉。①

熙宁五年（1072年）四月，王安石与宋神宗商讨制定"市易法"的过程中，力排众议，力争推动朝廷实施抑制豪强兼并的政策，即是一个典型例子。

先是，三司起请市易十三条，其一云"兼并之家，较固取利，有害新法，令市易务觉察申三司，按置以法"。御批："减去此条，余悉可之。"御史刘孝孙言："于此见陛下宽仁爱民之至。"因言宜约束市易务。王安石曰："孝孙称颂此事，以为圣政。臣愚窃谓此乃是圣政之阙。天付陛下九州四海，固将使陛下抑豪强、伸贫弱，使贫富均受其利，非当有所畏忌不敢也。较固法，是有律已来行用，今但申明所以为均，均无贫，盖孔子之言，于圣政有何害？陛下不欲行此，此兼并有以窥见陛下于权制豪强有所不敢，故内连近习，外惑言事官，使之腾口也。"上笑曰："已有律，自可施行，故不须立条。"安石曰："虽有律未尝行，又未尝委官司振举，须先申明，使兼并知所避。"上曰："若但设法倾之，即兼并自不能为害。"安石曰："若不敢明立法令，但设法相倾，即是纸铺孙家所为。孙乃百姓，制百姓不得，止当如此，岂有天下主亦为孙家所为也？"上又言："新法行，故油贵。"安石曰："以理论之，必无此。当是市人未喻耳。"安石退，取市估及油店户私簿阅视。明日，亟白上曰："油未尝增价也。"又言："茶笼行人状称新法便民。牙人有诱人经三司陈诉尝试官司如何者，不可不斥逐。茶笼行人乃晓此，朝廷岂不可喻此事？"②

同年八月，当王安石与宋神宗商讨"免役法"的利害时，他说："兼并积蓄富厚，皆蚕食细民所得。"③

---

① ［宋］王安石撰：《临川先生文集》卷4《兼并》，见王水照主编：《王安石全集》第5册，复旦大学出版社2017年版，第198页。

② ［宋］李焘撰：《续资治通鉴长编》卷232，熙宁五年四月丙子。

③ ［宋］李焘撰：《续资治通鉴长编》卷237，熙宁五年八月辛丑。

同年十一月，当宋神宗指出市易卖果实有伤国体时，王安石说："至于为国之体，摧兼并，收其赢余，以兴功利，以救艰厄，乃先王政事，不名为好利也。"①

熙宁八年（1075 年）间，在议论市易司事时，王安石又对宋神宗说："秦能兼六国，然不能制兼并，反为寡妇清筑台。盖自秦以来，未尝有摧制兼并之术，以至今日。臣以为，苟能摧制兼并，理财，则合与须与，不患无财。"②

综合王安石的上述种种言论来看，可知他所以要"摧制兼并"，主要有两个方面的用意：一是要对官绅豪强地主和豪商富贾们所享已久的特权给予一定程度的限制和裁减，使得基层民众免于经常受到兼并之害，随时因被蚕食鲸吞而破产流亡；二是断绝大地主和富贾豪商的兼并之路，把豪商富贾们所具有的操纵物价、垄断居奇等权利一并收夺归中央政府所掌握。"摧制兼并"本是西汉政治家桑弘羊曾经实行过而且是收到良好效果的一些政策。这说明王安石摧制豪强兼并的主张及其所采取的措施，也都是在借鉴前人的施政经验的基础上而推出的。③

（三）"理财"

王安石秉持"择术"与"理财"并重的政治原则。如果说，"摧制豪强兼并"在某种程度上算是为国家财政"节流"的话，那么"因天下之力以生天下之财"，则完全是他为解决财政困局而开辟的新的路径，正如他在《上仁宗皇帝言事书》中所说"因天下之力以生天下之财，取天下之财以供天下之费，自古治世未尝以不足为天下之公患也，患在治财无其道尔"。王安石发展了他在鄞县时期就已经形成的"开源"主张，理财是"开源"最重要的手段，没有理财，就谈不上"开源"。他对宋神宗说，陛下如果真能理财，即便将天下所有的好东西都拿来享受也没有什么不可以的，"以天下自奉可也"。"因天下之力以生天下之财，取天下之财以供天下之费"思想的内

① ［宋］李焘撰：《续资治通鉴长编》卷 240，熙宁五年十一月丁巳。
② ［宋］李焘撰：《续资治通鉴长编》卷 262，熙宁八年四月甲申。
③ 参见邓广铭著：《北宋政治改革家王安石》，生活·读书·新知三联书店 2017 年版，第 75—78 页。

在理路是设想自然界存在着无限的开发空间，通过开发土地及其他物产资源，增加劳动生产率，社会财富可以不断地被生产出来且不断地积累，在不存在天灾和战乱的情况下，社会生产力也是持续不断地增进的。这与司马光所持"天地所生，货财百物，止有此数，不在民间，则在公家"①的观点截然相反。后者以为，社会财富总数是不会改变的，不会自行增长。不过，就理财而言，有两种动机和追求，一种理财是从发展农业、手工业、矿冶业生产和促进商品流通入手，通过改善各类民户的经济状况来增强其纳税能力，最后达到增加国家财政收入的目的，这叫"为民理财"；另一种理财是绕过纳税民户的经济状况这个媒介，直接通过损下益上的捷径来增加官府财富，这是"为国聚敛"。南宋叶适就意识到这一点，他认为理财与聚敛是绝对不同的，现今讲理财的人，实际上做的事是聚敛。熙宁元年（1068年）四月，王安石曾对宋神宗大谈"治道"，主张减轻赋税，减少徭役，国家政策和措施的立足点必须是有利于民众，一切都要以民众生活、生产安定和获得实际利益为检验政策效果的标准。此后他又多次申述自己的理财方针：善于理财的专家，能够做到百姓不加赋税而国家的财政用度丰饶。要用先王之政，来做兴利除弊的事情，这样就会与百姓形成一种相对宽松且可以长期维持赋税收入的关系。为国家理财，不能说是为了征利。如今国家许多大事都没有开展来做，就是因为国家财政收入不足，所以要以理财为方今的急务。国家的财政收入问题没有得到较好的解决，其他国计民生的建设就会受到影响。理财的思路要以农业生产为急，增进农业生产要以除去农民的疾苦、抑制土地兼并、方便农事的开展为急。王安石理财的前提是"民不加赋"，原则是"以义理财"，在此基础上来增加国家财政收入，同时达到"百姓富安"和"国用饶足"双重目的。王安石所说的"以择术为先"，在理财上其本意不过是发展和增加农业、手工业、矿冶业等各种产业的生产，扩充社会财富的总量。与此同时必须抑制地方豪强势力对财富的侵夺，限制地方豪强势力的偷漏税款和各种徭役，取缔富商巨贾的"较固取利"，通过打击豪强势力的聚敛和非法牟利行为，重新调整社会财

① ［宋］司马光撰：《温国文正公文集》卷39《八月十一日迩英对问河北灾变》，四部丛刊景宋绍兴本。

富在国家、农民和大地产拥有者、大资本商业资源拥有者之间的分配额。显然，这种理财的办法有利于国家、中小土地所有者，而不利于大土地所有权人和富商巨贾。黄仁宇认为："王安石能在今日引起中外学者的兴趣，端在他的经济思想和我们的眼光接近。他的所谓'新法'，要不外将财政税收大规模的商业化。他与司马光争论时，提出'不加赋而国用足'的理论，其方针乃是先用官僚资本刺激商品的生产与流通。如果经济的额量扩大，则税率不变，国库的总收入仍可以增加。这也是刻下现代国家理财者所共信的原则，只是执行于十一世纪的北宋，则不合实际。"[1] 这个观点是有一定道理的。

二、"熙宁新政"之主要举措

在宋神宗的支持下，王安石主持的变法运动历时十六年（1069—1085 年），但主要举办还是集中在熙宁年间的熙宁二年至熙宁九年（1069—1076 年）间。在此期间，王安石在财政、经济、军事、官制、选举、教育等诸多领域进行了广泛而深刻的变革。这些改革，在时间上有早有晚，不是齐头并进；在内容上有多有少，不是平均分配。总体而言，其着力最多处，还是在理财和整军，也就是通常所说的"富国"和"强兵"上。农业经济关系的改革，是"富国"的重点之一，在这方面先后推行了青苗法、募役法、方田均税法、农田水利法等。改革商品货币关系，是"富国"的又一个重点，这方面先后推行了均输法、市易法、免行役法等。"强兵"在变法中的地位不亚于"富国"，为此先后在军事领域实行了将兵法、保甲法、保马法等。此外，"熙宁新政"也涉及科举与教育领域的改革。"熙宁新政"举办的目的在于改变北宋中期以来国家积弱积贫、官场因循拖沓的现状，"抑兼并，振贫弱""兴田利，增利禄"等。它在抑制豪强兼并势力（大官僚、大地主、大商人和大高利贷者）、稳定中间阶级（中下层地主阶级和富农）、减少底层民众的负担、增加社会财富等方面都收到了

---

[1] 黄仁宇著：《赫逊河畔谈中国历史》，生活·读书·新知三联书店 1992 年版，第 164—165 页。

一定的效果。通过新政，国家财政有所改善，西北边防有所好转，积贫积弱局势有所改观。

（一）兴农新政之举措

这主要包括两大部分：

1. 调整国家、地主和农民关系的政策以及发展农业生产的措施，主要有青苗法、募役法、方田均税法和农田水利法等

（1）青苗法。熙宁二年（1069年）九月，主持新政机构制置三司条例司颁布了青苗法。青苗法是对于旧的常平仓法进行改革的一种新法，所以也被称为"常平新法"，或仍称之为"常平法"。

北宋政权建立以后，袭隋唐旧制，陆续在诸路州县城内设置常平仓。其规定是：凡遇五谷丰收之年，为怕"谷贱伤农"，即由各州县政府酌量提高谷价，大量收籴；凡遇灾荒饥馑之年，为了照顾灾民，州县政府就再以比市价稍低的价格将仓中存粮大量粜卖。规定虽是如此，事情可并不认真这样办。有的地方官，"不为急务"①，把有限的籴本的大部分移作营私之用；有的地方官，则又"厌籴粜之烦"②，不肯顺应着年景的丰凶而进行籴粜；有的则又与豪商富贾或囤积居奇的大户人家互相勾结，借收籴和出粜的机会共同渔利。兵饷不足时，北宋政府就挪借各地常平仓的本钱以助军费。如此这般，设于州中的常平仓，粮食购买量不过数百千石，根本无力抵制富商大姓的贱价购买、投机倒把；而在青黄不接时，这点粮食又无力控制市场，仍被富商大姓任意哄抬市价。另外，由于州仓距所辖各县太远，远地农民购买不便。于是常平仓便成为少数富商大姓和胥吏乘间浑水摸鱼、假公济私的一个场所，以至于常平仓不能发挥其本身应有的作用。种种情况表明，到北宋中叶，各地方的常平仓已经蓄藏几尽，有名无实，失去了它所本应当具有的调剂粮价和救济灾荒的作用。

---

① ［宋］范仲淹撰：《范文正公集》奏议卷上《奏乞两府兼判》。
② ［宋］李焘撰：《续资治通鉴长编》卷384，元祐元年八月丁亥。

宋仁宗时，陕西转运使李参在当地百姓缺少粮、钱时，让他们自己估计当年谷、麦产量，先向官府借钱，谷熟后还官，称"青苗钱"。实施几年后，军粮经常有余。于是，王安石、吕惠卿等新政主持者据此经验制定青苗法。规定以各路常平、广惠仓所积存的一千五百万贯石以上的钱谷为本，其存粮遇粮价贵，即较市价降低出售，遇价贱，即较市价增贵收购。其所积现钱，依陕西青苗钱法，每年分两期，即在需要播种和夏、秋未熟的正月和五月，按自愿原则，由农民向政府借贷钱物。借贷者每五户或十户结成一保，由第三等以上户充当"平头"，客户贷款，须与主户合保。在河北路，贷款的限额是客户与第五等户每户一贯五百文，第四等户三贯，第三等户六贯，第二等户十贯，第一等户十五贯。本县如有剩余，允许第三等以上户借贷。如还有剩余，借贷给有物业抵当的坊郭户。贷款以适中的粮价折算，收成后，随夏、秋两税，加息十分之二或十分之三归还谷物或现钱。凡灾伤达五分以上的地区，允许延期归还。先分派提举官到河北、京东、淮南三路试行，俟其就绪，再在各路推行。

实行青苗法的目的主要是"以农事为急"，使农民"去其疾苦，抑兼并，便趣农"。"人之困乏，常在新陈不接之际，兼并之家乘其急以邀倍息，而贷者常苦于不得"，因此，设青苗法"以广蓄积、平物价，使农人有以赴时趋事，而兼并不得乘其急"。这就是说，利用政府的力量给豪强高利贷以压制，使其不能在青黄不接之际兼并农民。通过青苗贷款，农民"非惟足以待凶荒之患"，而且"于田作之时，不患阙食，因可选官劝诱，令兴水土之利，则四方田事自加修益"。

应该说，年息为百分之四十的青苗钱，绝不是什么"薄息"，但同豪强之家的百分之一百至百分之三百的高利贷比较起来，青苗钱就成了低利息的借贷了。青苗法在一定程度上限制了高利贷者的活动，有助于农民在播种与收获季节的关键时刻渡过难关，有利于农业生产的正常开展，朝廷也从中获得了大量的利息。

（2）募役法，又称免役法或雇役法，是针对劳役制度的变革。在中国古代，向国家负担赋税和劳役，是编户齐民的法定义务。宋朝的办法是，根据土地家产情况，将农户分为五等，除了缴纳赋税，还要轮流承担官府的各类劳役，是谓差役法。按照制度，在广大乡村只有三类人可以不负担差役，一是有官职的人家，即所谓"官户"；二是无土地，不缴纳赋税的人家，即所谓"客户"；三是家中缺乏劳力的无丁户、单丁户、女户以及僧道人家的"寺观户"等。差役自古以来就是农民的沉重负担，服役者不但耽误农时，影响生产，还要遭受贪官污吏的敲诈勒索。于是地主豪强千方百计逃避，或者降低户等，以避重就轻，或者改变成不必服役的身份，结果差役负担愈益落到贫苦农民头上。对于这个制度的改革，多少年来已成为社会的普遍要求。役法的改革自熙宁二年（1069 年）开始讨论，由制定至推行，历时将近三年。至熙宁四年正月，司农寺拟定的募役法（免役法）先在开封府界试行。同年十月，颁布全国实施。免役法规定，废除原来按户等轮流充当衙前役，州、县预计每年雇役所需经费，由民户按户等高下分摊。上三等户分等交纳役钱，随夏、秋两税交纳，称"免役钱"。原来不承担差役的官户、女户、僧道、未成丁户、坊郭户等，要按定额的半数交纳役钱，称"助役钱"。州县官府依当地吏役事务简繁，自定额数，供当地费用；定额之外另加十分之二缴纳，称"免役宽剩钱"，由各地存留，以备灾荒年份全部免征"役钱"时，即以此钱充用。募役法使原来轮流充役的农村居民回乡务农，原来享有免役特权的人户不得不交纳役钱，官府也因此增加了一宗收入。

（3）方田均税法。北宋政权的传统政策是纵容豪强兼并之家，允许他们兼并土地并享受着免税免疫的特权。但豪强地主无止境地兼并土地，隐瞒田产和人口，这种情况，导致国家赋税收入大幅度地下降。乡村中、下户卖掉土地，却仍受担重税，也容易引发民间动荡。"田制不立，畎亩转易、丁口隐漏、兼并伪冒者未尝考按，故赋入之利视古为薄。"[①] 田产不均、赋税不实，已经成为北宋中期一个严重的社会问题。为解决此问题，熙宁五年八月，司农寺制定《均税条约并式》并颁行天下。方田均税法主要分作下述两个部分。

一是方田法。这是对田亩的清查丈量。将东西南北千步见方的地段，计四十一顷六十六亩一百六十步，作为丈量的单位，谓之一方。每年九月农忙之后，县令、

---

① ［元］马端临撰：《文献通考》卷 4《田赋考四》。

县佐用这个清丈法丈量土地，并在方庄账籍（方田的土地册子）上注明田地的形状（陂原平泽之类）和色质（赤淤黑垆之类）。丈量完毕，根据土质而定其肥瘠，区分五等，由此均定税额高低。至明年三月完成后，"揭以示民"，并以一季（三个月）为期，使居民提出对清丈和税额的意见，然后付给备户户账庄账，以为"地符"。

二是均税法。这是在土地清丈后对田税的重新均定。各县均以旧有的租税为定额，前此对零星税额如米不到十合就收一升、绢不满十分就收一寸等做法，在定税中不得使用以至超过旧额。凡越额增数都加禁止。至于丝绸之类的征收，只按田亩多少而不按桑柘有无来定。把这些条目预先告诉百姓，教百姓不要受谣言影响而斩伐桑柘。荒地归于耕作之家，不必追究其冒佃原因。瘠卤不毛之地，许可占有佃种。许可民户至山林樵采，樵采所得不充作家业之数。凡民户能够经营获利的山林陂塘以及道路沟河坟墓荒地，都不许征税。投靠豪强的、"诡名挟佃"的"子户"，都更正过来，使他们成为负担国家赋税的主户。

另外，在方田四角堆有土堆，种土树木，作为清丈的标记。立有方账、庄账（土地清册）和甲帖、户帖（户籍清册）。此后分家另住、买卖土地的，官府给以契，县内置簿登记，而都以方田为根据。

方田均税法先自京东路开始，其后又依次推广于河北、开封府、陕西、河东等路五个地区。至元丰八年（1085年）十月二十五日废止之时，在这五路之地共清丈了二百四十八万四千三百四十九顷田地，约占当时全国征税田亩的百分之五十四。元丰五年登记的田亩为四百六十一万六千五百五十六顷。按五路地区占全国面积不过百分之二十，而清丈土地则占百分之五十四，这一事实清楚地表明了当时隐田漏税现象的严重。

（4）农田水利法。熙宁二年（1069年）十一月，由制置三司条例司颁布实施。这是王安石主张"治水土"以发展农业、增加社会财富的重要措施。其主要条目是：

第一，农田水利法奖励各地开垦荒田，兴修水利，建立堤防，修筑圩埠。如工程浩大、民力不足，可依青苗法，由官府贷款。如官钱不足，州县官劝谕富室出钱，依例计息，由官府置簿催还。无论官员和居民，只要熟谙农业耕作技术或水利修建工程，都可向各级官府陈述自己的意见，经各级官员商量，如确属有利，即由州县实施。其中较为巨大的工程，即奏明朝廷决定。等到实施完毕，按功利的大小，给予条陈意见的人以一定的奖励。兴利极大的，即量材录用。

第二，令各州县将所辖区域的荒田以及需要浚修或可兴建的水利工程，都做详细调查，绘制成图，同时说明进行修建的具体办法，呈报给上级官府。其中一州一县不能解决的各项问题，给予陈述己见，听候处理。

农田水利法推行七年后，据统计，全国共兴修水利工程一万零七百三十九处、水利田三十六万余顷，疏浚河汉、湖港之类不计其数，很多贫瘠的土壤变成了良田。王安石"欲富天下则资之天地"的理财主张初步得到了实现。

2. 供应国家需要和限制商人的政策，主要是均输法、市易法和免行役法等

（1）均输法。汴京自五代以来就是皇室、贵族、大小官员、富商大贾云集的场所。由于宋太祖、太宗实行强干弱枝的政策，汴京及京畿地区还集结了数十万的军队。因此，汴京就成为一个空前巨大的消费都市。为了供应汴京的消费，宋初即依靠汴水，将东南六路集中于长江下游的物资，由真、扬、楚、泗等州运输过来。建隆年间（960—962年）设置的发运司就是主持这项运输工作的专门机构。但是，发运使只是照章办事，完全按照每年的定额，丰年不敢多运，凶年不能少运，经常支出大笔运费，运来一些过剩物品，只得在京城半价抛售。各司往往隐瞒财富，不肯如实申报朝廷，反而以支移、折变等名目加倍收税。朝廷调用物资时，又多不管产地和时令，一味强征。这些做法给富商大贾囤积居奇、控制市场提供了方便，百姓则被加重赋税负担，朝廷仍然财用窘急。熙宁二年（1069年）七月十七日，三司条例司所发布的均输法，就是旨在纠正上述弊端，以适应国家需要的一项法令。

均输法的要点是以市场手段解决首都的物资供应。北宋定都开封，财赋粮食主要经过汴河自长江中下游的江淮荆浙地区运来，由发运司主管其事。长期以来，发运司和东南诸路转运司不了解京师的实际需求状况，全凭固定不变的定额组织上供物资的筹集和运输，供求严重脱节。均输法的改革原则是"徙贵就贱，用近易远"，即拨给发运司专项资金，使之根据市场形势的变化，尽量在物价低、距离近的地区

采购京师所需物资。政府消费与市场机制相结合，既改善了京师的物资供应，又提高了财政资金的使用效率；同时可以从豪商富贾手里"稍收轻重敛散之权归之公上，而制其有无"；可以"便转输，省劳费"；可以"去重敛，宽农民"。他们认为这样就可最终实现"庶几国用可足，民财不匮"的目的。

（2）市易法。经过宋初百年来的发展，商人的经济力量有了很大的增长。一些大商人除去以雄厚的货币力量兼并大量土地之外，在城市中和各类交易当中，各项交易也大都被大商人把持。同时，他们同皇亲贵戚、达官权宦勾结起来，逃免官府宫廷的各项采购供应，把这些采购供应转嫁给中等以下的和无权势可凭借的商人，造成这类商人的重负。他们垄断了各项交易，极力压低商品价格来收买各种商品，然后再以极其高昂的价格，把他们垄断过来的商品售给同行的商人和一般消费者，转手之间便获得了高额的商业利润。这不仅造成外地商贩的赔本折业，而且还加深了城市居民生活需要中的各种困难。市易法和免行钱就是在这样的形势下，以打击"富商大室"的"出纳敛散之权"为目的提出的，具体落实措施的机构是市易司和市易务。

熙宁五年（1072年）三月，朝廷颁行实施市易法，在汴京设置市易务，以内藏库等钱一百八十七万贯作本，控制商业。市易务根据市场情况决定价格，收购滞销货物，待至市场上需要时出售；商贩向市易务贷款，以产业作抵押，五人以上互保，出年息二分，半年出息一分。商贩向市易务成批地赊购货物，也出年息二分。后来陆续在杭州、成都、广州、扬州、润州等几十个重要城市设立市易务，又将开封市易务升为都提举市易司，作为市易务的总机构。市易法在限制大商人垄断市场方面发挥了作用，也增加了朝廷的财政收入。

市易法的要点是强化政府对市场的干预，由政府规定物资价格以及对物价起落的操纵之权，通过官府经营商业，打击豪强兼并势力，增加政府的财政收入。政府在全国各大商业城镇设立市易务，收购商人滞销的商品，商贩可以财产抵押或互相担保，赊销市易务的物资，也可向市易务申请贷款，年付百分之二十的利息。过期不偿还者，加收百分之二的罚款。市易务还承包部分政府消费物资的供应业务，将之转包给招募来的商人。

（3）免行役法。一般称为"免行法"，实际是针对城镇商人实行的募役法。宋朝的城镇居民有特别的户籍，谓之"坊郭户"，类似今天的城镇户口。其中的工商业者，政府令之根据经营商品的不同，组成各种行会，如卖米的叫米行、卖肉的叫肉行之类。凡加入行会的商人，谓之"行户"，必须轮流向官府承担"行役"，主要有及时供应官府采购的商品、评估每旬的物价、帮助官府评定各种物资的价值及鉴定真伪等。这些"行役"成了行户的沉重负担，特别是供纳官府采购的商品，经常遭遇拖欠货款、敲诈勒索。免行役法规定，各行根据获利多少，按月或按季缴纳免行钱，就可以不再承担行役，而由官府雇人代役。

（二）将兵与保甲

"强兵"与"理财"的地位同等重要。为巩固地方统治秩序、加强军队建设，"熙宁新政"在此方面采取的措施主要有将兵法、保甲法、保马法以及建立军器监等。

宋王朝百年来的积贫积弱同募养百万以上的军队有着密切的关系，因而革除军队的种种弊端，便是这场变法"强军"运动的关键问题之一。

1. 整顿军队，提高军事战斗力

冗兵的众多、缺乏战斗力的老弱兵士的存在、军营空额的严重，是宋代军队在其百年来演变过程中的三大积弊。熙宁二年（1069 年）开始的并营，就是针对这三大积弊而提出的。其具体做法是：

第一，按照马军一营三百人、步军一营四百人的建制进行合并。在合并中，有的军营缩小了，如龙威军原有三十九指挥，合并后仅剩二十指挥。有的军营则被撤销建制，兵士合并到其他军营中去，如宣威军全部并入威猛军和广捷军，宣威军的建制被撤销。全国陆续合并的结果，陕西马步军自三百二十七营并为二百七十营，其他各地自五百四十五营并为三百五十五营。

第二，大力裁汰老弱兵士。按照原有规定，禁军至六十一岁始免为民，这已经夹杂了很多的老兵，但政府为维持军额，并不按照规定执行，以致这类无战斗能力的老兵更多。熙宁四年七月，朝廷下令，凡年四十五，体格强壮的才留充兵士，五十岁以上的都裁减为民。从此，大量老弱兵士被裁减。对于裁减下来的兵士，像汴京的禁军，则许其携带妻子迁至淮南一带为民，在生活上给以照顾。

第三，并营之后的禁军分为三等，上等月俸钱一千文，中等五百文以上，下等不过五百文。一切赏罚迁升事宜，均按等级办理。枢密院仍旧掌管禁军调度，并予每年秋季校试禁军武艺，艺优者给以奖赏。

熙宁四年（1071 年）十二月，又开始裁并厢军。熙宁八年间，并营告一段落。全国军队总额为七十九万六千三百一十五人。与宋英宗治平年间（1064—1067年）兵额相比，减少了三十六万多人，比宋仁宗庆历年间（1041—1048 年）则减少了四十五万多人。神宗元丰年间（1078—1085 年），兵额虽有增加，亦仅八十多万。如果将裁减的兵额，按蔡襄所估计的每名厢军年支三十贯计算，那么，熙宁年间的军费支出，至少比治平年间减省八百一十万缗，而比庆历年间至少减省一千三百五十万缗。这是王安石整理财政的重要措施之一。

2. 推行将兵法，改变兵不知将、将不知兵的局面

作为"强兵"的重要措施，王安石在精简军队、裁汰老弱、合并军营的同时，实行"将兵法"。"将兵法"就是由北宋政府选用具有作战经验和能力的将官，专门负责对某一地区驻军的军事教练。

宋初以来所实行的更戍法，造成士兵过度忧劳和指挥权涣散无力，这是宋代军制中的严重弊端。宋神宗时期，实行将兵法首先是从缩小更戍法的范围开始。熙宁三年（1070 年）十二月，朝廷下令。凡是差往他路的"畸零守把兵士"，统统"拨还本处"；原在开封府界的河北、京东、京西、淮南等路戍兵，各还本路；原在陕西路的京东、京西、河北、河东、开封府界的戍兵，亦各还本地等。熙宁七年，经枢密副使蔡挺建议，"将兵法"在全国范围内确定下来。

宋朝军队战斗力差的另一个原因是军队由文臣统领，而且兵将分离，兵不知将、将不知兵，"将兵法"正是为改变此种状况而设。自熙宁七年开始，在北方各路陆续分设一百多将，每将置正将一人，挑选武艺较高、作战经验较多的武官充任，专掌

训练。元丰四年（1081年），又在东南的淮东、淮西、浙西、浙东等设十三将。正将以下设副将、部将、队将等。"将兵法"把几个军营编在一起，设立指挥，作为管辖军务的军队编制单位，选拔有实战经验和才干的人才担任将领，使兵知其将、将练其兵，形成了将有专兵的新体制。同时调整军队布局，打破了原来的"内外相制""守内虚外"的布防格局，重点加强京畿和北方沿边地区的防御力量，这些都使宋军的战斗力明显提高。

3. 设置军器监，加强军器的制造与生产

为了改善军器的制造，王安石之子王雱建议：仿照铸钱监的组织规模，集中几个州的军器制作作坊，成为一个大作坊；选用熟悉制作技术的工匠担任匠师；在京师设置一个总的管理机构，统辖诸地大作坊，根据它们的制作，"察其精窳之实而重为赏罚"。宋神宗采纳了这项建议，并于熙宁六年（1073年）六月设立了军器监。军器监设于汴京，其组织机构：设判军器监和同判军器监各一员，掌管本监政务，其下置有监丞、主簿和勾当公事等属员；出产各种军器制作材料的州，均设有都作院，分别制作各种武器；由京师军器监派员到各地都作院，提供制作的规格、标准，即所谓"法式"。按法式区分制作的优劣，分为三等，作为考核各路都作院官员政绩的依据；凡懂制作军器技术者，无论官吏或是其他身份的人，都可以到军器监提供建议，以备选择。军器监的设置，改善了以往武器制作的管理，使武器的制作有了显著的改进，数量亦较前大有增加。至熙宁八年五月，军器监成立仅二年，可是产品增加数十倍。经过十几年的努力，军器监贮存了无数精坚的武器，所谓"戈矛弧矢甲胄刀剑之具，皆极完具；等数之积，殆不胜计。苟有灵旗之伐，可足数十年之用"[1]。军器监的设立，在为军队提供精良装备方面，显然产生了重要作用。

4. 推行保甲法

王安石对宋初百年来的募兵制度采取批评的态度，他认为国家招募来的兵士，

---

① [宋] 吕陶撰：《净德集》卷4《奏乞罢军器冗作状》。

大抵都是所谓"无赖奸猾之人"①，这类雇佣兵不足以成为国家专政的基石；而且兵员扩大，养兵费用给国家财政带来严重困难，更成为国家的一大祸患。因此长时期以来，他主张恢复兵民合一的制度，认为"非什伍其民而用之，则不可以致治强"。王安石提醒宋神宗："欲公私财用不匮，为宗庙社稷久长计，募兵之法诚当变革。"② "保甲立，则亦所以使民不散，不散，则奸宄固宜少。"③ 显然，王安石推行保甲法的目的既是力图救"数百年募兵之弊"，使其逐步地过渡到兵农合一的制度；也是利用这种组织在广大乡村中加强统治力量，稳固地方统治秩序。

熙宁三年（1070 年）十二月初九日，司农寺制定的《畿县保甲条制》颁行。按照《条制》中的规定，各地农村住户，不论主户和客户，每十家（后改为五家）组成一保，五保为一大保，十大保为一都保。凡家有两丁以上的，出一人为保丁。选取主户中"物力最高"和"有材干心力"者充任保长、大保长和都、副保正。农闲时集合保丁，进行军训；夜间轮差巡查，维持治安。保甲条制出台后，先在开封府下辖的开封、祥符两县试行，后又推广至河东、河北、陕西等五路，熙宁六年七月后才在全国普遍实行。此后，保甲制度也曾随政治局势的改变而有改动，切合区域社会的特点对制度的内容有所损益。但从功能上讲，保甲法控制民众、预防与镇压犯罪的精神实质是一以贯之的。熙宁八年九月，保甲自司农寺改隶兵部，听从枢密院指挥，自此保甲便成为有节制的民兵了。至熙宁九年，经过广泛推行，全部保甲兵总额达到六百九十三万余人。保甲制虽然没有具备正规军的性能，但已经成为禁军的重要辅助力量，达到王安石提出的"与正兵相参"的地步。

5. 推行保马法

保甲法的建立和发展，给保马法的建立提供了条件。"熙宁变法"以前，军马

---

① ［宋］王安石撰：《熙宁奏对日录》熙宁二年闰十一月十九日，见王水照主编：《王安石全集》第 4 册，复旦大学出版社 2017 年版，第 12 页。

② ［宋］王安石撰：《熙宁奏对日录》熙宁四年三月九日，见王水照主编：《王安石全集》第 4 册，复旦大学出版社 2017 年版，第 34—35 页。

③ ［宋］李焘撰：《续资治通鉴长编》卷 246，熙宁六年八月己卯。

除仰给于周边少数民族的马市贸易外，便是依靠官府的牧监饲养。但监牧养马存在不少严重问题。一是监马少，占地多，花费太大。二是牧监所养马匹多不能用，每"驱之边境，未战而冻死者十八九"。熙宁五年（1072年）五月，宋神宗下诏：许可开封府界诸县保甲自愿投名养马；马由官府供给，年不过三千匹。翌年八月二十七日，曾布拟成保马法条例，自开封府界推行于京东、京西、河北、河东、陕西等五路。"养马法：凡五路义保愿养马者，户一匹，有物力养马二匹者听，以监牧见马给之，或官与其直使自市，毋或强与。府界毋过三千匹，五路毋过五千匹。马除袭逐盗贼外，不得乘越三百里。在府界者，岁免体量草二百五十束，先给以钱布；在五路者，岁免折变缘纳钱。三等已上，十户为一保；四等、五等，十户为一社，以待死病补偿者。保甲马毙，即马主独偿之；社户马毙，半使社人偿之。岁一阅其瘠肥，禁苛留者。凡十有四条，先自府界颁行焉。在五路者，委监司、经略司、州县更度之。"① 保马法的实施减省了官府的开支，所养马匹的死亡率，较官养亦大为降低。此外，对保甲的武艺训练，亦发生一些作用。

（三）取士与兴教

推动政治事业和变法实践需要众多的创新加务实的人才，而人才则需要相应制度的支持以及相应的教育机构的培养。在这方面，王安石尤其重视和强调。王安石改革科举与扩建学校的主要目的就是为国家培养出经世致用的各方面的人才，尤其是新政亟须的能够理财富国与领军经武的谙熟"邦家之大计""治人之要务""安边之计策"的人才。

宋初，太祖、太宗、真宗诸朝，在革除唐代科举制弊端的基础上，建立起一套相当完整、严密的科举制度，成为维护宋王朝统治的重要组成部分。宋初以来的科举制有贡举、武举、童子举、制举等。贡举又设进士、明经诸科（包括九经、五经、开元礼、三史、三传、三礼、学究、明法等科），但是以词赋取进士、记诵默写试

① ［宋］李焘撰：《续资治通鉴长编》卷246，熙宁六年八月戊戌。

明经的科举考试，在仁宗庆历年间（1041—1048 年）就受到以范仲淹为首的士大夫官僚集团的批评，认为"以词赋取进士，以墨义取诸科"的科举考试制度不能选拔真正有才能的官员，因而提出"精贡举"。王安石在《言事书》以及《读进士试卷》《取材》《进说》等诗文中，亦曾屡次论及，甚至说真正有才干的人，在这种考试制下，"困于无补之学"，而被"绌死于岩野"。因之，熙宁二年（1069 年）三月王安石执政之后，就将怎样改变科举制度的弊端，提到议事日程上来。

熙宁四年二月，王安石拟就了改革方案，其具体措施是：

（1）废除明经诸科。旧有进士科考试项目如词赋等亦加废止。

（2）参加进士科考试的，任选《诗》《书》《易》《周礼》《礼记》中的一种，谓之"本经"或称"大经"；并兼治《论语》《孟子》，谓之"兼经"。

（3）考试共有四场：第一场试"本经"；第二场试"兼经"，外兼大义十道。这两场考试，只要通晓经文的主旨大义即可，不必局限于注疏的讲说。

（4）命明经诸科举人改应进士科，又另设新科明法。

按照王安石的改革思路，科举制的变更只是革除弊端、除旧布新的一个开端，要想培养、选拔对国家事务有用的人才，还在于学校教育的变更和发展。因此，在熙宁新政中，整顿学校与扩建学科也成为变法维新的最重要环节之一。

熙宁四年（1071 年）十一月，王安石建议宋神宗，先在京东、京西、河东、河北、陕西五路地方设立学校，选置教官，采访有经术行谊者担任教授。后又在各路的州府设置学官专司其事，在开封府所设置的太学，扩大生员数额，增强师资实力，实行"三舍法"，所谓"三舍法"就是按照宋神宗、王安石的意见扩建全国最高、规模最大的学府——太学，以改变过去徒具空名的状况，增加学生名额达二千四百人，设八十斋，并重订太学条制，推行三舍法。

三舍法的主要内容是：

（1）太学生员系经州县考选而入太学。入太学后，每三十人为一"斋"，自己任意选择一门经书，跟随该经直讲学习。太学生分为三等。初入学的为外舍生，熙宁时（1068—1077 年）不限名额，元丰时（1078—1085 年）以二千人为限；外舍生一年可升为内舍生，名额为二百人（元丰时增为三百人）；内舍生再升为上舍生，名额仅百人。生员的食用都由官府供给。这就是所谓"太学三舍法"。

（2）生员的升等，都经过考试。外舍生每月考试一次，年终又一次总考，只要成绩合格，平时行为又不违背校规，治经亦合格，就可升入内舍；内舍生一年后，如考试成绩达到"优""平"二等，并参以日常的"行、艺"升入上舍；上舍生考试分上、中、下三等，名列上等的，便不再经过科举考试而直接授以官职。

在整顿太学的同时，对州县学亦有整顿。熙宁四年（1071年），下令京东、京西、河东、河北、陕西五路置掌，征求各路"经术行谊"之士为教授，各州学给田十顷以为费用。熙宁八年，召各州学官至京师，举行考试，以试其能力。元丰元年（1078年），全国州府总共设有五十三名学官。州县之学有了显著的发展。

以上措施使太学和州县学在规模上有了不同程度的发展。

就其教学内容而言，各学校都以精通经术为要旨。儒家五经——《诗》《书》《易》《周礼》《礼记》就是学生的教本。所谓精通经术，实质上就是从古代典籍中吸取经验，而为当时的统治者服务。五经典籍就成为统一思想即"一道德"的工具。为充分发挥古代典籍的这种功能和灌输变法思想，王安石将其中的《诗》《书》《周礼》加以诠释，谓之《三经新义》，其中《周礼》由王安石注释，《诗》《书》则由王雱和吕惠卿进行诠释，于熙宁八年（1075年）颁行于学校中，作为学生必读教材。这样，学校中立《三经新义》，实际上就是把贯穿着王安石的政治思想的典籍作为"一道德"的工具，这表明王安石时刻不忘利用学术为变法服务。

太学之外，为了适应新政的需要，培养专门人才，还创设有武学、律学、医学等专业学校。总之，太学等学校的扩大或建立，是为新政需要服务的。各类学校的扩大和建立及其内部分科，对宋代文化的发展也是必要的和有益的。宋代文化学术之所以超越前代，可以从多方面来解释，但熙宁年间（1068—1077年）学校教育的改进与发展则是其中重要的原因之一。①

---

① 参见漆侠主编：《中国改革史》，河北教育出版社1997年版，第317—335页。

三、朝廷政争与新政失败

北宋王朝两次大的改革运动庆历新政和王安石变法，都以失败而告终。这是为什么呢？要回答这个问题，可以列出许许多多的主客观因素，但其最根本原因却是在于北宋王朝的治国传统与君主政治的顽疾；最直接的原因则是由于北宋中期士大夫官僚集团的膨胀与冲突以及历史的惯性太大、太强等因素。庆历新政与王安石变法的相继失败，说明在当时并没有一个能够促成改革或者全面创新的生存与发展的环境土壤，是北宋皇帝与士大夫共治天下这一祖宗成法桎梏的结果。当初宋太祖赵匡胤通过陈桥兵变从孤儿寡母手中取得政权本身就没有合法性。为了巩固统治，为赵宋王朝政权寻找合理性依据，宋初统治者开启了"皇帝与士大夫共治天下"的政治模式。但随着士大夫阶层的崛起与不断膨胀，到北宋中期，皇权实际上已经被大大削弱，士大夫集团不断企图用道统高于政统的理论来制约君权，来扩充自己的权力与政治影响，从而导致皇帝为了维护自己的统治，不得不将精力耗费在高层权力制衡与制约士大夫集团的权欲膨胀及其内部党争上面。王安石变法表面上是针对北宋的"冗官""冗兵""冗费"三冗问题而发，实质上在王安石方面是为了变相扩大相权，实行宰相专政；在宋神宗方面则是为了通过新政来打击朝廷中用祖宗之法及道统来限制他权力的士大夫官僚集团，借机来扩展与加强皇帝集权。王安石变法本应该是旨在"富国强兵"，在政治、经济、社会等领域深化改革的治理路径，但因为各方目的不同，谁也不想放弃自己想要得到的利益，因此这场高调的改革运动没有能达到宋神宗削弱士大夫集团在国家政权中的影响力的愿望，士大夫集团在相互争斗中也元气大伤。以王安石变法为导火线所引发的激烈党争不仅没有起到更易救亡的政治作用，相反倒更加削弱了赵宋政权的统治力量。"新法"成了统治者巧取豪夺的新手段。王安石"改易更革"的政治主张是君主政治自我调节机制的具体体现。然而，君主政治之痼弊又决定了王安石政治调节的愿望难以实现。既然这场对祖宗成法伤筋动骨的手术已经开始，要想恢复原貌也已经失去了可能。改革引发混乱，混乱导致灭亡；不改革，因循守旧，可以暂时苟且，但拖沓不作为照样挽救不了北宋王朝的命运。此后，虽然新法尽废，但"祖宗之良法美意"，已经"变坏几近"，从此"邪佞日进，人心日离，祸乱日起"。五十年后，北宋政权终于在内部虚耗中被后金政权灭亡。北宋灭亡表面上是亡于后金政权的军事侵略，其内因实际上则是北宋中期以来士大夫集团企图控制朝政与削弱皇权的结果。王安石变法不过是打开这个"潘多拉盒子"罢了。

（一）宋神宗的摇摆与新法的成败

与北宋王朝的其他宰辅不同，当王安石跻身于国家最高决策机构时，他已经积累了二十余年从地方到中央的工作阅历和行政经验，对于当时政治、军事、财政经济以及社会等领域所存在的弊端与主要问题，都已经有了比较充分的认识与相应的解决办法。为求把改革方案依次付诸实施，王安石也做了充分的精神准备。他用"天变不足畏"去破除人们对天人感应学说的迷信；用"祖宗不足法"去解除成规旧章对人们头脑的束缚；用"流俗之言不足恤"去排除来自社会上各种反对声音的干扰。然而，在十一世纪中期的中国，能否成功地推进和完成变法改革事业，其决定权并不在王安石有没有能力以及充足的准备去开创新的天地，而在于当时的北宋皇帝有没有决心支持他去完成这项困难重重、几乎无望的新政。

在当时历史条件下，王安石的政治地位和持有的权力完全是君主所赐予，他只不过是宋神宗临时找到的一个政治代言人而已。君主的态度直接关系着改革的成败，王安石一旦失去君主的支持，"改易更革"必然会前功尽弃。

不幸的是，宋神宗恰恰就是这样一个左右摇摆的皇帝。

宋神宗即位不久，就把王安石召入中央政府任翰林学士，在他听了王安石向他建言的有关"变风俗，立法度"以及应该做"尧舜"之主等主张后，无不击节赞赏。以此为根据，我们似乎可以说，王安石的有关革故鼎新的主张，应该是都得到了宋神宗的认可与首肯的。然而，真实的历史却是，在推行新法的进程中，宋神宗在"祖宗之法""天命之畏""流俗之言"等诸多政见观念方面，实际上却与王安石的政治诉求存在着很大的距离。

应该看到，宋神宗与王安石君主二人在许多重大政治认识上存在着很大的分歧与距离。或许，在一般性问题和战略构架层面上，宋神宗对王安石的"变风俗，立法度"的诸项建议是完全同意且十分赞赏的，但那仅仅是二人企图改变现状的一种默契。宋神宗对王安石的口头肯定很多都是在未经过逻辑思辨和具体问题具体分析情况下的一时情感反应，一旦到了具体落实的层面，宋神宗就不再那么激动与淡定了。举例而言，当王安石任翰林学士时，所奏呈的《本朝百年无事劄子》中说北宋建国以来的用人政策是"君子非不见贵，然小人亦得厕其间；正论非不见容，然邪说亦有时而用"①。对于这道奏札，宋神宗曾亲向王安石说过："昨阅卿所奏书至数遍，可谓精尽，计治道无以出此。"这表明他对奏札中的意见，包括对使正论邪说互相搅扰的做法的批评，全都认可和同意，并表示要照办或照改。可事实却并非如此。在此后的新政实施过程中，一旦遇到"大小并疑""群疑方作"的反对改革的声音，宋神宗便会犹豫不决、左右摇摆，这背后的原因值得玩味。

另举一例：作为王安石革新变法精神支柱的"三不足"原则，在王安石入参大政后不久，司马光、范镇、陈荐等人，便借考试馆职人员的机会，在试题中全部加以揭露，并用"愿闻所以辨之"作为试题的结语。当宋神宗看到这份试题之后，大为骇怪，说朝廷上绝对无人作此主张，并批示令别出试题。到他见到王安石时，又问王安石"闻有'三不足'之说否？"王安石虽答以"不闻"，但紧接着就对"天变不足惧""祖宗之法不足守"和"人言不足恤"的道理加以详细地阐明，认为这些观点都是正确的，并不是谬误和值得骇怪的。王安石说："陛下躬亲庶政，无流连之乐、荒亡之行，每事惟恐伤民，此亦是惧天变。陛下询纳人言，无小大，惟言之从，岂是不恤人言？然人言固有不足恤者，苟当于理义，则人言何足恤？故《传》称：礼义不愆，何恤于人言？郑庄公以人之多言亦足畏矣。故小不忍致大乱，乃诗人所刺，

---

① ［宋］王安石撰：《临川先生文集》卷41《本朝百年无事劄子》，见王水照主编：《王安石全集》第6册，复旦大学出版社2017年版，第802页。

则以人言为不足恤，未过也。至于祖宗之法不足守，则固当如此。且仁宗在位四十年，凡数次修敕，若法一定，子孙当世世守之，则祖宗何故屡自变改？今议者以为祖宗之法皆可守，然祖宗用人皆不以次。今陛下试如此，则彼异论者必更纷纷。"①

特别是，君臣二人在"天变不足惧"上的分歧，直接导致了王安石的第一次罢相。

在"天变不足惧"观点上，宋神宗与王安石一直存在着分歧。据宋人李焘在《续资治通鉴长编》卷251中记载，从熙宁六年（1073年）冬到熙宁七年春，久旱不雨。在熙宁七年的三月中下旬内，当翰林学士韩维在延和殿朝见时，宋神宗询问："久不雨，朕夙夜焦劳，奈何？"韩维说："陛下忧闵旱灾，损膳避殿，此乃举行故事，恐不足以应天变。《书》曰'惟先格王，正厥事'。愿陛下痛自责己，下诏广求直言，以开壅蔽；大发恩命，有所蠲放，以和人情。"后数日，又言："近日畿内诸县，督索青苗钱甚急，往往鞭挞取足，至伐桑为薪以易钱货。旱灾之际，重罹此苦。夫动甲兵，危士民，匮财用于荒夷之地，朝廷处之不疑，行之甚锐，至于蠲除租税，宽裕逋负，以救愁苦之良民，则迟迟而不肯发。望陛下自奋英断行之。"此后，他又一次请求面对，首先说仅仅"举行故事，恐不足以应天变（指久旱言）"；其次又说青苗之法害民，应予罢除；最后则说不应该把财货浪费在招讨西蕃的军事上。针对这些问题，他力劝宋神宗下诏责己，广求直言。经韩维这样再三陈情，宋神宗就指令他起草罪己诏，并于七年三月二十八日发布。诏书中宋神宗承认自己"涉道日浅，晻于致治，政失厥中，以干阴阳之和"，这等于直接否定了王安石所标榜的"天变不足惧""人言不足恤"的观点。因此，数日后，当王安石用"水旱常数，尧汤所不免。陛下即位以来，累年丰稔，今旱暵虽逢，但当益修人事，以应天灾，不足贻圣虑耳"之言劝说宋神宗时，宋神宗却不客气地回答他说："此（按指久旱）岂细故！朕今所以恐惧如此者，正为人事有所未修也（指新法多有不合天意）！"从这番对话的语气和态度，我们可以体会出宋神宗对王安石执政的不满与发泄。王安石本就是个难进

---

① ［宋］杨仲良撰：《皇宋通鉴长编纪事本末》卷59《王安石事迹（上）》。

易退之人，在这种情况下，他只有恳求宋神宗解除他的宰相职务并在熙宁七年（1074年）四月中旬改派做江宁府的知府。这是王安石的第一次罢相。

此后，虽然在熙宁八年二月，宋神宗又恢复了王安石的宰相职务，把他调回汴京，但君臣二人既然政见分歧暴露，心里隔膜已生，就不可能再回到从前那种"得君之初，与人主若朋友，一言不合己志，必面折之，反覆诘难，使人主伏弱乃已"的同心同志境况了。何况此时此际宋神宗登极已及九年，他所经常考虑的，是如何能巩固皇权，把军国大计的决策之权日益集中在他的手中，而不致发生大权旁落之弊。他既然想"政由己出"，当然就不愿再尽量吸纳王安石的各种建议了。所以到四月之初，二人再次在论及民兵与募兵的利弊时，宋神宗直接否定了王安石想要通过保甲法的施行而恢复民兵制度的方案。

王安石在当初得君之初，就力劝宋神宗做一个像尧舜那样的有作为的君主，因为只有宋神宗肯奋发有为，王安石才能在他的支持庇护之下展布其变法改制的各种方案和措施。所以，到他返汴京重登相位之时，虽然仍极力表示要辅佐宋神宗完成其盛德大业，但在连遭挫折后，他也已暮气顿生，看到变法的末路。此时的王安石进退维谷，已经别无选择。虽然王安石想把宋神宗与他本人在变法改制、治国安邦的思想认识上的差距尽量拉近，力争再取得宋神宗的支持，把自己在政治上和军事上的战略设想都尽可能多地实现一些，但当他认识到宋神宗的思想见解与他本人相去日远时，知道委曲求全已经无济于事，他的新政事业没有挽救的余地了。于是他第二次毅然决然地辞职。熙宁九年（1076年），王安石第二次罢相。这是一位政治改革家、一位具有远大宏伟的政治军事战略家的悲剧结局。

王安石变法的失败，有着很多主客观的因素，但宋神宗态度的不坚决应是其没有达到预期效果的主要原因。总的看来，王安石依靠宋神宗为推行变法改制的总后台，而宋神宗对此事的态度却始终是不够坚决的。

这也难怪，宋神宗作为一国之主，必须顾虑到各方面的反应，其重点是在维权行权；王安石临时由君主授命为相，其重点就是将变法的事情做成做好。王安石将事情做得漂亮，各方认同，宋神宗自然会放手支持；反之，如果对于所办的事情，事先对困难考虑不足，开始实施后设计方面又出现问题时，王安石则不需要承担责任，所有的压力都要由宋神宗承担。故而对于王安石变法，宋神宗在客观上也无法做到不顾一切地支持。

中国早期历史上最彻底的变法是商鞅变法，其成功的主要原因是因为秦孝公始终如一地信任与全力支持商鞅变法，用其一生为商鞅变法全力保驾护航。当商鞅劝说秦孝公变法时，他向秦孝公说道："疑行无名，疑事无功。"① 要他坚定不移地把变法事业进行下去，秦孝公也确实这样履行了他做君主的责任。但王安石就没有这么幸运了。王安石在与宋神宗商讨变法革新的过程中，也多次劝说宋神宗要把变法事业坚定不移地进行下去，而不要被保守派的纷纭议论所动摇。他甚至直接告诉宋神宗不能"执狐疑之心者，来谗贼之口；持不断之虑者，开群枉之门"②。又向宋神宗说："以臣所见，似小人未肯革面。臣愚以谓陛下诚能洞见群臣情伪，操利害以驭之，则人孰敢为邪？但朝廷之人莫敢为邪，即风俗立变，何忧纪纲不立？如唐太宗时，裴矩尚肯为正谏，况其素不为邪者乎？"③ 但是，宋神宗却没有能像秦孝公对待改革事业那样坚定而执着。他深谙宋真宗所言"且要异论相搅，即各不敢为非"的平衡朝廷高层权力的驾驭之法，不但一遇风浪就要摇摆，而且还有意地把保守派人物留在政府当中，使其构成对维新派的一股牵制力量，而这正是王安石所最为担心的"若朝廷人人异论相搅，即治道何由成？臣愚以为，朝廷任事之臣，非同心同德，协于克一，即天下事无可为者"④ 的地方。北宋王朝自其建立以来，就极注意于"防微杜渐"。唯恐大权旁落在宰辅大臣当中的某一人或某一派系手中，总是同时并用一些政见不同的人，而且加重谏官御史们的劾奏之权，使朝中大臣彼此互相牵制。宋神宗虽然重用王安石变法，欲有所作为，但变法毕竟只是他实施统治巩固皇权的一部分，而不是全部，因而无法脱俗而打破这项祖宗的成法。

---

① 《史记·商君列传》。
② ［宋］李焘撰：《续资治通鉴长编》卷268，熙宁八年九月乙酉。
③ ［宋］李焘撰：《续资治通鉴长编》卷223，熙宁四年五月庚戌。
④ ［宋］李焘撰：《续资治通鉴长编》卷213，熙宁三年七月壬辰。

从宋神宗在用人方面的一些实际行动来看，他虽然支持变法派，但对于一贯反对变法的司马光，按宋神宗的本意，也是要提升他为枢密副使而把他留在中央政府中的；司马光后来之所以离开朝廷，是因他本人与王安石势不两立之故，而不是宋神宗主动调出的。再如文彦博，也是一个与变法派为敌的人，却一直稳坐在枢密使的位置上，到熙宁六年（1073 年）夏才因"力引去"而"出判河阳"。再如富弼的女婿冯京，当王安石变法之始，他做御史，就上书劾奏王安石"更张失当，累数千百言"，被王安石"指为邪说，请黜之"，宋神宗却"以为可用"，把他提升为枢密副使①，后来又提升他为参知政事。②从此，士大夫不满意王安石变法者，皆以京为归，他因此成了反对新法阵营中的一个核心人物。

种种事例表明，宋神宗重视变法新政，但同时也注意操纵朝廷中的权力均衡；他既支持王安石的变法，也有意要用保守派势力来牵制与制衡维新派，不肯让任何一方力量一支独大。情势如此，王安石变法的前景黯淡自然也就可想而知了。

（二）朝臣政治分野与不断的政争

宋代立国以来，君权与相权之间业已形成相对完善的制衡格局。在"熙宁新法"的历史变局中，在"得君行道"的理想追求下，由宋神宗临时授予并由王安石实际运作的"非常相权"，是导致这一制衡格局开始欹侧的第一推力，而制置三司条例司这类制度外的组织则成为"非常相权"的重要抓手。制置三司条例司这类政策设计与权力运行机构是王安石履行"非常相权"的工具。正是这种"非常相权"以及因政而设的"制置三司条例司"，因为破坏祖宗规矩与权力制衡格局而引发了朝臣的党争，这种双方斗争以变法与反对变法两派对立阵营的面目而呈现出来。

"熙宁变法"之初，王安石不过是五位宰执大臣中的一员，五位大臣，时人各有一字评议，合起来便是"生老病死苦"。"熙宁中，初，富（弼）丞相苦足疾，多不入；

---

① 《宋史·冯京传》。

② ［宋］李焘撰：《续资治通鉴长编》卷 252，熙宁七年四月癸酉。

曾（公亮）丞相将及引年；时王（安石）介甫、赵（抃）阅道、唐（介）子方为参政。介甫日进说以更庶政；阅道颇难之而不能夺，但退坐阁中弹指言苦；唐子方屡争于上前，既而唐发疽而死。京师人言中书有生、老、病、死、苦之说。谓介甫生，曾公老，富公病，阅道苦，子方死也"[1]。"生"指王安石，锐意进取；"老"指右相曾公亮，因年老而首鼠两端；"病"指左相富弼，因不满新法而称病不出；"苦"指参知政事赵抃，每次新法出炉，因无力阻止而叫苦连天；"死"指参知政事唐介，他与王安石争执不休，疽发身亡。如前所述，理财与明法度是王安石新政的两个切入点。变法伊始，政事堂内部就不合作，但这并没有影响到新法的推进，这是因为王安石得到了宋神宗的全力配合。这一事例足以说明，王安石变法从一开始就不断受到反对派的掣肘与反对，新法每推进一步都是困难重重，让人疑虑徘徊。

王安石读书，涵盖百家，不重记诵，但重经术，法先王之政，灵活运作，取其意施于今，而非泥于古。他要宋神宗在求治之初，先受学，知其源流，明其脉络，洞晓其理，窥其本末，融会贯通，俟无疑虑，信心坚定，再予履行。一旦执行，便须勇往直前，百折不回，庶几可望粗成。否则，徒枉费精神，虚耗时间，事无成，国受损。宋神宗时方二十二岁，有心大展宏图之际，只憧憬未来美景，毫未虑到日后压力，也未料到天时不助，人事不和，纠纷百出。由于王安石的激进思想与做法，突破旧习，无视流俗，更张祖法，大事改革，又擢拔少年，推行新政，雷厉风行，遂使一般稳健保守人士，惊惶失措，难以适应，终于引起一些老臣的反弹，如文彦博、韩琦、富弼、欧阳修等皆不满与排斥新法；年轻一辈，如苏轼、苏辙兄弟等也对新法进行攻讦。熙宁二年（1069 年）二月，王安石初入中书，拜参知政事，大家有若大旱之望云霓，寄以殷切厚望，期其能富国强兵导国家于太平富盛之境，不料却大相径庭，终使王安石及其新法成为众矢之的。这项变化，完全出乎宋神宗的意料，治国路线的变更调整非但没有让宋神宗看到希望，反而让他在纷纷扰扰的党争、

---

[1] ［宋］彭乘辑撰，孔凡礼点校：《续墨客挥犀》卷 4《中书有生老病死苦之说》，中华书局 2002 年版，第 450 页。

政争与不安中过早地耗尽了心血而不幸英年早逝。

新政开始后，且不谈言官上书攻击新法，单说勋旧老臣，如以使相判亳州（领七县，距东京四百八十六里）的富弼，守司徒兼侍中判大名府（领十七县，距东京四百里）的韩琦，以观文殿学士、兵部尚书知青州（领六县，距东京一千一百三十里）的欧阳修，以端明殿学士兼翰林侍读学士、集贤殿修撰知永兴军（领十三县，距东京一千二百七十里）的司马光，光后又改判西京（领十八县，距东京四百二十里）留守司御史台，莫不在所领属县沮滞新法推行，或消极抗拒，且多在近畿之区亦不稍避。后虽有象征性之惩调，如富弼改判汝州（领六县，距东京四百里），欧阳修改判太原府（领九县，距东京一千二百里），只是易地而治，抗改如旧。在朝中，则有枢密使文彦博，身为三朝（仁、英、神）元老，坐镇中枢。早在二十年前，宋仁宗庆历八年（1048 年）王安石知鄞县时，文彦博即已位列宰臣，次年皇祐元年（1049 年）更进为上相（加吏部侍郎、昭文馆大学士，监修国史），其后因事浮沉，于宋英宗治平二年（1065 年）复任枢密使至今，专掌军政，于政事亦有举足轻重之势，且非议新法。宋神宗对之，亦唯有优容。王安石此际虽已晋位首相，口舌之争，或占上风，要统一政见，则绝难办到，于此已可见推行新法之艰阻。

在这场旷日持久长达十余年的政见纷争中，变法派以王安石为核心，反对派以司马光为核心，二人在政见分歧及变法与反变法的斗争中各自高举自己阵营的旗帜，典型地代表了双方阵营的不同立场。

在众多反对新法人士之中，司马光可谓反对派的领军人物。

熙宁二年（1069 年）五月，即王安石入主中书省任参知政事三个月，司马光即应诏议学校贡举，针对王安石新法，提出议贡举状。六月，上奏论风俗札子，痛斥喜诵老庄之言者；八月，上奏体要书，略谓"自（陛下）践祚以来，孜孜求治，于今三年（指治平四年至熙宁二年，1067—1069 年），而功业未著者，殆未得体要故也"。并指责王安石别置三司条例司为不当，又于禁中出手诏指挥外事，恐未必一一出之圣意。熙宁三年二月，河北安抚使、判大名府韩琦上疏，极言青苗法之种种弊端，并乞尽罢诸路提举官，只委提点刑狱官依常平旧法施行。宋神宗有些动摇。翌日，王安石乃称疾居家。在这种情况下，翰林学士司马光代宋神宗批答道："今士大夫沸腾，黎民骚动，乃欲委还事任，退取便安。卿之私谋，固为无憾。朕之所望，将以委谁？"王安石看到批答大怒，立即上书抗辩。宋神宗接到王安石的上疏，也自惭惶不安，急封还王安石手札，并谕他曰："诏中二语，乃为文督迫之过，而朕失于详阅，今览之甚愧。"①次日，王安石入见，固辞，宋神宗固留之，又奖谕良久。王安石退，复具奏乞罢。上《答手诏封还乞罢政事表劄子》：

> 臣今日具表乞罢政事，方屏营俟命，而吕惠卿至臣第，传圣旨趣臣视事。续又奉手诏，还臣所奏，喻以"天下之事，尽力固可成就，以卿所学，不宜中辍"。俛听伏读，不胜蝼蚁区区感慨恻怛之至！臣蒙拔擢，备数大臣，陛下所以视遇，不为不厚矣，岂敢轻为去就？诚以陛下初访臣以事，臣即以"变风俗，立法度"为先。今待罪期年，而法度未能一有所立，风俗未能一有所变，朝廷内外诐行邪说乃更多于乡时，此臣不能启迪圣心以信所言之明效也。虽无疾痰，尚当自勉，以避贤路，况又昏眩，难以看读文字，即于职事当有废失。虽贪陛下仁圣卓然之资，冀凭日月末光，粗有所成，而自计如此，岂容偷假名位，坐弃时日，以负所学，上孤陛下责任之意。伏望陛下哀怜矜察，许臣所乞，毋令臣得要君之嫌，重为流俗小人所毁，臣不胜祈天俟圣激切之至！取进止。②

变法才刚刚开始，千端万绪，还要依赖王安石的主持。宋神宗虽然对王安石有不满意的地方，但绝不肯此时将他罢相，遂下手诏百般抚慰。王安石也再上《谢手诏慰抚劄子》说："陛下不以臣狂狷，赐之罪戾，而屈至尊之意，反复诲喻，臣岂敢尚有固志，以烦督责？只候开假，即入谢。"③至此，这场辞职风波才算告一段落。

---

① ［宋］杨仲良撰：《皇宋通鉴长编纪事本末》卷63《王安石毁去正臣》。

② ［宋］王安石著：《临川先生文集》卷44《答手诏封还乞罢政事表劄子》，见王水照主编：《王安石全集》第6册，复旦大学出版社2017年版，第831—832页。

③ ［宋］王安石著：《临川先生文集》卷44《谢手诏慰抚劄子》，见王水照主编：《王安石全集》第6册，复旦大学出版社2017年版，第831页。

为了安抚王安石，事隔八九天后，宋神宗下诏翰林学士兼侍讲学士、右谏议大夫、史馆修撰司马光擢为枢密副使。司马光坚辞不就，连上四次辞札。在第三、四札子之间，又上札子乞罢制置三司条例司，及诸路提举勾当常平广惠仓使者。司马光明白，此次调职，都是他那批答惹的祸，明是擢升，暗则令他脱离言职之事，所以他一面坚辞不就枢密副使，一面继续上书弹劾王安石。他在《奏弹王安石表》中指责王安石"首倡邪术，欲生乱阶，违法易常，轻革朝典，学非言伪，王制所诛，非曰良臣。是为民贼，而又牵合衰世，文饰奸言，徒有嚚夫之辨谈，拒塞争臣之正论，加以朋党鳞集，亲旧星攒，或备近畿，或居重任，窥伺神器，专制福威，人心动摇，天下惊骇"；同时提醒宋神宗"苟陛下不遏其端，则安石为祸不小，夫《书》《易》之戒正急于斯。且陛下以安石有师保之尊，故旧之恩，俾为相臣，使预政事。昔汉尊桓荣，徒闻设几；燕贵邹衍，惟见筑宫。岂有俾居显重而妄使改为？若不正其罪恶，亦难以顺乎众意"。

然弹劾王安石的表章上了五六日，依旧音讯全无，司马光知在宋神宗处撼不动王安石，遂决心直接诉诸王安石，动以情理，希望能够劝罢新法，于是，他连给王安石写了三封书信。

熙宁三年（1070年）二月二十七日，司马光上《与王介甫第一书》。

在这封信中，司马光认为王安石施政有四不当：第一，不该立制置三司条例司，以"讲利"为美谈。"自古圣贤所以治国者，不过使百官各称其职，委任而责成功也；其所以养民者，不过轻租税、薄赋敛，已逋责也。介甫以为此皆腐儒之常谈，不足为思得古人所未尝为者而为之，于是财利不以委三司而自治之，更立制置三司条例司，聚文章之士，及晓财利之人，使之讲利。"第二，不该"置提举常平、广惠仓使者四十余人，使行新法于四方，先散青苗钱，次欲使比户出助役钱，次又欲更搜求农田水利而行之，所遣者虽皆选择才俊，然其中亦有轻佻狂躁之人，陵轹州县、骚扰百姓者，于是士大夫不服，农商丧业，谤议沸腾，怨嗟盈路"。第三，不该"自以为我之所见，天下莫能及，人之议论与我合则喜之，与我不合则恶之。如此方正之士何由进？谄、谀之士何由远？方正日疏，谄谀日亲，而望万事之得其宜，令名之施四远，难矣"。第四，不该违背老子的"我无为而民自化，我好静而民自正，我无事而民自富，我无欲而民自朴"，以及"治大国若烹小鲜"等治理原则，批评王安石"为政尽变更祖宗旧法，先者后之，上者下之，右者左之，成者毁之。矻矻焉穷日力，继之以夜而不得息。使上自朝廷，下及田野，内起京师，外周四海，士吏兵农工商僧道无一人得袭故而守常者，纷纷扰扰，莫安其居。此岂老氏之志乎？"

司马光这封书信，情意恳切，曲为譬解，希能化解二人以前的怨气，劝王安石放弃新法成见，无奈二人政见相左，有若冰炭不能相并，义利观念，一如水火之相克，言虽谆谆，但不能动摇王安石之心，没有撼动王安石之志。王安石也没有给司马光回信。

接着，熙宁三年（1070年）三月，司马光又连续上《与王介甫第二书》《与王介甫第三书》，书信中的内容与第一封基本相同，皆是批评王安石"尽弃天下人之言，而独行己志也"。司马光对王安石的政治主张，所谓变风俗、立法度、行新法，始终不以为然。对先王之政，两人所见亦各有不同，终致决裂。亦因两人个性同样强直，以致排抵至死。此时宋神宗已下诏收还司马光枢密副使告敕，仍旧职为翰林学士、兼侍讲学士、右谏议大夫、史馆修撰。在这种情况下，王安石写了《答司马谏议书》，以作为对司马光前三封信的回答：

> 某启：昨日蒙教，窃以为与君实游处相好之日久，而议事每不合，所操之术多异故也。虽欲强聒，终必不蒙见察，故略上报，不复一一自辨。重念蒙君实视遇厚，于反复不宜卤莽，故今具道所以，冀君实或见恕也。
>
> 盖儒者所争，尤在于名实。名实已明，而天下之理得矣。今君实所以见教者，以为侵官、生事，征利、拒谏，以致天下怨谤也。某则以谓受命于人主，议法度而修之于朝廷，以授之于有司，不为侵官，举先王之政，以兴利除弊，不为生事，为天下理财，不为征利，辟邪说，难壬人，不为拒谏，至于怨谤之多，则固前知其如此也。
>
> 人习于苟且非一日，士大夫多以不恤国事，同俗自媚于众为善；上乃欲变

此，而某不量敌之众寡，欲出力助上以抗之，则众何为而不汹汹然？盘庚之迁，胥怨者民也。非特朝廷士大夫而已。盘庚不为怨者，故改其度，度义而后动，是而不见可悔故也。如君实责我以在位久，未能助上大有为，以膏泽斯民，则某知罪矣；如曰今日当一切不事事，守前所为而已，则非某之所敢知。无由会晤，不任区区向往之至！①

自此以后，两人形同陌路，各行其是，在政争的道路上越走越远。

司马光在朝日久，自觉进言多不采纳，甚感灰心。以眼不见为净，只求离开汴京外任地方。熙宁三年（1070年）八月乙丑，司马光对垂拱殿，乞外放出知许州，或西京（洛阳）留司御史台、国子监。神宗问："何故？"光曰："臣必不敢留。"神宗曰："王安石素与卿善，何自疑？"光曰："臣素与安石善，但自其执政，违迕甚多。今迮安石者如苏轼辈，皆毁其素履，中以危法。臣不敢避削黜，但欲苟全素履。"神宗道："青苗已有显效。"光曰："兹事天下知其非，独安石之党以为是尔。"②

过了六七天。王安石独对时，宋神宗对王安石说："司马光甚怨卿。"王安石问："何故？"神宗曰："光前日上殿乞出，言谢景温言苏轼，必及举主，若朝廷责范镇，臣亦住不得；苏轼刚正，谢景温全是卿羽翼。"③宋神宗此时虽然信任王安石，但不免有借司马光的弹劾劝诫王安石之意。

熙宁三年九月，司马光终以端明殿学士兼翰林侍读学士、集贤殿修撰出知永兴军（路）。治所在京兆府（今陕西省长安县），领一路十州兵民大柄。朝辞之日，宋神宗让司马光谈谈他对所出任本路民间利病的看法。司马光说："谨奉诏，惟青苗、助役为陕西之患。"明确表明了他的态度。宋神宗只好顾左右而言他，说："助役惟行京东、两浙耳，雇人充役越州（绍兴县）已行矣。"

---

① ［宋］王安石撰：《临川先生文集》卷70《答司马谏议书》，见王水照主编：《王安石全集》第6册，复旦大学出版社2017年版，第1305—1306页。

② ［宋］李焘撰：《续资治通鉴长编》卷214，熙宁三年八月乙丑。

③ ［宋］李焘撰：《续资治通鉴长编》卷214，熙宁三年八月壬申。

熙宁四年（1071年）二月，司马光改判西京（洛阳）留守司御史台，并上章继续弹劾王安石。首先，司马光自责王安石擅权作威。"引援亲党，盘据津要，挤排异己，占固权宠，常自以己意阴赞陛下内出手诏以决外廷之事，使天下之威福在己，而谤议悉归陛下。"其次，司马光告诫宋神宗要防止王安石专言蔽君。"今陛下惟安石之言是信，安石以为贤则贤，以为愚则愚，以为是则是，以为非则非，谄附安石者，谓之忠良，攻难安石者，谓之谗慝。臣之才识固安石之所愚，臣之议论固安石之所非，今日所言，陛下之所谓谗慝者也。"最后，司马光告诉宋神宗，他不惧王安石"虎狼之怒"，要继续"上书对策，指陈其失"。"臣承乏两制，逮事三朝，于国家，义则君臣，恩犹骨肉，睹安石专逞其狂愚，使天下生民被荼毒之苦，宗庙社稷有累卵之危……乃敢不避陛下雷霆之威，安石虎狼之怒，上书对策，指陈其失，隳官获谴，无所顾虑。"① 这时宋神宗正重用王安石变法，对司马光不断上谏很是头痛，欲让他移知许州。司马光辞许州，固请留台。至四月乃从其请。经过这件事，司马光自知进言多不用，遂自此居洛凡十五年，绝口不复论新法，直至神宗崩，哲宗立，太皇太后高氏摄政，他才受命复出执政，终申素志，尽罢新法。

自司马光于熙宁四年四月外放出任西京留守，朝中老臣能径与神宗论政者，因与新政不合，而相继乞离京供职外州或以年老致仕者有：观文殿学士、兵部尚书、知蔡州欧阳修（时年六十五），于熙宁四年六月，以太子少师、观文殿学士致仕。熙宁四年八月，观文殿学士、户部尚书、知陈州张方平（时年六十五），判南京御史台。同月，武宁军节度使，左仆射同平章事富弼落使相，以左仆射判汝州，熙宁五年三月以老病（时年七十）授司空同平章事武宁节度使致仕。熙宁五年（1072年）二月，观文殿学士、吏部侍郎知郑州吕公弼（时年六十六），为宣徽南院使判秦州。熙宁五年六月，河阳三城节度使、守司空、兼侍中曾公亮（时年七十五）迁守太傅致仕。而老臣韩琦早于宋神宗即位之初，治平四年（1067年）九月，就已经特授守司空兼侍中，镇安武胜军节度使（使相）出判相州，十一月改命判永兴军，兼陕府西路经

① ［宋］李焘撰：《续资治通鉴长编》卷220，熙宁四年二月辛酉。

略安抚使。熙宁元年十二月再除判大名府，充河北四路安抚使，并听便宜从事。熙宁三年二月上疏请罢青苗法，并乞尽罢诸路提举官，其所言与一般意气用事者不同，迫使王安石称疾辞位，而引出司马光批答风暴。至熙宁五年，朝中仅有老臣枢密使文彦博（时年六十七岁）独镇中枢与安石分庭抗礼，而反对新法的主要人物几乎尽被调离出京。

宋神宗虽然重用王安石变法，在变法派与守旧派的斗争中支持变法派，但他毕竟与王安石的变法目的不同。王安石是为变法而集权，其意在扩大相权；宋神宗是为集权而变法，其意在通过变法进一步扩大与巩固皇权。虽然君臣二人在富国强兵的总目标上达成了默契，但在具体落实措施上，二人却有很多的分歧，这也是宋神宗不肯按照王安石的要求彻底清除反对派的主要原因之所在。到了熙宁七年（1074年），宋神宗以上年大蝗为灾，今又久旱不雨，五谷踊贵，百姓流离道途，诏百官言朝政阙失，王安石遂遭第一次罢相。四月十八日，司马光上《应诏言朝政阙失状》，言"方今朝政阙失，其大者有六而已。一曰广散青苗钱，使民负债日重，而县官无所得；二曰免上户之役，敛下户之钱，以养浮浪之人；三曰置市易司，与细民争利，而实耗散官物；四曰中国未治而侵扰四夷，得少失多；五曰团结保甲，教习凶器以疲扰农民；六曰信狂狡之人，妄兴水利，劳民费财。若其他琐琐米盐之事，皆不足为陛下道也"[①]。司马光此疏，已有尽罢新法之意。

在朝野内外一片反对新法的呼声中，宋神宗已经心倦神疲，无力回天了。

熙宁八年三月，王安石复相，然时局并未有新的起色。

熙宁九年（1076年）十月，王安石第二次罢相，宋神虽然没有废除新法，但"熙宁新政"的不幸命运似乎已经注定。

（三）高太后听政与对新法的厌恶

元丰八年（1085年）三月一日，重病的宋神宗诏令立刚满八岁的皇子赵煦为太

---

① ［宋］李焘撰：《续资治通鉴长编》卷252，熙宁七年四月甲申。

子，皇太后高氏"权同处分军国事"，垂帘听政。三月五日，宋神宗在福宁殿去世，太子赵煦即皇帝位，史称宋哲宗，尊高太后为太皇太后（以下简称高太后），继续临朝听政。

自宋仁宗时的刘太后开始，中经宋英宗时的曹太后，再加上眼下的高太后，宋朝已有三位皇太后垂帘听政了。尽管她们个性有异，施政的具体内容不同，但她们的政治理念却表现出了高度的一致，即都倾向保守，竭力遵奉所谓的"祖宗之法"，反对任何形式的改弦更张。刘太后强调凡事"尽用祖宗之成宪"，压制主张改革的官员，致使朝野上下不敢议论朝政得失。宋神宗任用王安石变法，曹太后一再告诫宋神宗"祖宗法度不宜轻改"[①]。随着变法运动的逐步深入，曹太后对变法的恶感也与日俱增。

高太后与曹太后的态度完全相同，而且时常与之联袂出击。熙宁六年（1073年）七月至翌年夏季，北方地区旱魃肆虐，滴雨未落。曹太后和高太后忧惧万分，对着宋神宗抹眼淌泪，说王安石变乱天下，河北等地的大旱已使百姓流离失所，丧失民心，市易法更使京城民怨沸腾，有酿成暴乱的危险。面对两宫皇太后的眼泪，宋神宗彷徨不安，坚持变法的信心也大大动摇，不几天就解除了王安石的宰相职务。

北宋中期三代太后，政见如一，这的确是一个值得注意的历史现象。

这种现象用"成分论"的观点恐怕解释不通。曹太后和高太后婆媳固然都出身于累世簪缨的名门望族，但刘太后却身世微贱，百分之百地来自社会的最底层。她本是银匠龚美之妻，随丈夫从故乡四川流落到京城打工谋生，只因偶然机缘巧合，得到了真宗皇帝的眷恋，才在经历了无数挫折之后一步步攀上皇后宝座的。

这种现象恐怕也不能按照一般常理来对待，单纯地将之归因于变法触犯了一些皇亲国戚的切身利益。王安石实行市易法、免行法，不仅意在限制大商人操纵物价垄断市场，剥夺官府、宦官肆意勒索的特权，也确实冲击了与后宫有特殊关系的一

---

① 《宋史·后妃传上·慈圣光献曹皇后》。

些大人物的既得利益。宋神宗向皇后的父亲向经一直控制着一批行会商户，向他无偿供应各种物品。曹太后的弟弟曹佾家修建房屋，所需木料也直接向商人索要，分文不给。实施免行法，商人通过缴钱而免除了向官府供物的负担，向经和曹佾等人都无法从中渔利了，自然会心有不甘，利用各种途径宣泄怨气。他们的情绪对曹、高两太后不能说没有影响，但如果把两太后反对变法说成是基于为娘家人打抱不平的私利，则未免过于简单了。事实上，姑且不论曹太后素有对曹家亲眷及左右臣仆"毫分不以假借"①的清誉，仅就高太后一生的作为来看，在对待个人名利和高家地位待遇等问题上，她也具有谦谨自律的品德。

高太后当皇后时，弟弟高士林在称作内殿崇班的低级武官任上已有好几年了。宋英宗见他虽是武官，但很喜爱儒学，博览经史，能通大义，尤有巧智，觉着是个人才，便多次想提拔他。可是每逢与高太后谈起，她都不答应，还说："士林得以为官禁从，这已经是很过分了，岂能与先朝的皇后家攀比呢？"在她的阻拦下，直至治平三年（1066年）高士林死后，宋英宗才追赠他为德州刺史。

宋神宗在位时，有一年元宵节，高太后按惯例登宣德楼赏灯，外戚们也全被召集到楼前。宋神宗几次派人向她禀报："应该向外戚们推恩赏赐，如何办法，请太后降旨。"高太后回答："我自会处之。"次日，宋神宗问："如何处之？"高太后说："年纪大的各赐两匹绢，年纪小的分给乳糖狮子两个。"在当时，这实在是一份少得可怜的赏赐。宋神宗多次想为高家营造一处大的宅第，高太后一直不许，过了好久，才勉强同意把望春门外的一块空地赐作宅基。所有营缮工役之费，都是她平日节省下来的私房钱，没动用一文公款。所以，高太后临终前，对宰相吕大防、范纯仁等说："老身受神宗顾托，同官家御殿听断。公等试言，九年间曾施私恩与高氏否……只为至公，一儿、一女病且死，皆不得见。"②说着禁不住涕泪涟涟。

高太后说自己的所作所为完全是"只为至公"，绝无私心，的确是可以问心无愧、

① 《宋史·后妃传上·慈圣光献曹皇后》。

② ［宋］陈均撰：《九朝编年备要》卷23。

理直气壮的。既如此，她的保守，就只能解释为宋朝长期形成的墨守祖宗家法这一传统政治路线的产物了。

怀着拨乱反正、恢复祖宗旧法的坚定信念，五十四岁的高太后最终走上了宋帝国统治的前台。她对弥留中的宋神宗说："我要给你改某事某事，共二十余条。"她充满了刻不容缓的紧迫感，竟然不顾是否会对垂死的儿子造成不好的刺激。一场彻底清算熙宁新法的政治运动终于在高太后的主持下展开了。由于这一运动主要发生在元祐年间（1086—1094 年），所以史书上称之为"元祐更化"[①]。以"元祐更化"为标志，王安石的新法彻底退出了历史的舞台。

（四）王安石的政风与新法成败之关系

两宋之际的叶梦得曾经说过："大抵人才有四种：德量为上，气节次之，学术又次之，材能又次之。欲求成材，四者不可不备。论所不足，则材能不如学术，学术不如气节，气节不如德量。然人亦安能皆全顾？各有偏胜，亦视其所成者如何，故德量不可不养，气节不可不激，学术不可不勤，材能不可不勉。苟以是存心，随所成就，亦便不作中品人物。"[②]

叶梦得的这四个标准，实际上也是对政治家含义的概括。

顾名思义，"德量"就是"德行"加上"度量"的意思。手握权力，为生民立命，为万世开太平，规矩社会，心中无私，志在家国天下，胸怀坦荡，虚怀若谷，广开言路，开诚布公，文明自律，等等，都应该是政治家的可贵品格，也是"德量"的实质内容。"气节"则是道德自律的延伸，属于独立人格范畴。战国时孟子认为，这种独立人格来自个人对人生境界的不断内修。孟子说：

---

① 参见齐涛主编，江晓涛、李晓著：《中国政治通史》卷 6《动荡与变迁的宋辽金政治》，泰山出版社 2003 年版，第 240—243 页。

② ［宋］叶梦得撰：《避暑录话》卷下。

舜发于畎亩之中，傅说举于版筑之间，胶鬲举于鱼盐之中，管夷吾举于士，孙叔敖举于海，百里奚举于市。故天将降大任于是人也，必先苦其心志，劳其筋骨，饿其体肤，空乏其身，行拂乱其所为，所以动心忍性，曾益其所不能。人恒过，然后能改。困于心，衡于虑，而后作；征于色，发于声，而后喻。入则无法家拂士，出则无敌国外患者，国恒亡。然后知生于忧患，而死于安乐也。①

孟子十分强调自身人格的修养。他说："居天下之广居，立天下之正位，行天下之大道。得志，与民由之；不得志，独行其道。富贵不能淫，贫贱不能移，威武不能屈，此之谓大丈夫。"②有志者就应当居庙堂之上，始终能坚持独立的人格与正确处事的原则。得志，忧民；不得志，忧君。

为了能保证实现自己独立的人格，保持独立的气节，孟子认为需要做好"寡欲"③和"富贵不能淫，贫贱不能移，威武不能屈"④两件事情。

孟子说："古之人未尝不欲仕也，又恶不由其道。"⑤

要想达到以上目的，孟子还提出了"我善养吾浩然之气"的修身养德措施。他说："其为气也，至大至刚，以直养而无害，则塞于天地之间。其为气也，配义与道；无是，馁也。是集义所生者，非义袭而取之也。行有不慊于心，则馁矣。"⑥将个人的事业与日常生活建立在保持自己独立人格的基础上，不断养育自己至大至刚的浩然正气，就能成就自己的"气节"。

至于"学术"与"才能"，其意简单明白，这里不加赘述，只是应该指出，它们也是政治家品质修养的重要组成部分。学而知之与学中育材，在学习中实践，在学

---

① 《孟子·告子下》。
② 《孟子·滕文公下》。
③ 《孟子·尽心下》。
④ 《孟子·滕文公下》。
⑤ 《孟子·滕文公下》。
⑥ 《孟子·公孙丑上》。

习中成长，这是成就人事业的不可或缺的重要过程。然每个人的资质不同，勤奋努力程度不同，所处环境不同，所得机缘不同，往往所获"学术"与增加的"才能"也就不同。

按照叶梦得的人才标准，王安石可谓是德量、气节、学术、材能四者兼备。

晚清戊戌变法著名代表人物梁启超认为，王安石政术超群，为中国数千年来"不世出之杰"，他推行的新政，虽不能说是成功，但也绝不能谓之完全失败。梁启超是这样评价王安石的：

> 国史氏曰：甚矣知人论世之不易易也。以余所见宋太傅荆国王文公安石，其德量汪然若千顷之陂；其气节岳然若万仞之壁；其学术集九流之粹；其文章起八代之衰；其所设施之事功，适应于时代之要求而救其弊；其良法美意，往往传诸今日莫之能废。其见废者，又大率皆有合于政治之原理，至今东西诸国行之而有效者也。呜呼！皋、夔、伊、周，邈哉邈乎，其详不可得闻；若乃于三代下求完人，惟公庶足以当之矣。悠悠千祀，间生伟人，此国史之光，而国民所当买丝以绣，铸金以祀也。距公之后，垂千年矣！此千年中，国民之视公何如？吾每读《宋史》，未尝不废书而恸也！[①]

皋、夔、稷、契是传说中尧舜治理天下时的四大辅助贤臣，皋主管刑法、夔主管礼乐、稷主管农业、契主管教育；伊尹是商朝贤臣，周公是西周武王、成王时的股肱辅弼大臣。他们皆是中国早期历史上对国家治理有过重大贡献的政治人物。梁启超将王安石与"皋、夔、伊、周"等颇具开创性的历史名臣并列，可见他对王安石功业人品的推崇与赞赏。在梁启超的思想中，王安石是盖世英杰，却一直蒙天下之诟病，国人一向因循苟且，不恤国事，遂使千年如长夜。欲要改变因循守旧、拖沓懈怠、得过且过的政治风气，就应当弘扬王安石敢于担当、勇于创新的政治热情与斗争精神。

---

① 梁启超等编著：《中国六大政治家》上册《王荆公》，中华书局 2014 年版，第 353 页。

梁启超说："所谓大政治家者，不外整齐画一其国民，使之同向于一目的以进行，因以充国力于内而扬国威于外云尔。欲整齐画一其国民，则其为道也，必出于干涉。"① 所谓干涉，就是运用国家权力，深度地介入国家经济生活、社会生活、政治生活和文化生活，希望通过这类干涉，建构并维护其秩序，调动其潜力，以提升国家综合实力，而王安石就是符合这样标准的一位大政治家。

梁启超是中国近代历史上一位有名的维新派与改革家，他站在自己的政治立场上，反对朝中大臣"因循苟且，不恤国事"，希望国人"勇于造作"，因而高度歌颂与肯定王安石变法是可以理解的。

然而，与梁启超同时代的思想家严复却不这么看，他对王安石的政治作风多有褒贬与批评，这种批评，在一定程度上沿袭了宋明以来批判王安石的传统，如司马光所说的王安石用心太过，自信太重，性格倔强，不通人情。严复说："众贤说介甫皆有太过处，唯温公（司马光）说其执拗不晓事，最平允。"② 王安石有《众人》一诗："众人纷纷何足竞，是非吾喜非吾病。颂声交作莽岂贤，四国流言旦犹圣。唯圣人能轻重人，不能铢两为千钧。乃知轻重不在彼，要之美恶由吾身。"③ 这是王安石自比周公，自命为圣贤的典型之作，表达了他的那种只求诸己而不顾现实政治实际情况的固执性格。严复在此诗上批道："此老执拗之名所以著也。"这类颇具代表性的意见实际上是对王安石在为政作风上的过度自信和不会变通、不会团结人的批评。

与王安石同时代的士大夫对王安石政治作风的看法，我们可以以他在熙宁二年（1069年）任参知政事为分水岭来加以分析，前后看法差异很大。

"熙宁新政"开始前，王安石在同时代的士大夫的心目中几乎完全是一个正面的形象。他不但学问做得好，人品与政治才干也得到了普遍的好评。如欧阳修在《荐王安石吕公著劄子》中说："王安石德行文学，为众所推，守道安贫，刚而不屈……

---

① 梁启超等编著：《中国六大政治家》上册《王荆公》，中华书局 2014 年版，第 440 页。
② 严复著，孙应祥、皮后锋编：《严复集补编》，福建人民出版社 2004 年版，第 182 页。
③ ［宋］王安石撰：《临川先生文集》卷 10《众人》，见王水照主编：《王安石全集》第 5 册，复旦大学出版社 2017 年版，第 284 页。

久更吏事，兼有时才。"①希望推荐王安石能够入朝成为谏官。宋神宗即位之初，韩维、曾公亮等人都曾力荐过王安石，认为王安石才干过人。这说明在王安石执政之前，朝野士大夫对他期待甚殷。当然，此时也有个别人对王安石有不同的看法，如变法前宋神宗询问参知政事吴奎对王安石的看法时，吴奎就说："安石文行，实高出于人。"宋神宗问："当事如何？"吴奎回答说："恐迂阔。"他认为王安石性格上刚愎自用，政治措施则迂阔难行，万一用之，必定紊乱朝廷的纲纪。"上弗信，于是卒召用之。"②

然而，熙宁新政开始后，在见识了王安石的变法主张及其实行手段后，众多士大夫开始对他的政见与政风产生了分歧与怀疑。在这种情况下，王安石的一些为政缺陷也就迅速暴露出来并被反对派无限地放大，从而引发了朝野很多人对他新法的抵制以及对他政风的批评。

与王安石同时代的士大夫对他的政风普遍品评不高。司马光说王安石"性不晓事而愎，此其短也"③。吕海说"王安石虽然在当时很有名，但性格固执，偏见很深，轻信奸佞，喜欢别人讨好自己。听他讲的话觉得很有道理也很有水平，让他去真正将政见落实于实践就很困难"。孙固认为"王安石的学术水平甚高，作为顾问和高级幕僚是很好的人选。但是宰相自有应有的气度，而王安石为人却少从容的气质"。程颢说王安石"博学多闻，但不太善于坚守原则"。王安石与曾巩是至交，两人平生以道义相促进。宋神宗问曾巩："你与王安石交情最密，王安石是怎么样的一个人呢？"曾巩回答说："王安石的文学水平和思想高度，不减汉代思想家扬雄，但是，之所以超不过扬雄，是因为王安石为人比较吝啬。"宋神宗困惑地说："王安石一向轻视富贵功名，不像一个吝啬鬼。"曾巩说："我所说的吝啬与常义不同，王安石勇

---

① ［宋］欧阳修撰：《荐王安石吕公著劄子》附录，奏议，见王水照主编：《王安石全集》第 10 册，复旦大学出版社 2017 年版，第 76 页。

② ［宋］杨仲良撰：《皇宋通鉴长编纪事本末》卷 59《王安石事迹上》。

③ ［宋］李焘撰：《续资治通鉴长编》卷 210，熙宁三年四月甲申。

于有为，但在改正自己所犯的错误上往往很吝啬。"① 熙宁四年（1071年）十月，王安石弟王安国在宋神宗召对时明言指责其兄为政："聚敛太急，知人不明。"②

据《皇宋通鉴长编纪事本末·王安石事迹上》记载，陈瓘曾这样论述王安石：

> 熙宁之初，神考以安石为贤。自邓绾黜逐以后，不以安石为贤矣。安石退而著书，愤郁怨望。当此时，傲然自圣，于是书托圣训之言曰："卿，朕师臣也。"又曰："君臣之义重于朋友。朕既与卿为君臣，宜为朕少屈。"此等不逊之言托于圣训，前后不一。又谓吕惠卿亦师臣也，又谓如常秩者，亦当屈己师之。惠卿师臣，则假曾公亮之言；常秩可师，则假张戬之言。神考尝谓常秩不识去就，安石亲闻此训，书于《日录》，岂有不识去就之人而可以为圣主之师乎？况张戬言行出处自有本末，岂有崇奖不识去就之人而请圣主以师之哉？神考以尧舜之道光宅天下，高厚如天地，光明如日月，安石乃欲与吕惠卿、常秩俱为师臣，轻慢君父，不亦甚乎？其事矫伪，臣故系之于寓言。③

陈瓘在《皇宋通鉴长编纪事本末·王安石事迹下》中论及王安石时又说：

> 臣闻熙宁之初，论安石之罪，中其肺腑之隐者，吕诲一人而已。熙宁之末，论安石之罪，中其肺腑之隐者，惠卿一人而已。吕诲之言曰："大奸以忠，大佞以信。外示朴野，中藏巧诈。骄蹇傲上，阴贼害物。"吕惠卿之言曰："安石尽弃旧学，而隆尚纵横之才，欲以此为奇术，以至谮愬胁持，蔽贤党奸，移怒行狠，方命矫令，罔上要君。凡此数奸，莫不备具，虽古之失志倒行而逆施者，殆不如此。平日闻望一旦扫地，不知安石何苦而为此也？谋身如此，以之谋国，必无远图。"④

---

① 参见范立舟著：《王安石为官之道》，人民出版社2017年版，第203、204页。
② ［宋］杨仲良撰：《皇宋通鉴长编纪事本末》卷59《王安石事迹（上）》。
③ ［宋］杨仲良撰：《皇宋通鉴长编纪事本末》卷59《王安石事迹（上）》。
④ ［宋］杨仲良撰：《皇宋通鉴长编纪事本末》卷60《王安石事迹（下）》。

宋神宗、哲宗时代，在对王安石为政作风的认识上，司马光对王安石的评价最具有代表性。

熙宁三年（1070 年）二月二十七日，司马光在上《与王介甫第一书》中首先询问王安石："窃见介甫独负天下大名三十余年，才高而学富，难进而易退，远近之士，识与不识，咸谓介甫不起则已，起则太平可立致，生民咸被其泽矣。天子用此起介甫于不可起之中，引参大政，岂非亦欲望众人之所望于介甫邪？今介甫从政始期年，而士大夫在朝廷及自四方来者，莫不非议介甫，如出一口。下至间阎细民小吏走卒，亦窃窃怨叹，人人归咎于介甫。不知介甫亦尝闻其言而知其故乎？"他接着告诉王安石引发非议的原因所在："今天下之人，恶介甫之甚者，其诋毁无所不至。光独知其不然，介甫固大贤，其失在于用心太过，自信太厚而已。"他批评王安石刚愎自专，自认为古今之人，都不如自己有才华。有人选择与他的意见相同，他就很欢喜，选择与他的意见不一致，他就很恼怒。他喜欢的人数年之间就得到提拔重用，他恼怒的人则逐渐地被排挤，终身沉没在下层。"今乃自以为我之所见，天下莫能及，人之议论与我合则喜之，与我不合则恶之。"[1]当听闻王安石病逝的消息后，虽然在政见上一直与王安石为敌，但司马光对于这位政治上的老对手还是十分宽恕。他曾感慨地说："王安石没有什么别的大毛病，就是太固执了。"《宋史·王安石传》也这样评述王安石："安石性强忮，遇事无可否，自信所见，执意不回。至议变法，而在廷交执不可，安石傅经义，出己意，辩论辄数百言，众不能诎。甚者谓'天变不足畏，祖宗不足法，人言不足恤'罢黜中外老成人几尽，多用门下儇慧少年。"也许是担心变法之事业为"流俗"所破坏，所以王安石才会不惜得罪众人，在新政上一意孤行，决定将预先的政治设计贯彻到底吧。

南渡以后，知识群体对王安石的政风及性格的品评也大多集中在他的刚愎自用与褊狭局促上面。南宋初，范冲就指出："王安石自任己见，非毁前人，尽变祖宗法

---

[1]　司马光撰：《温国文正公文集》卷 60《与王介甫书》，四部丛刊景宋绍兴本。

度。"① 在南宋士大夫中，朱熹对王安石的性格及其政治作风的评价似乎更为精准一些。他说王安石"其为人质虽清介，而器本褊狭，志虽高远，而学实凡近。其所论说，盖特见闻臆度之近似耳。顾乃挟以为高，足己自圣，不复知以格物致知、克己复礼为事，而勉求其所未至，以增益其所不能，是以其于天下之事，每以躁率任意而失之于前，又以狠愎徇私而败之于后，此其所以为受病之原"。朱熹同时批评王安石为人既已如此，为学亦然，他说王安石"故于圣贤之言，既不能虚心静虑以求其立言之本意，于诸儒之同异，又不能反复详密以辨其为说之是非，但以己意穿凿附丽，极其力之所通，而肆为支蔓浮虚之说"②。岳飞的孙子岳珂也认为王安石得到君主的信任太厚，自信太专，他说"王荆公相熙宁，神祖虚心以听，荆公自以为遭遇不世出之主，展尽底蕴，欲成致君之业，顾谓君不尧、舜，世不三代，不止也。然非常之云，诸老力争，纷纭之议，殆偏天下，久之不能堪。又幸其事之集，始尽废老成，务汲引新进，大更弊法，而时事斩然一新"③。洪迈也说"安石平生持论，务与众异"。他们都指出王安石在政治上表现得性情褊急，不能容物，缺少宰相度量。两宋士大夫对王安石的评语是如此的相似，这说明王安石的性格及其为政作风确实存在着不尽如人意的地方，因而才会有"安石用事，贤士多谢去"④ 的不幸情况的发生。

不过，当我们挥去历史的尘埃，客观冷静地看待这段历史时，还是应该承认，王安石变法的失败有着很多方面的原因。改革是一个缓慢渐进、徐图发展的过程。百年积存下来的垃圾岂能在短短的时间内芟除打扫干净？王安石毕竟是一个文人出身的政治家，做学问才是他的专长，玩政治却是他的短板。他想做一个商君式的实干型政治家，但他打不破通常文人坐而论道、浮躁偏激、激情有余而理智不足的魔咒，他刚愎自用、褊狭局促、浮躁极端的为政作风及其性格上的不会圆通不过是导致他失去士大夫集团支持的一个因素，而用理想与热情代替现实与残酷，用秋风扫

---

① ［宋］李心传撰：《建炎以来系年要录》卷79，绍兴四年八月戊寅朔条。
② ［宋］朱熹撰：《晦庵先生朱文公文集》卷70《读两陈谏议遗墨》，四部丛刊景明嘉靖本。
③ ［宋］岳珂撰：《桯史》卷11《王荆公》。
④ 《宋史·杨绘传》。

落叶残酷的革命手段代替和风细雨、润物细无声的说服与耐心的逐步探索改革方式，这才是王安石变法失败最主要的主观因素。说到底，王安石还不是一个真正成熟的政治家，他缺乏强大的治国才干和足够的领袖人格魅力，做一个国师与高参可以，让他充当一个宰相职业经理人，则是宋神宗用人不当，这也是王安石个人的悲剧。

第六章　徽宗失政与北宋灭亡

在许多人的印象中，宋徽宗是艺术上的巨匠、政治上的低能儿，实则不然。宋徽宗玩弄权术、驾驭臣下的本领，丝毫不逊于其书画造诣。他在位二十多年，不仅未出现大权旁落的问题，而且还把专制君权推到了一个巅峰。就行政能力而言，蔡京在北宋后期也堪称是一位颇有才学的人物。然而，这些主宰宋朝国家命运的人，并没有把其聪明才智运用于励精图治，而是狼狈为奸，最大限度地致力于满足私欲，以宋徽宗为首结成了一个政治腐败集团，实行了北宋历史上最黑暗的统治。宋徽宗穷奢极欲，挥霍无度，腐化糜烂，他所宠信的蔡京、童贯、王黼、蔡攸、梁师成、朱勔等大奸小丑，亦皆窃居要职，卖官鬻爵，蠹国害民。宋徽宗统治时期，除了加强皇权、对职官制度稍作改革外，政治秩序混乱至极，社会经济遭到严重破坏，阶级与社会矛盾激化，这一切都严重地削弱了北宋的国防力量，使它完全丧失了抵御外侮的能力，导致了北宋王朝的覆亡。

一、徽宗即位之初的朝廷党争

元符三年（1100 年）正月初八，宋哲宗驾崩，因为没有留下子嗣，也没有留下什么遗嘱，皇位的继承者无疑仍应从宋神宗的儿子中选择。宋神宗共生了十四个儿子，其中八个早死，这时在世的只有五人，按年龄排分别是申王赵佖、端王赵佶、莘王赵俣、简王赵似、睦王赵偲。但究竟选择谁好呢？

国不可一日无君。宋哲宗去世的当天，宫中地位最高的向太后（宋神宗皇后）就垂帘召见宰执大臣，商量解决这个问题。向太后哭着说："家国不幸，大行皇帝无子，天下事须早定。"宰相章惇厉声说：依礼、律，当立大行皇帝同母胞弟简王似。向太后说：老身亦无子，诸王皆神宗庶子，不必如此分别。章惇又说：若论长幼，则申王佖当立。向太后说：申王眼睛有疾，不便为君，依次则端王当立。章惇抬高了嗓门反对说："端王轻佻，不可以君天下！"

有嫡立嫡，无嫡立长，乃历代择君的传统原则；德行优劣更应是衡量君主的首要前提。无论从哪方面讲，章惇的主张都有理有据，公正无私。向太后却这也不可，那也不行，单单要选一个非嫡非长、品行不端的人物，其用心之偏是显而易见的。虽然她地位特殊，说话比臣下有分量，但如果宰执大臣们能够出于公心，形成比较一致的意见，则向太后的主张未必行得通。然而，曾布却唱起了反调。

曾布打断了章惇的话头，说："章惇未尝与臣等商议，如皇太后圣谕极当。"[1]事实上，曾布未必认定赵佶就是最合适的人选，他只是习惯于事事与章惇立异，且善于曲从上意而已。身为枢密院长官，曾布是可以与章惇平起平坐的，他的这个态度，立即大大加重了向太后的砝码。

册立君主非同小事，一旦站错了队或说错了话，后果不堪设想，随大流则保险些。见向太后占了上风，尚书左丞蔡卞、中书门下侍郎许将便相继附和："合依圣

---

[1]　参见《宋史·徽宗本纪一》。

旨！"向太后又说，先帝生前曾说过端王有福寿，且端王仁孝，不同于其他诸王。意思是立赵佶正符合宋哲宗的意愿，而且赵佶有超群的仁孝之德，并非轻佻无行之人。事已至此，章惇势单力孤，无法再争。①

于是，向太后宣旨，召赵佶进宫，即位于枢前，是为宋徽宗。正是这位宋徽宗，最终将北宋王朝推向了灭亡的道路。

不过，一则有奉承向太后之嫌，二则不放心赵佶的轻佻，群臣请求向太后垂帘听政，权同处分军国大事。向太后以新君年长为由推辞。而赵佶则对这位母后立己于不可立之中感激涕零，哭拜在地坚请不已，向太后见他如此"仁孝"，遂应允。皇权的转移至此顺利完成。

章惇的眼光没有错。赵佶生于元丰五年（1082 年），是宋神宗的第十一子。赵佶对亲王宗室的主要功课儒家经典、史籍并不爱好，倒对笔砚丹青、蹴鞠骑射等闲情逸致之类的爱好怀有浓厚兴趣，斗鸡走狗，无所不通，还贪色善淫。赵佶在书画方面有卓越天赋，有人说他的书法初学薛稷，也有人说他初学黄庭坚，但不管宗承何家，其书法后来独成一格，自号"瘦金书"，无论行草正楷都笔势劲逸，顿挫有节，用笔瘦硬，锋芒外露，在刚劲中透着秀丽姿质，十分风流飘洒。这些爱好，在艺术家而言当然无可无不可，但对于政治家尤其是决定国家命运的一朝之君而言，就绝不是一个好的兆象。

据史料记载，向太后秉性一向谦冲，为人低调，从皇后到皇太后的二十余年间，人们很少听见她对朝政发表过什么意见。她长年深居九重，养尊处优，可能眼界有些狭隘，但她不会不晓得赵佶的这个坏名声，也不会不明白玩物丧志、荒淫亡国的道理，她之所以不管这些，固执地偏向赵佶，个中缘由，耐人寻味。

赵佶对向太后的确表现得颇为孝顺，经常跑到她居住的慈德宫问安起居，乖巧心细，礼数周全，显得"仁孝""异于诸王"，所以博得了向太后的格外钟爱。但从向太后的其他事迹看，她似乎不是一个一叶障目的糊涂人。例如她对后族的约束就

---

① 参见《宋史·章惇传》。

很有见地。宋哲宗要选皇后，其他诸王也到了纳妃的年龄，她告诫向家的族人不得把女儿参与应选。亲族中有人想援先例通过荫补升为馆职，还有本来是选人却想谋个京官的，并说已得到了皇帝特批的圣旨，向太后却以我族从来不晓得用这种办法当官，岂能凭私情扰公法为由，一概不准。就是这样一个低调明理的向太后，为何明知赵佶轻佻不是合格之君却支持他上位，真正缘由还要从北宋后期政争来观察，宋哲宗死后的皇位继承人之争，实际上还是神宗、哲宗朝廷党争的继续与余澜。

向太后的政治倾向偏向于旧党。因此，她垂帘之后，朝政立即发生了又一次巨变。哲宗时遭到打击的旧党重新得势。韩忠彦被召入朝，先拜门下侍郎，继拜右相；陈瓘、邹浩、龚夬等绍圣年间被贬的谏官也回朝再居言路；范纯仁、苏轼等自流放地徙居内地；追复了司马光、吕公著、文彦博、吕大防、刘挚等三十余人的官职；还因日食颁布诏书征求直言，并废除了绍圣年间设立的编类臣僚章疏局。而章惇因为站错了队，即被罢为山陵使；蔡卞、蔡京、张商英等人则陆续遭到贬逐。由于朝廷上的政治气氛颇像元祐初年，故被称作"小元祐"。[①] 不过，向太后虽然是后宫中继高太后之后最大保守势力的代表，但她吸取了高太后过分卷入政治的前车之鉴，加上宋徽宗已经成年，所以听政半年以后，她就宣布还政。建中靖国元年（1101 年）正月，向太后去世，保守派失去后台。同年十一月，邓洵武首进绍述之说，劝徽宗继承神宗遗志推行新法，并进献《爱莫助之图》，认为群臣中没有能助徽宗绍述者，推荐蔡京为相，得到徽宗的首肯，诏改次年为崇宁，以表明绍述的意向，朝局再次发生了变化。

二、关于建中之政

宋徽宗虽然在中国历史上是个无人不晓的亡国昏君，但他亲政之初所施行的建

---

① 参见齐涛主编，江晓涛、李晓著：《中国政治通史》卷 6《动荡与变迁的宋辽金政治》，泰山出版社 2003 年版，第 302—305 页。

中之政却博后人好评。明代文人张溥称赞宋徽宗继位:"一年之内,获睹清明。"① 清初学者王夫之肯定:"徽宗之初政,粲然可观。"②

前面说过,徽宗即位后对向太后的这些部署言听计从,这不只出于对向太后的感激,更重要的是他需要取得各种政治派别的广泛支持,以便稳固自己的地位。宋徽宗由亲王而入继大统,并非由太子而君临天下,从执政班底到施政方针都相对不足,宋徽宗不可能不依赖向太后。特别是,向太后其人,不贪恋权势,放手让宋徽宗大胆处理朝政,并处处予以支持,这无疑大大有助于宋徽宗对皇权的巩固。因此,在向太后仅听政半年左右就撤帘还政之后,宋徽宗继续慎重施政,调和两派,改元号为建中靖国,意思是要"大公至正、消释朋党"。史称:"徽宗欲息朋党,以大公示天下,改元建中靖国。"③ 一方面,宋徽宗继续维持向太后的政策,打击章惇及其同党;另一方面,他又重用曾布,"调停两党",继承"神宗政事"。

自北宋中期以来,凡太后垂帘听政,从宋真宗刘皇后、宋仁宗曹皇后到宋英宗高皇后、宋神宗向皇后,大体都遵从祖宗家法,而凡皇帝君临天下,从宋英宗、宋神宗到宋哲宗,一般都主张变法或所谓"变法"。传统的力量是无形的。或许与此有关,宋徽宗越来越倾向新党,特别是在章惇及其同党相继被贬官、向太后垂帘以后,这一倾向逐渐明朗。宋徽宗即位之初,以新党中人曾布为主要依靠对象,并与其密议司马光"岂得为无罪"云云,即是其明证。正是由于宋徽宗与向太后当时都既主张"调一两党",但又各有所偏,这一帝后共政的格局才使建中之政暂时得以维持。宋徽宗如果无此倾向,建中之政势必更多地偏向旧党,甚至即无所谓建中之政。④

其实,建中之政并非始于元符三年(1100 年)十一月下诏改元建中靖国,而实应以重用韩忠彦为标志。元符三年二月,韩忠彦任门下侍郎;四月,迁右仆射;十月,拜左仆射。而曾布早在绍圣四年(1097 年)闰二月,已知枢密院事;元符三年

① [明]张溥撰:《历代史论》卷 8《宋史论》、卷 2《建中初政》,成都书房光绪二十七年(1901 年)刊本。

② [清]王夫之撰:《宋论》卷 8《徽宗》。

③ [宋]王称撰:《东都事略》卷 96《李青臣传》。

④ 张邦炜著:《宋代政治文化史论》,人民出版社 2005 年版,第 264—265 页。

十月，升任右仆射。韩忠彦为首相、曾布为次相，史称："曾短瘦而韩伟岸，每并立廷下，时谓'龟鹤宰相'。"① 如果说帝后共政是建中之政的成因，那么"龟鹤宰相"则是建中之政的象征。韩忠彦虽然受到宋徽宗与向太后的重用，但与向太后关系更为密切。蔡卞说："韩忠彦乃帘中所信……忠彦开陈，必听纳。"② 而曾布则是王安石选拔的青年官员之一，他虽是新党中人，但不很标准。曾布在熙宁年间任翰林学士兼三司使，因追究市易违法案而被贬；宋哲宗即位刚复职，又因反对司马光废除免役法而再度被贬；绍圣年间得到重用，由翰林学士而同知、知枢密院事，与宰相章惇起初尚能合作，后来矛盾较深。他"荐引名士彭汝砺、陈瓘、张庭坚等，乞正所夺司马光、吕公著赠谥，勿毁墓仆碑"③。宋哲宗去世，曾布支持向太后立宋徽宗为帝。向太后对曾布虽无成见，但曾布与宋徽宗的关系更亲近。韩、曾并相的格局，既有利于保持新、旧两党的大体平衡，又是所谓"大公至正之道"的具体体现。

宋徽宗初年施行建中之政，韩、曾二相以谁为主？有人说："（韩）忠彦柔懦，天下事多决于（曾）布。"④ 韩忠彦的个性或许确实"柔懦"，但说他于"天下事"无所建白则未必。建中之政的定调者虽是向太后，但其倡议者则是韩忠彦。元符三年二月，韩忠彦刚奉召还朝，便"见上《陈四事》，以裨新政。一曰广仁恩，二曰开言路，三曰去疑似，四曰息用兵"。"上皆嘉纳之。"韩忠彦的《陈四事》实可视为徽宗"新政"的施政纲领⑤。

客观而言，建中年间，宋徽宗的治国理政还是比较成功的。宋理宗时，名儒魏了翁这样评论建中之政：

> 徽宗皇帝之初，登用群贤，如任伯雨、陈瓘、龚夬、邹浩、江公望等，凡十有三人，列之要路……元凶巨恶如章惇、蔡卞诸人悉疏其恶而窜徙之，天下

---

① ［宋］庄绰撰：《鸡肋编》卷上。
② ［宋］曾布撰：《曾公遗录》卷9。
③ 《宋史·奸臣传一·曾布传》。
④ ［宋］杜大珪编：《名臣碑传琬琰集》卷20《曾文肃公布传》。
⑤ 张邦炜著：《宋代政治文化史论》，人民出版社2005年版，第266页。

以为"小仁宗"。此徽宗初志也。①

可惜的是，建中"新政"为时太短，随着向太后之死、韩忠彦的失势，帝后共政、韩曾并相的格局转瞬化为过眼烟云，建中新政也是昙花一现。以进入崇宁时期为标志，宋徽宗政治日趋走向昏庸与腐败。

三、"六贼"乱政

北宋亡国前夕，太学生陈东等人伏阙上书，称祸国殃民的蔡京、童贯、梁师成、王黼、朱勔、李邦彦等奸邪为"六贼"，请求处斩，以谢天下。其实当时的蠹国害民之贼并不止这六个，蔡攸、高俅、杨戬等也都是巨恶大憝。这些人之所以能够为非作歹，无非是因为宋徽宗给了他们这样那样的权力；而宋徽宗之所以肯把权力给他们，无非因为这些人能刻意逢迎，能最大限度地满足他的私欲。而后者正是套牢宋徽宗的绳子。②以"六贼"为代表的政治腐败集团，最终将北宋王朝引导向了灭亡之路。

蔡京在徽宗朝四度为相，长达十七年之久。徽宗朝的黑暗政治就是他与宋徽宗相辅相成的产物。蔡京既敢于结党营私，又善于窥测逢迎。他见徽宗殚于政事，耽于游乐，就拟成语书，让徽宗抄示给有关部门照办，称为御笔手诏，不遵者以违制论处，于是朝廷的正常决策程序破坏殆尽。所谓御笔手诏，即不经中书省商议，不由中书舍人起草，不交门下省审复，由皇帝在宫中决断，并亲笔书写，或由宫中人代笔，直接交付有关机构执行。因为御笔手诏，徽宗的越轨要求就能畅行无阻，蔡京也能上下其手，以致后来"事无巨细，皆托而行，至有不类帝札者，群下皆莫敢言"③。

---

① ［宋］魏了翁撰：《鹤山先生大全文集》卷18《应诏封事》。

② 齐涛主编，江晓涛、李晓著：《中国政治通史》卷6《动荡与变迁的宋辽金政治》，泰山出版社2003年版，第336页。

③ 《宋史·蔡京传》。

宋代重大政事的决策执行，原有一套比较合理的程序：宰执议定，面奏获旨，再下中书省起草政令，经过门下省审议，凡有不当者，中书舍人和门下省的给事中都有权封驳（即说明理由拒绝通过），然后交付尚书省执行，与此同时，侍从官还可以提不同意见，台谏官可以论谏弹劾。御笔行事绕过了封驳、论谏等制约程序，导致君权恶性膨胀。任何权力一旦失控，政治污浊就不可避免。

蔡京第四次入相，已两眼昏花不能视事，但仍让小儿子蔡絛代为处理。他以太师而真拜宰相，父子祖孙亲任执政的有三人，至于成为侍从近臣的不下十余人，另有一个儿子娶了徽宗女儿，势力盘根错节，遍布中央和地方。

蔡京的长子蔡攸与徽宗在即位前就厮混一起，获宠不下其父，后来竟父子交恶，倾轧争权，自立门户。蔡攸不仅能随时出入宫禁，还可以与王黼一起参加宫中秘戏，涂红抹绿，短衫窄绔，给徽宗说些市井荤段子。有一次，蔡攸在宫中粉墨登场扮演参军戏，戏言道："陛下好个神宗皇帝。"徽宗以杖鞭打说："你也好个司马丞相！"这样的人竟然官至领枢密院事。

同预宫中秘戏的王黼是投靠蔡京、拜宦官梁师成为父才起家发迹的。宣和二年（1120 年），王黼取代蔡京为相，一反旧政，一时称为贤相。但一旦得势，他就设立应奉司，自兼提领，梁师成为副，专门搜刮天下财物和四方珍异，但十有八九进入两人的私囊。他让天下丁夫计口出免夫钱，刮得六百二十万亿贯，迫使河北农民揭竿而起。他明码标价，受贿卖官，当时谚语说他"三千索，直秘阁；五百贯，擢通判"①。

朱勔因花石纲而大得徽宗宠幸，他怙权恃势，招贿成市，那些买官跑官的麇集其门，时称"东南小朝廷"。他穿的一件锦袍，曾被徽宗抚摸过，他就在那个位置绣上一只"御手"。他参加过一次宫廷宴会，徽宗亲握他的手臂拉话，他就用黄罗把手臂缠起来，与人作揖也不抬那只被当今皇帝握过的手臂。他的家奴都补授朝廷使臣，

---

① ［宋］朱弁撰：《曲洧旧闻》卷 10。

佩上了金腰带，以致时人唱道："金腰带，银腰带，赵家世界朱家坏。"①

李邦彦自号"李浪子"，举凡斗鸡走狗、蹴鞠赌博、狎妓嫖娼、讴谑骂街，一切猥琐卑鄙之事无所不为，无所不能，浑身上下透着市井痞子习气。他曾宣称自己的志向是"赏尽天下花，踢尽天下球，做尽天下官"②。起初其因浮浪不检遭弹劾罢官，后靠巴结蔡攸、梁师成，一步步爬上了尚书左丞的高位。宣和六年（1124 年）九月，李邦彦成为少宰，成了宋徽宗在位期间任命的最后一个宰相，他"无所建明，惟阿顺趋诏充位而已，都人目为'浪子宰相'"③。

杨戬是宦官，他曾经主持西城所，在京东西、淮西北根括所谓隐田、天荒田入官，实际上却把许多民间良田都指为天荒田，没收作为官田，再强迫原业主承佃交租。后来，李彦代主其事，更是变本加厉，巧取豪夺，鲁山县（今属河南）竟全部括为会田，百姓持有的田契全被焚毁，强迫他们永久租佃公田，把许多农民逼上了梁山。当时人说"朱勔结怨于东南，李彦结怨于西北"，这两个地区正是后来方腊与宋江起事的中心区域。

高俅原来是苏轼的小书童，被转送给画家、驸马都尉王诜，有一次，他到端王府公干，适逢王府蹴球，他也露上一手，就被后来成为徽宗的端王留在身边，恩宠异常。徽宗即位以后，数年之间，他就做到使相，遍历三衙，由一个胥吏下人而领殿前司，看来球技帮了大忙。从龙随从要求徽宗一视同仁，徽宗竟说："你们有他那样的好手脚吗？"

梁师成起家于侍弄文墨的小宦官，自政和年间骤得宋徽宗宠信，连拜节度使、太傅、太尉、开府仪同三司、少保，徽宗的御笔号令都出自其手。后来他竟然胆大妄为，择取善书小吏，模仿御笔，夹带私货，外朝也真伪莫辨。蔡京父子都唯恐巴结不上他，执政、侍从出其门下的不可胜计，当时人都称他"隐相"，以区别于蔡京

---

① ［宋］陆游撰：《老学庵笔记》卷 1。

② ［宋］徐梦莘撰：《三朝北盟会编》卷 28。

③ 《宋史·李邦彦传》。

称"公相"（以三公为相）和童贯称"媪相"（以阉人为相）。

童贯以宦官而位至知枢密院事，操纵宋朝军事大权二十年，权倾四方，气焰熏天，甚至招健卒万人为亲兵，号胜捷军，环列第舍以为护卫。童贯任人惟亲，贿赂公行，其家奴仆贱役自承宣使而下凡数百人，厨子马夫亦官至防御、团练使，致使"军政尽坏"。朝廷贵臣亦多出其门。蔡京的门客党羽人称"草头客"，童贯的则称为"立里客"。宋徽宗之所以放心让童贯掌兵，除了他是没有后代的宦官，不必怕他犯上作乱外，还有一个重要因素是，童贯在军中"选置将吏，皆捷取中旨，不复关朝廷"①。宋朝皇帝治军，本来就以"将从中御"为传统家法，宋徽宗通过童贯这个心腹亲信在军队中实现了"御笔行事"，而把朝廷的军政职能部门一脚踢开，进一步扩大了皇帝对军事的控制权。宋朝的军力一直懦弱不振，在宋徽宗、童贯一伙的败坏下更加不堪。②

在宋徽宗及其一伙奸佞之臣的把持下，宋朝政治黑暗到了极点。《宋史·徽宗纪》说，徽宗既不是晋惠帝那样的白痴，也不是孙皓那样的暴君，最终导致"国破身辱"，是其将"私智小慧，用心一偏，疏斥正士，狎近奸谀"。确实，"六贼"等奸佞之臣虽然为非作歹，但势力并没有盘根错节到足以挟制君权。仍不时有正直的台谏官弹劾他们，徽宗也还没有完全丧失刷新政局的权威，他多次将蔡京罢相就是明证。③

综观宋徽宗在位二十余年间的任相特点，可以归纳为这样几点：一是他重用的宰臣，大多是精于搜刮民脂民膏、能满足其挥霍无度之人。蔡京的四次任相，王黼、高俅等人的长期得宠，原因皆在于此。二是经常任命相互间矛盾很深的大臣出任宰相，看似不偏不倚，实际上便于皇帝掌握他们的隐私，并在权力上使他们互相牵制，此实为"异论相搅"这一祖宗家法在宰相任命上的运用。三是对宰臣聚敛等腐败行

---

① 《宋史·童贯传》。

② 齐涛主编，江晓涛、李晓著：《中国政治通史》卷6《动荡与变迁的宋辽金政治》，泰山出版社2003年版，第345页。

③ 参见虞云国著：《细说宋朝》，上海人民出版社2002年版，第274—276页。

为非常宽容，而对有可能威胁皇权的行为则十分警觉。宋徽宗自己是一个极端腐败的人，所以他对宰相的贪婪、腐败，皆等闲视之，即使台谏官屡有弹奏，也不闻不问。反之，如果宰臣行为有可能危及自己统治，处理起来就很果断。如王黼任相后期，官员们虽纷纷上书言其种种劣行，徽宗对他依然眷恋有加，未作半点处置。可是，当徽宗一次到王黼家，发现"梁师成与连墙，穿便门往来"时，就顿生疑虑，认为王黼违反了不准大臣与宦官相交结的禁令。"还宫，黼眷顿熄，寻命致仕。"① 从上述宋徽宗任相的几个特点来看，说明北宋后期蔡京等人擅权的程度也相当有限，其势力远未摆脱皇权所能控制的范围，更谈不上对徽宗构成什么威胁，这些人的作威作福都是最高统治者默许的结果，或者说是徽宗对他们纵容的结果。因此，徽宗一朝政治的好坏得失，应由大权在握的徽宗本人负主要责任。徽宗企图用"以不肖易不肖"的任相政策来保证自己继续过上骄奢淫逸的生活，并免除权臣篡夺的威胁，结果使政治更加黑暗、腐败和混乱，造成百姓生活艰难，社会矛盾空前激化，给北宋政权带来了重重的祸害，这一点恐怕是徽宗所始料不及的②。

宋徽宗在位二十六年，除去昙花一现的建中靖国初政还"粲然可观"外，其余二十多年是北宋政治史上最污浊黑暗的年代。徽宗时期在北宋历史上有若干"首创"与"第一"。诸如首创御笔行事、首创门下不封驳、首创台谏不言事、首创宦官典机密，出现第一位外戚宰相、第一名宦官节度使、第一个权相、第一对父子宰执。所有这些"首创"与"第一"，一概表明北宋王朝的权力制约体系全面崩溃，徽宗手中的皇权以及以蔡京为代表的外朝和以宦官为代表的内朝权力恶性膨胀。皇帝集权专制制度所固有的政治腐败随着权力的恶性膨胀而迅速蔓延。北宋因极度腐败而亡国，祸根在于权力的不受约束与恣意滥用。③ 关于"六贼"乱政之恶果，王夫之在《宋论》中有这样评述："君不似乎人之君，相不似乎君之相，垂老之童心，冶游之浪子，拥

---

① 《宋史·佞幸·王黼传》。

② 参见何忠礼著：《宋代政治史》，浙江大学出版社 2007 年版，第 249—250 页。

③ 参见张邦炜著：《宋代政治文化史论》，人民出版社 2005 年版，第 187—188 页。

离散之人心以当大变，无一而非必亡之势。"徽宗晚年，北宋正处在这一将亡未亡的临界线上。

四、北宋的灭亡

靖康二年（1127 年）二月，金兵在攻陷东京大肆抢掠后，俘徽宗、钦宗二帝及宗室王公北还，北宋灭亡。

北宋之亡，内亡于朝政腐败，外亡于外族入侵。

1. 朝政腐败表现在外交方面，联合灭辽实为失策

政和元年（1111 年）九月，徽宗派郑允中为辽国生辰使，以童贯为副使，出使辽国，返回时途经辽燕京（今北京）郊外卢沟河时，燕人马植夜见童贯，提出联合女真灭辽之策。童贯携马植归宋，改其姓名为李良嗣，后李良嗣向徽宗提出辽天祚帝荒淫无道，辽国必亡，宋应乘机收复燕地，并说："万一女真得志，先发制人，后发制于人，事不侔矣。"[1]徽宗非常赏识李良嗣，赐姓赵，并授以官职。重和元年（1118年）二月，宋派马政与通晓女真语的呼延庆等人，由登州（今山东蓬莱）渡海至辽东。时金已于三年前建国，据《金史》记载，马政携带宋朝国书面见金军将领，约联金攻辽事宜；宋方记载未见带国书事，但宋金联合攻辽及燕、云（今山西大同）地区归宋等事，当已表达，金也遣使返聘。宣和二年（1120 年）三月，宋使赵良嗣等再次于登州渡海至辽东，时金太祖正率军攻占辽上京（今内蒙古巴林左旗南），赵良嗣等晋见金太祖于附近的龙冈，约定金攻辽中京（今内蒙古宁城西）等地，宋攻燕京，辽亡后，燕、云归宋，宋将原给辽的岁币给金等，史称"海上之盟"。

宣和三年冬，金军攻占辽中京。次年九月，宋、金互派使节报聘约期攻辽。因为宋军攻燕之役失败，童贯以与金夹攻的名义，邀请金军攻打燕京。十月，燕京被金军占领。金军占领燕京后，金太祖责问当初约定金宋联合攻辽，及"到燕京城下，

---

[1] 《宋史·赵良嗣传》。

并不见（宋军）一人一骑"①。并说当初议定只将后晋时割给辽国的燕京地区归宋，并没有同意将营州（今河北昌黎）、平州（今河北卢龙）、滦州（今河北滦县）归宋，三地是辽在后唐时夺取，并非后晋割给辽朝。

宣和五年（1123年），宋金议定除每年的岁币外，另添一百万贯代税钱给金。同年四月，金将后晋割与辽朝的燕京地区西部六州二十四县移交给宋，童贯率部进入燕京，但燕京只是一座"城市邱墟，狐狸穴处"②的空城。

2. 朝廷腐败表现在面对金军南侵不积极备战、战和不定

宣和六年十月，金太宗下诏侵宋。宋徽宗不是积极备战，而是于同年十二月禅位给太子赵桓，自己则为太上皇逃离开封。

靖康元年（1126年），金军兵临开封城下，钦宗战和不定，十二月初二日开封城为金军占领。靖康二年二月，金俘徽宗、钦宗，北宋灭亡。

3. 朝廷腐败表现在屈辱妥协、空言误国

北宋末年，以徽、钦二帝为首的最高统治集团，面对金兵的强大攻势，不是积极备战，而是争吵不休。有的心存幻想，力主妥协，有的虽主抗战，却缺乏具体的措施和办法。最后，投降派占了上风，企图用割地、赔款、称臣的条件来屈辱求和。但是侵略者的欲望总是越来越大，永远不可能使其满足，单凭一纸和约而不使自己强大起来，最终必然会酿成更大的恶果。从宣和七年（1125年）冬金人第一次南下开始，到靖康二年二月北宋灭亡的一年多时间里，朝廷派出一批又一批的使节前往金方求和，总数达几十批上百名之多，使臣中有宰相，也有亲王，可以说是前一批尚未归来，后一批已经出发，他们除了受到金人的百般愚弄，贻误战机，麻痹自己以外，皆一无所获。在国家面临生死存亡的威胁面前，投降派大臣和抗战派大臣还在空发议论，做着一些与抗金毫不相干甚至影响抗金斗争进行的事情。例如当金兵逼近东京时，城外尚有大炮五百余座，官府清野时却没有将它们搬回城去。兵部说

---

① ［宋］徐梦莘撰：《三朝北盟会编》卷12，宣和四年十二月。

② ［宋］徐梦莘撰：《三朝北盟会编》卷16，宣和五年四月十七日。

搬移这批大炮是枢密院的事，枢密院争吵不休，推给军器监，军器监又推给京城所，京城所又推给库部，始终未能将它们搬入城内。结果大炮尽为金人攻城之用。这是空谈误国、互相推诿的典型一例，也是北宋灭亡给后人带来的一个深刻教训。[①]

　　总之，北宋灭亡，表面上看，是亡于外族金人之手，实际上是亡于宋徽宗、宋钦宗二帝统治时朝廷高层的政治极端腐败、军备废弛，特别是长期执行压制武人的政策，造成军事力量极端脆弱、军队战斗力极其低下。同时，也与宋太宗以来所推行的"守内虚外"、议和苟安、不重视国防建设的国策有着一定的关系，但最根本的还是因为最高统治者不敢积极备战、战和不定、存幻想于议和的不战而亡的国策所致。

---

① 参见何忠礼著:《宋代政治史》，浙江大学出版社 2007 年版，第 284—285 页。

第七章　王朝重建与高宗政治

南宋是北宋的继续。从皇帝世系、统治集团的构成，到体制制度、基本国策，乃至社会的主要矛盾等，南宋皆与北宋无多少变化，只是辖区面积大为缩小，都城由开封迁到杭州而已。因此南宋是北宋政权的直接延续。

　　宋高宗在位的最初十几年间，是南宋政治史的关键时期。一方面，经过建炎、绍兴年间的抗金斗争，使宋金双方总体上出现了实力均衡的局面，使南宋小朝廷保住了半壁江山，为偏安之局定下了基调。另一方面，宋高宗统治时期，在内政方面，对于徽宗、钦宗的政治有所拨乱反正，在收取武将兵权，改革官职制度、科举制度，清查田亩、增加税收等方面也都有一定的建树；在外交方面，经过多年努力，最终与金朝订立了"绍兴和议"，为南宋经济文化的发展创造了一个长期的和平稳定环境。高宗时期的治理，为南宋王朝的百余年统治奠定了基础。

一、宋政权的重建

靖康二年（1127 年）二月，金人先后胁迫钦宗和太上皇帝徽宗赴金营，下令将他们废为庶人。三月二十七日和四月初一日，金军右副元帅斡离不和左副元帅粘罕的军队先后撤兵北返，并掳去了徽、钦二帝及皇后、嫔妃、诸王、公主、宗室、驸马和大臣何㮚、孙傅、张叔夜、秦桧等三千余人，"凡法驾、卤簿，皇后以下车辂、卤簿，冠服、礼器、法物、大乐、教坊乐器、祭器、八宝、九鼎、圭璧、浑天仪、铜人、刻漏、古器、景灵宫供器，太清楼秘阁三馆书、天下州府图及官吏、内人、内侍、技艺、工匠、倡优，府库蓄积，为之一空"①。至此，北宋王朝宣告灭亡。对于这段惨痛的历史事件，史家称之为"靖康之变"或"靖康之乱""靖康之祸"。

金人北返前，决定在中原地区立一异姓之国为藩辅，以此作为金与残宋之间的缓冲。金人策立的对象是北宋前宰相张邦昌。然张邦昌既无代替赵氏为帝的野心和人望，在宋朝的政治体制下，也无此种社会基础。张邦昌知道自己一旦称帝，就是僭越犯上，金人退走后，将会带来灭门之祸，所以当他在三月初一日被金人放回开封以后，执意不肯称帝，甚至不惜以自杀相抗争。在内外相迫形势下，三月初五日，张邦昌才被迫答应"从权"。初七日，金朝正式册立张邦昌为帝，国号"大楚"。金人北还后，张邦昌立即遣臣往山东东平府一带寻访康王赵构下落。当得悉康王赵构已经抵达济州（山东巨野）时，他又遣人向赵构表明心迹，解释自己所以称帝的原因是："念兴复之计有在于从权，以济大事，故遂忍死于此，欲追二帝之还而报之于殿下也。"② 同时，遣权吏部尚书谢克家将"大宋受命之宝"送往至济州，奉迎赵构，请他回开封重建宋政权，并将这一决定手书告中外。四月初九日，张邦昌迎接哲宗废后孟氏入居延福宫，复元祐皇后号，请她垂帘听政，自己退位，出任权尚书左仆射

---

① 《宋史·钦宗本纪》。
② ［宋］徐梦莘撰：《三朝北盟会编》卷 91，靖康二年四月七日条。

（左相）。历时一个月零二天的"大楚"傀儡政权，至此草草收场。

赵构（1107—1187年），是徽宗的第九子、钦宗的异母弟，宣和三年（1121年），进封康王。靖康元年（1126年）正月，钦宗命赵构出质金营。当赵构被质于金营时，一日与斡离不同射，因"三矢俱中"，金人怀疑他是赵宋宗室中长于武艺者冒名为之，认为留之无益，便将他遣归，要求宋廷"换真太子来"，他因而得以侥幸返回。京师沦陷前夕，赵构奉命前往斡离不军营求和，行至半途，闻金兵大举南下，就仓皇策马逃归。不料数日后，钦宗再次要他赶赴斡离不军营求和，赵构无奈只得冒险以往。赵构到达磁州（今河北磁县）时，金兵已开始渡河，守臣宗泽请他留磁州抗金，赵构看到形势紧张，第二天就逃往相州（今河南安阳），在那里受到知州汪伯彦的百般宽待，从此赵构将他视为知己。闰十一月十八日，汴京危在旦夕，钦宗派人到相州，拜赵构为兵马大元帅，以知中山府陈亨伯为元帅，汪伯彦、宗泽为副元帅，要他们疾速带兵入卫。此时赵构虽已有兵万人，但他不仅不听，反而离开相州向东逃往大名府（河北大名）。汴京沦陷后，赵构由大名进入山东。靖康二年正月，赵构抵达东平，二月退至济州。四月初八，赵构接受谢克家从京师带来的"大宋受命之宝"以后，"命克家还京师，趣办仪物"①，开始择地做登基的准备。原来与帝位无缘的赵构，此时作为宋徽宗诸子中唯一的漏网之鱼，竟然成了赵宋皇位的合法继承人。

此时，金兵已经退出河南地区，但赵构还是不敢回开封，而是想直接退到宿州（今安徽宿县），然后在那里渡江继续南逃，但遭到三军的反对，赵构只得暂时退到南京应天府（今河南商丘）。五月初一日，元祐皇太后在开封撤帘还政。同日，赵构在应天府即皇帝位，重建宋政权，是为宋高宗。当年改元为建炎元年，寓以火克金之意，当然也有希望与北宋开国年号"建隆"并驾齐驱的含义。

赵构所建立的南宋政权，无论从帝位世系、基本国策、统治集团的主要成员和社会矛盾来看，与北宋并无多少变化，南宋实际上还是北宋政权的延续，政策、制

---

① 《宋史·高宗本纪一》。

度也大同小异，只是国土面积缩小到原来的五分之三左右，都城由北方的开封后来迁到了南方的杭州而已。不过，南宋在执行北宋基本国策的过程中，随着形势的发展和环境的改变，无论是国情或政策措施，都发生了一些变化。从官僚机构看，变得较北宋为精干，如三省这一最高中央机构，自建炎三年（1129 年）四月起，将中书省、门下省并为一省，使三省成了两省，从此形成为定制，其他中央机构也有所减省或合并。从军事制度看，由于前有金朝，后有蒙元的严重威胁，军力部署已由北宋时期的"内外相制"变成为分区防守。从经济上看，南宋的社会经济比北宋有了更大的发展，最终完成了中国经济重心由北方向南方转移的历史进程。海外贸易发展之快，更是令人瞩目。从文化上看，完成了中国文化重心由北方向南方转移的历史进程，并进入封建文化最为繁荣的时期。此外，宋学的蓬勃发展和理学的定于一尊，对中国封建社会后期的哲学、思想产生了重大影响。[①]

二、建炎南渡

宋高宗即位后，政权所面临的最大危机依然是金人的南侵。金军退去，但随时可能再度南下。所以，稳妥起见，并汲取徽、钦二帝的教训，他重新起用主战派官员李纲。宋高宗任命他为尚书左仆射兼中书侍郎（左丞相）。

李纲是政和二年（1112 年）进士。北宋末年，累官尚书右丞。金兵南下，李纲坚决主张抵抗，钦宗拜其为亲征行营使，负责京城防御。李纲坚持抗金的主张和一系列防御措施，遭到力主向金人求和的大臣们的反对，也得不到钦宗的支持，靖康元年（1126 年）十月，被加上"专主战议，丧师费财"[②]的罪名，责授保静军节度副使、建昌军安置，再谪宁江军节度副使，夔州（四川奉节）安置。汴京陷落前夕，钦宗在走投无路的情况下，急召李纲赴汴京，任命他为资政殿大学士，领开封府事。

---

① 参见何忠礼著：《南宋政治史》，人民出版社 2008 年版，前言第 8、10 页。

② 《宋史·李纲传上》。

李纲行至长沙受命，即率勤王之师入援，可是尚未抵达京师，汴京已为金军攻破。李纲虽然没有能够挽救北宋的灭亡，但他作为抗战派的领袖，在当时朝野享有很高的声誉和威望，这正是立足未稳的高宗为凝聚民心所迫切需要的。

建炎元年（1127年）六月初一，李纲以右相召回应天府。次日，李纲入见高宗，呈上国是、巡幸、赦令、僭逆、伪命、战、守、本政、责成、修德十事。其中关于国是，李纲针对朝廷上下妥协议和之风盛行，总结了"靖康之变"的深刻教训，论述了和、战、守三者之间的关系，认为与金人议和必须建立在自己力量的基础上，这就是"以守则固，以战则胜，然后其和可保"，如果不讲究战守之计，一味相信议和，"则国势益卑，制命于敌，无以自立矣"。他提议，"为今之计，莫若一切罢和议，专务自守之策"，待数年休养生息以后，"然后可议大举，振天声以讨之，以报不共戴天之仇，以雪振古所无之耻"。关于巡幸，他提出"除四京外，宜以长安为西都，襄阳为南都，建康为东都"的多都思想。李纲认为这样做有三利："一则藉巡幸之名，使国势不失于太弱；二则不置定都，使敌国无所窥伺；三则四方望幸，使奸雄无所觊觎。"并认为汴京乃宗庙社稷之所在，天下之根本，力劝高宗要"择日巡幸"。关于僭逆，他提出必须处死张邦昌，"以为乱臣贼子之戒"。不久，李纲以右相兼御营使，具体负责对金防御事宜。

李纲任相后，积极主张抗金。为加强抗金斗争的力量，他推荐坚决抗战的老臣宗泽出任东京留守，去开封整修防御设施；又力主设置河北招抚司和河东经制司，支持两河军民的抗金斗争，并举荐张所和傅亮分别任河北招抚使、河东经制副使。他还针对北宋末年军政腐败、赏罚不明等情况，颁布了新军制二十一条，着手整顿军政，并建议在沿江、沿淮、沿河建置帅府，实行纵深防御。

李纲整顿军政的设施，有助于宋朝廷支撑局面，尚能为宋高宗所接受。然而，他主张坚决抗金与反对投降活动，以及在迁都等问题上，却与高宗有着尖锐的分歧，故为高宗及汪伯彦、黄潜善所不容。因此，他们便设法驱逐李纲。首先，高宗委任黄潜善接任右仆射兼中书侍郎，以牵制李纲。接着，高宗又罢免张所、傅亮、撤销河北招抚司及河东经制司，蓄意破坏李纲的抗金部署，迫使李纲辞官。结果，李纲主政仅七十五天，便遭罢相。

从对待李纲的任用这件事可以看出，宋高宗实际与宋徽宗、钦宗并没有什么差别，患上了严重的"畏金症"。宋高宗并无大志，他骨子里就是个主和派，日后在宋金交往中他的政策亦可以证明这一点。

为了避免重蹈徽、钦二帝的覆辙，宋高宗一开始就希望逃到南方去。建炎元年（1127 年）七月，他下达了"巡章东南"的手诏，目的地是建康（今江苏南京），但因李纲的极力反对而作罢。

将李纲罢相后，宋高宗于十月逃到扬州，并将之作为"行在"。

建炎元年十二月，金军分三路再次南侵，西路攻陕西，攻山东的东路军在渡过黄河后由完颜宗弼分率一部直逼开封，完颜宗翰则亲率中路直攻开封与其会师。这是金军对东京（汴京）的又一轮攻势。金朝的目标非常明确，那就是追击立足未稳的高宗小朝廷，俘获高宗，以确保不再有一个赵氏政权与其为敌。

这时的开封府尹兼东京留守是宗泽，他有效地部署了东京防线，粉碎了金军夹攻的计划。其后，他派人联络两河抗金义军，建立以东京为中心、两河为屏翼的抗金防线。同时宗泽派人与两河义军联系，让他们做好接应宋军渡河收复两河失地的准备。

两河义军数十万都受宗泽节制。宗泽深知这些自发的义军，是抗金斗争最可倚靠的主力，但没有朝廷的支持，迟早会归于失败。因而在开封秩序恢复正常以后，他一再上书高宗，呼吁还都，以号令抗金斗争。宗泽留守东京一年，先后上了二十四次《乞回銮疏》。建炎二年七月，宗泽见坐失良机，忧愤成疾，赍志而没。死前，他还三呼"过河"。宗泽死后，北方抗金力量从此大为削弱，中原终于被完全放弃。

建炎三年二月，完颜宗翰派兵奔袭扬州，前锋直抵天水军（今安徽天长）。听到消息后，宋高宗策马出城，仓皇渡江，经镇江府到达杭州。

这次溃退，朝野都把罪责推在黄潜善和汪伯彦的身上，高宗也不满他俩未能早做准备，让自己吃足了苦头，遂将他俩罢相，改任命朱胜非为右相，王渊签书枢密院事，仍兼御营司都统制。但这仍然不能息事宁人。御营司武将苗傅和刘正彦嫉妒自己的长官王渊升迁极速，又忌恨宦官胡作非为；于是利用军士对朝政的不满，发动兵变，杀了宋高宗信任的王渊和一批宦官，宋高宗应其要求被迫下诏退位（将皇位禅让给三岁的皇太子赵旉）。这件事在历史上被称为"苗刘兵变"。

兵变消息传出后，各地将领纷纷勤王平乱，出兵镇压。文臣吕颐浩、张浚和武将韩世忠、刘光世、张俊起兵"勤王"。苗傅和刘正彦失败被杀。宋高宗得以"复辟"。之后，宋高宗封赏平乱功臣，升吕颐浩为尚书右仆射，升李邴为尚书右丞，封韩世忠为少保，武胜、昭庆两镇节度使，御书"忠勇"赞扬其忠心，另外封其夫人梁氏为护国夫人，一人兼两镇节度使及功臣之妻受封赏皆始于此，张浚则自请前往川陕一带防守，被封为宣抚处置使。

兵变平息后，宋高宗将杭州升为"临安"府，但金军依然在继续追击。高宗无奈，只好遣使向金帅完颜宗弼（兀术）乞和，但金军不加理睬，渡过长江，占领建康（今南京），直奔临安。宋高宗只好从临安逃到越州（今绍兴），后逃到明州（今宁波），十二月，索性决定入海避敌——乘船漂泊在台州与温州间的海上，其颠沛流离之狼狈由此可见一斑！

建炎四年（1130年）正月十六日，兀术攻陷明州，也乘船入海，打算捕获高宗。幸而途中遇上大风暴，被宋军水师击败，又退回明州，让高宗躲过一劫。金军捕获不成，为避免后路被断，开始回撤。三月，兀术再次渡江北上，先被韩世忠的水师在黄天荡包围、阻截，撤退到陆地上后又被岳飞率军打败，金军终于退去，从此不再渡江。宋高宗在确知金军已经撤走之后，才从温州泛海北上，回到越州，结束了长达四个月的海上亡命生活。

次年，高宗改元为绍兴元年（1131年），寓有"绍祚中兴"之意。十月，高宗又升越州为绍兴府，把这里也作为行在。绍兴二年正月，宋高宗迁回临安（今杭州），事实上以临安为都城，结束了其"南渡"行程。之所以说是"事实上"，是因为临安名义上还是"行在"，以此体现宋高宗不忘恢复中原的姿态。①

三、建炎、绍兴政治

（一）复元祐之政

南宋初年，高宗君臣对于北宋灭亡的原因进行了"反思"，他们的结论是：北宋亡于蔡京、王黼等人之手，他们皆以"绍述"（继承神宗遗志）为号召，追溯其根源，则始自"熙宁变法"，而王安石乃是变法的始作俑者，因而北宋灭亡的罪魁祸首当推王安石莫属。如建炎三年（1129年）六月，时任司勋员外郎的赵鼎说："社稷不幸，乃有王安石者用事于熙宁之间，以一己之私，拂中外之意。巧增缘饰，肆为纷更，祖宗之法扫地殆尽。于是天下始多事，而生民病矣。"又说，"今日之患，始于安石，成于蔡京，自余童贯、王黼辈曾何足道"。②绍兴元年（1131年）九月，右司谏韩璜言："今日祸首，实自王安石变新法始。"③绍兴四年八月，宗正少卿兼直史馆范冲入见高宗说："臣闻万世无弊者，道也；随时损益者，事也。仁宗皇帝之时，祖宗之法，诚有弊处，但当补缉，不可变更。当时大臣如吕夷简之徒，持之甚坚，范仲淹等初不然之，议论不合，遂攻夷简，仲淹坐此迁谪。其后，夷简知仲淹之贤，卒擢用之。及仲淹执政。犹欲伸前志。久之，自知其不可行，遂已。王安石自任己见，非毁前人，尽变祖宗法度，上误神宗皇帝。天下之乱，实兆于安石，此皆非神祖之意。"高宗对此充分肯定，他说："极是，朕最爱元祐。"④绍兴五年三月，高宗又对王安石及其学术思想开展了猛烈的批评，他说："安石之学，杂以伯道，取商鞅富国强兵。今

---

① 参见于之伟、李鹏主编，袁启凡著：《帝国的归宿》（两宋卷），中国华侨出版社 2018 年版，第215—218 页。

② ［宋］赵鼎撰：《忠正德文集》卷 1《奏议上·论时政得失》。

③ ［宋］李心传撰：《建炎以来系年要录》卷 47，绍兴元年九月甲寅。

④ ［宋］李心传撰：《建炎以来系年要录》卷 79，绍兴四年八月戊寅。

日之祸，人徒知蔡京、王黼之罪，而不知天下之乱，生于安石。"① 这样，高宗为其后南宋的统治政策定下了基调：恢复元祐旧制，坚持保守，反对革新。

首先，高宗认为："王安石之罪，在行新法。"② 因此正式宣布"举行仁宗法度"，接着进一步明确为"首行嘉祐之法，次举元祐之政"③。根据这一政治方针，建国伊始，即下诏"住散青苗钱"④，并陆续废除市易、保甲、免役、方田均税等法，自绍兴二年（1132 年）起，改变在科举中只以经义取士的做法，恢复元祐时诗赋、经义兼收之制。

其次，"诏史官辨宣仁圣烈皇后诬谤"，进而以"诬谤"孟后之罪，"追贬蔡确、蔡卞、邢恕、蔡懋官"⑤。凡是追随过原变法派和蔡京、王黼的官员，一律免职。与此同时，尽行追复"元祐党人"的官职，"恩数追复未尽者，令其家自陈"⑥。

最后，贬抑王安石，并清算其学术思想。高宗认为：《六经》所以经世务者，以其言皆天下之公也，若以私意妄说，岂能经世乎？王安石学虽博而多穿凿以私意，不可用。"⑦ 对王学做了全面否定。先是继靖康元年（1126 年）废王安石所著《字说》，从孔庙撤出他的配食坐像之后，又罢王安石配享神宗庙庭，改以司马光配享。接着，诬王安石"心术不正"之罪，削去了他的王爵，并禁止举子用《三经新义》。与此同时，高宗大力推崇程颐、程颢所倡导的洛学，先后将二程弟子和再传弟子杨时、谯定、胡安国、朱震、胡寅等人召还朝廷。绍兴四年（1134 年），赵鼎为相，他作为二程的忠实信徒，更是大量任用洛学之人。绍兴五年三月，兵部侍郎王居正献《辩学》四十三篇，全面批判"王安石父子平昔之言不合于道者"⑧，并危言耸听地说王安石

---

① ［宋］李心传撰：《建炎以来系年要录》卷 87，绍兴五年三月庚子。
② ［宋］李心传撰：《建炎以来系年要录》卷 46，绍兴元年八月庚午。
③ ［宋］李心传撰：《建炎以来系年要录》卷 104，绍兴六年八月丙午。
④ 《宋史·高宗本纪一》。
⑤ 《宋史·高宗本纪一》。
⑥ 《宋史·高宗本纪二》。
⑦ ［宋］李心传撰：《建炎以来系年要录》卷 145，绍兴十二年六月癸未。
⑧ ［宋］李心传撰：《建炎以来系年要录》卷 87，绍兴五年三月庚子。

"无父无君者一二事"。高宗于是下诏禁止王学的传播。

　　还有，重修《神宗实录》和《哲宗实录》。北宋中后期，《神宗实录》修过二次，第一次为元祐年间（1086—1094 年）由范祖禹等保守派史官所撰，史称旧录；第二次是绍圣年间（1094—1098 年）所修，出于变法派官员曾布等人之手，史称新录。两部实录的最大不同在于，前者完全否定王安石及其变法运动，后者则全盘肯定王安石及其变法运动。《哲宗实录》由蔡京、蔡卞等人修于大观年间（1107—1110 年），其基本立场与神宗《新录》无异。绍兴四年（1134 年）五月，有大臣奏称，认为"神宗、哲宗两朝史录事多失实，非所以传信后世，当重别刊定"①。于是高宗命范祖禹之子范冲领其事，重修神、哲两朝实录。绍兴六年《神宗实录》修成，"旧文以墨书，删去者以黄书，新修者以朱书，世号朱墨史"②。不久，《哲宗实录》也重新修成。范冲在这两部新修的实录中，像其父一样，"大意止是尽书王安石过失，以明非神宗之意"③，其观点之偏颇已不难想见。

　　不过，对以王安石为代表的变法派和以蔡京为代表的假变法派组织上的"清算"容易，对制度上的改变特别是对王安石学术思想的彻底否定却要难得多。这是因为王安石所推行的新法有些确实有其合理性和可行性，它或有利于均平赋税，或有利于增加国库收入，或有利于巩固封建统治，声言要完全将它们废除，只是说说而已。在对待王安石的学术思想上，南宋初年出现了异常复杂的情况。其原因在于熙宁年间（1068—1077 年），王安石通过援佛入儒、援道入儒、援法和诸子百家入儒等手法，以经理世务为目的重新阐述儒家经典，建立了自己庞大的学问体系，世称"荆公新学"或"王学"，它统治北宋后期思想界近半个世纪的时间。当时举子无不以王安石的学术思想作为科举考试的答案依据，特别是在崇宁（1102—1106 年）以后，"王安石学益盛，内外

---

① ［宋］李心传撰：《建炎以来系年要录》卷 76，绍兴四年五月癸丑。

② 《宋史·范冲传》。

③ ［宋］李心传撰：《建炎以来系年要录》卷 79，绍兴四年八月戊寅。

校官，非《三经义》、《字说》不登几案"①。所以，除了"元祐党人"和洛学子弟、门人，如赵鼎、胡寅、范冲、邵伯温之徒对王学本能地加以排斥以外，生活于南宋初期的士大夫，无论是李纲、吕颐浩、张浚还是后来的秦桧，早年受王学熏陶极深，他们后来所以转而信奉二程之学，无非因高宗爱元祐，爱洛学，以此取得他的欢心而已。②

（二）收武将兵权

赵宋王朝建立以后，最高统治者对中唐以后至五代时期的藩镇割据、武将跋扈而造成政权频繁更替的历史教训，记忆犹新，因而对他们的抑制和防范可谓无所不用其极，反之，对文人却重用有加。进入南宋，眼见武人地位的提高，对他们的防范较过去更是有过之而无不及。正如浙东事功学派的著名思想家叶适所说："本朝之所以立国定制，维持人心，期于永存而不可动者，皆以惩创五季而矫唐末之失策为言，细者愈细，密者愈密，摇手举足，辄有法禁。而又文之以儒术，辅之以正论，人心日柔，'士气日惰，人才日弱……以仁宗极盛之世，去五季远矣，而其人之惩创五季者不忘也……况靖康以后，本朝大变，乃与唐末、五季同为祸难之余，绍兴更新以至于今日；然观朝廷之法制，士大夫之议论，堤防扃钥，孰曰非矫唐末而惩创五季也哉？"③

宋代推行的这种"重文抑武"政策，使文臣官僚的发言权和实际权力都大大提高，年深日久，在士大夫中普遍滋生了一种歧视武人、猜疑武将的恶劣风气，并形成为一种成见。像仁宗朝抗击西夏的名将狄青，官至枢密使，因是行伍出身，仍屡遭文臣羞辱，尽管他行为处事十分低调，甚至脸上的黥文（刺字）也不敢去掉，仍无端受韩琦和文彦博等大臣的猜疑，最后终于惊怖而死。在庙堂之上，武将的地位

---

① ［宋］李心传撰：《建炎以来系年要录》卷87，绍兴五年三月庚子。
② 参见何忠礼著：《南宋政治史》，人民出版社2008年版，第36—40页。
③ ［宋］叶适撰：《叶适集·水心别集》卷12《法度总论二》。

亦甚低下，决不能与文臣分庭抗礼。"故事，宰相坐待漏院，三衙军官于帘外倒仗声喏而退"①，一有违犯，即遭废黜。在皇帝和士大夫的心目中，衡量武将好坏的标准，主要的不是看他能否打仗，而是看他能否"尊朝廷"。绍兴六年（1136 年）冬，南宋诸大将在大败伪齐军队的进攻以后，按照朝廷命令皆分赴各地屯驻，对此，高宗对赵鼎说："刘麟败北，朕不足喜，而诸将知尊朝廷为可喜也。"②就是这种心态的反映。

在和平年代里，武将权力有限，作用不大，他们与皇帝和文臣之间尚可相安无事。但是，一旦局势发生剧变，军队必须一切听命朝廷的传统做法已行不通，在这种情况下，出现武人跋扈固然不必说，就是武将的便宜行事和地位的提高、待遇的加厚，都会招来士大夫们的猜疑与不安。

南宋政权建立伊始，处于内外交困、腹背受敌的困难处境。外有金人入侵，大片国土沦丧，高宗君臣望风溃逃；内有游寇骚扰，农民造反不断发生，政权岌岌可危。所存无几的军事力量，亦崩溃莫制，无可凭恃。面对这种形势，高宗不得不倚重武将，暂时收起原来那套抑制武人的做法，以利用他们来巩固统治。于是，武人势力开始崛起，他们在军事上取得了自行扩军和带兵作战的实权，在政治上开始有了发言权，在经济上因从事各项商业活动和不断获得赏赐而成为暴发户。特别是建立四大宣抚司以后，武将出身的宣抚使，其地位已在文臣出身的监司官和州郡长官之上。此时，确实也出现了一些武将的跋扈行为。朱熹说："绍兴间诸将横，刘光世使一将官来奏事，应对之类皆善，上喜之，转官。颇赐予。刘疑其以军中机密上闻，欲杀之。其人走投朝廷，朝廷不知如何区处之。刘又使人逐路杀之，追者已近，其人告州将，藏之狱中，入文字朝廷，方免。"③若再联系到刘光世几次拒绝移师江北的行径，言其有些跋扈并无过当。类似情况，也出现在张俊身上。苗刘之变和淮西兵

---

① ［宋］徐梦莘撰：《三朝北盟会编》卷 153，绍兴二年十月六日条。
② ［宋］李心传撰：《建炎以来系年要录》卷 106，绍兴六年十一月癸酉。
③ ［宋］黎靖德编：《朱子语类》卷 132《中兴至今日人物下》。

变，更是作为武将跋扈的两个典型而深为士大夫们担心。随着对金战争的胜利，诸大将在兵力、财力和政治权力的不断扩大，朝廷对他们的成见与戒心也日益加深。建炎三年（1129年）六月，江南久雨不止，刚刚经历过苗刘之变的高宗，以为这是有人要谋害他的天象，不觉忧心忡忡，御史中丞张守上疏以为："今将帅位高身贵，家温禄厚，拥兵自卫，浸成跋扈之风……此将帅之权太盛，意其有以干阳也。"[①]高宗更担心害怕"悍将骄兵"出现"权既偏重，柄既倒持"[②]的局面，因此对收兵权的态度和措施表现得十分的坚决与积极。

宋高宗虽非中兴明主，却极富政治头脑和权术的运用。建炎、绍兴之初，他所以不动声色，始则听从李纲、范宗尹等人的建议，设立镇抚使和给一些将领以藩镇之权，继则分设宣抚使以行分区防守，这是因为金人一心想消灭南宋，依靠武人进行抵抗是他唯一可行的选择，故不得不给武将以一定的权力。不过，高宗确实不希望将抗金战争进行到底，这并不仅仅是因为害怕钦宗南归与他争夺皇位，还因为害怕随着战争的深入，酿成武将势力的进一步扩大，造成尾大不掉之势，直接威胁到他的统治地位。

所以，在金人南侵与民间反政府风暴的威胁下，高宗对武将采取以利诱、笼络为主，以威胁为辅的策略。但是，兵权掌握在武将之手，始终是他的一块心病。宋金战争进行到绍兴七年（1137年）以后，高宗以为南宋已有力量守卫淮河以南的土地，于是就将收兵权提上了议事日程。

早在绍兴元年（1131年）二月，翰林学士汪藻即上书高宗，提出"方今所急者，唯驭将一事"。为消除祸起萧墙的隐患，他主张运用"示之以法""运之以权""别之以分"的"驭将三说"，其要害是"精择偏裨十余人，裁付兵数千，直隶御前而不隶诸将，合为数万，以渐销诸将之权"。汪藻以为用这种收兵权的方法，一可以使军队直属御前，皇帝收回了统兵权，二可以以偏裨分领士兵，大大地削弱了主将的带兵

---

① ［宋］李心传撰：《建炎以来系年要录》卷24，建炎三年六月己酉。

② ［宋］胡寅撰：《斐然集》卷16《上皇帝万言书》。

权。他认为此法乃"万世计也","勿以臣人微而忽其言"。汪藻的奏议一经传出,据说"兵将官皆不堪之,有令门下士作不当文臣论者"。"自此文武二途,若冰炭之不合矣。"①足见此法影响之大。只是因为当时宋金战争还在进行,高宗害怕行汪藻之法会引起拥兵将领的不满,因而不敢贸然实行。可是,到绍兴八年(1138年)以后,形势有了新的变化,一方面是南宋的军事力量已经可以与金朝相抗衡,另一方面是金朝已表现出了一定的议和"诚意"。在这种情况下,高宗对武将的依赖程度有所减轻。因而,高宗就开始了他蓄谋已久的收兵权的措施。

不过,高宗吸取了淮西之变的教训,对收兵权一事做得十分隐蔽和小心。绍兴十年七月,正当河南用兵即将结束之际,又有左宣议郎王之道上书,要求高宗以文制武,收诸大将兵权。王之道说:"国家用兵十有六年矣,士卒之隶诸将者不为不亲附,而罚终不行二也。今日之兵,隶张俊者则曰张家军,隶岳飞者则曰岳家军,隶韩世忠者则曰韩家军。相视如仇仇,相防如盗贼。自不能奉公,惴惴然惟恐他人之奉公而名誉贤于己也;自不能立功,惴惴然惟恐他人之立功而官爵轧于己也。且其平日犹或矛盾,若此使其临大利害,安能保其不能为敌国邪? 此其三也。臣愿陛下自谋诸心,选择耆德素负天下之望者谋及龟筮,谋及士庶,授以斧钺,俾统六师。自阃以外,咸得专之,臣见一戎衣而天下定,不得专为有周美矣。愿陛下断自宸衷,而必行之。"虽然王之道之言完全说出了高宗的心意,但高宗害怕提前泄露天机会造成严重后果,所以借口"之道恣睢妄行,全无忌惮",给了他一个"送吏部与远小监当差遣"②的处分,表示自己决不会采纳他的建议,以稳定诸大将之心。

怎样才能妥善收回三大将兵权,又不致重蹈淮西之变的覆辙,成为高宗与朝廷中枢必须解决的问题。兵部员外郎张戒一日与御史中丞常同相遇,常同问他:"诸将权太重……今当何以处之?"张戒回答道:"兹甚不难,但当擢偏裨耳。"虽然此法并

---

① [宋]徐梦莘撰:《三朝北盟会编》卷145,绍兴元年二月二十六日条。
② [宋]李心传撰:《建炎以来系年要录》卷137,绍兴十年七月乙卯。

非张戒首创，还是大受常同欣赏，认为"此论可行"①，于是将他首荐为监察御史。史籍记载了高宗召见张戒时的这样一段对话：

> 监察御史张戒入对，因言诸将权太重。上曰："若言跋扈，则无迹，兵虽多，然聚则强，分则弱，虽欲分，未可也。"戒曰："去岁罢刘光世，致淮西之变，今虽有善为计者，陛下必不信，然要须有术。"上曰："朕今有术，惟抚循偏裨耳。"戒曰："陛下得之矣，得偏裨心，则大将之势分。"上曰："一二年间自可了。"戒曰："陛下既留意，臣言赘矣。"②

以上对话，有三点值得说：一是高宗承认当时武将并不存在跋扈的问题，所以要处心积虑地收回他们的兵权，当然是另有目的；二是早在"绍兴和议"正式签订前四年，高宗已经制定了以一二年时间收回大将兵权的计划，后来由于兀术撕毁了宋金第一次和议，再次发动南侵，才使收兵权的时间推迟；三是高宗收兵权的方法，采用的就是早年汪藻所提出的"驭将三说"法，对此，《宋史·汪藻传》说得非常清楚："尝论诸大将拥重兵寖成外重之势，且陈所以待将帅者三事，后十年卒如其策。"

绍兴十一年（1141年）四月，在南宋军队对金军的南侵取得决定性胜利、实现对金和议已成定局的情况下，宋高宗采纳给事中、直学士院范同"请皆除枢府而罢其兵权"的计策，"以柘皋之捷，召韩世忠、张俊、岳飞并赴行在论功行赏"为名，将三人召至临安，分别除韩世忠、张俊为枢密使，岳飞为枢密副使。待三人自枢密院出来后，才发觉"其所部皆已散去，导从尽以密院之人"③。与此同时，改三大将屯兵为御前诸军，从而割断了他们对前方军队的直接统领关系。高宗给各支军队下诏明白宣示："凡尔有众，朕亲统临，肆其偏裨，咸得专达。"④ 至此，高宗终于解除了他的心腹之患，一举收回了三大将的兵权，回复到北宋时期以文制武的旧规。秦桧因

---

① ［宋］李心传撰：《建炎以来系年要录》卷118，绍兴八年三月甲辰。
② ［宋］李心传撰：《建炎以来系年要录》卷119，绍兴八年五月戊子。
③ ［宋］徐自明编：《宋宰辅编年录》卷16，高宗绍兴十一年四月壬辰。
④ ［宋］徐梦莘撰：《三朝北盟会编》卷206，绍兴十一年五月七日甲辰。

收兵权有功，由右相升任左相，封庚国公。[①] 此后，因为高宗对岳飞的不信任，特别是淮西兵变发生后，岳飞奉命赴行在奏事，向高宗建议将已养育在宫中的太祖七世孙赵瑗立为皇子，以粉碎敌人阴谋。这次陈奏触犯了武人不得干预朝政的宋朝家法，引起高宗的极大反感。在第二次宋金和议即将启动时，高宗、秦桧以"莫须有"罪名杀害了岳飞。

（三）"绍兴和议"

宋高宗依靠文武百官对赵宋政权的忠心和广大军民反抗金侵略者的巨大力量，得以重建南宋政权，但他绝非中兴明主，而是一个畏金如虎、苟安求和的统治者。在战乱中饱受流亡之苦的宋高宗，从称帝开始，面对内忧外患局面，为了维持偏安，他采取了妥协方针，不断寻求与金议和的途径。

高宗即位伊始，鉴于父兄被掳，自己又不练兵阵，早已被金人的气焰吓破了胆，所以接受黄潜善、汪伯彦的建议，第一件事是向金人乞和，以求得自己有一席立足之地。从建炎元年（1127 年）五月初九日，首命修职郎王伦特迁朝奉郎、假刑部侍郎，充大金通问使、进士朱弁为修武郎副之；从事郎傅秀特迁宣义郎、假工部侍郎，充大金祈请使，阁门宣赞舍人马识远副之，共同出使金朝河北军前求和开始，高宗一直在不间断地创造条件与金议和，直到绍兴十二年（1142 年）二月，双方才最终达成了和议。

宋金和议所以能够达成，是双方军事和经济力量达到某种平衡的结果。

从双方军事力量对比来看，绍兴十一年前后，南宋的军事力量已经壮大起来，而金朝的军事力量已有所削弱，这就是说金朝在占领河北、河南、山东等淮河以北的广大土地以后，再也无力南侵，而南宋已具有了保卫淮河以南直到川蜀地区的力量，不会再出现早期那样"帝为贼驱"的原因。但是，南宋如果要收复北方失地，却有着很大难度。从军事上看，当时的金朝，实力并非在北宋前期的辽朝之下，南宋

---

① 参见何忠礼著：《南宋政治史》，人民出版社 2008 年版，第 92—100 页。

虽有岳飞、韩世忠等人率领的几支勇敢善战的军队，但总体实力则仍较太祖、太宗两朝为弱。既然北宋以方兴之势尚不能打败辽朝，收复燕云，南宋想打败金朝，收复北方失地乃致直捣燕云，在军事上同样也没有成功的可能。这从绍兴十一年（1141年）夏天的淮西之战，双方胜负相当的形势中可以看得很清楚。后来张浚北伐（1163年）和开禧北伐（1206年）的失败，也证明了这一点。因此，若要收复北方失地，抗金战争将是长期的。

再从经济力量对比来看，南宋自"靖康之变"以来，经过了十余年的战争，社会经济遭到了极为严重的破坏，百姓为了支持战争，受尽了各种苛捐杂税的盘剥，生活十分悲惨。绍兴九年（1139年）二月，吉州免解进士周南仲上书说："今日天下既失其半，又四川财赋不归朝廷，计朝廷岁用数千万，皆取于东南，刮骨槌髓，民不聊生。养兵之外，又有奉使无益之费，不识国家何所办此？"① 故岳飞每调军食，就忧心忡忡地说："东南民力，耗敝极矣！"② 绍兴七年五月，四川都转运使李迨历数四川地区税收既重且滥以后，告诉高宗说："军兴后来所增岁人之数，今比旧额已增过倍，取于民者可谓重矣。若计司不恤，更增赋敛，民力困竭，事有难测，此亦朝廷所当深虑矣。"③ 这就是说，由于对百姓的负担已经达到顶点，如果继续这种负担，将会引起社会的严重动荡，乃致分崩离析。南宋初年到处发生的农民起义，证明李迨之言决非危言耸听。

由此可见，当时的南宋无论从军事上或是经济上来说，收复北方失地的条件都不成熟，出路只有两条：一条是继续维持庞大的军事机器，坚持与金人进行时断时续的战争，既不称臣，也不割地和交纳岁币；一条是付出一定代价，与之议和，换得一个和平的环境。④

宋金经过多年军事战争的冲突，双方军事经济力量达到了一个相对平衡点，经

---

① ［宋］李心传撰：《建炎以来系年要录》卷126，绍兴九年二月末。

② 《宋史·岳飞传》。

③ ［宋］李心传撰：《建炎以来系年要录》卷111，绍兴七年五月壬午。

④ 参见何忠礼著：《南宋政治史》，人民出版社2008年版，第105、106页。

过反复磋商，绍兴十二年（1142年）二月，宋金双方达成最终和议，史称"绍兴和议"。

关于"绍兴和议"的内容，南宋给金朝的誓表中有如下记载：

> 臣构言：今来画疆，合以淮水中流为界，西有唐、邓州割属上国。自邓州西四十里并南四十里为界，属邓州。其四十里外并西南尽属光化军，为敝邑沿边州城，既蒙恩造，许备藩方，世世子孙，谨守臣节。每年皇帝生辰并正旦，遣使称贺不绝。岁贡银、绢二十五万两、匹，自壬戌年（按：即1142年，绍兴十二年）为首，每春季差人般送至泗州交纳。有渝此盟，明神是殛，坠命亡氏，踣其国家。[①]

归纳上面史料，"绍兴和议"的内容主要有三条：一是南宋向金称臣，"世世子孙，谨守臣节"；二是宋金疆界，东以淮水中流，西以大散关（在陕西宝鸡西南大散岭上）为界，南宋割唐（今河南唐河）、邓（今河南邓县）两州及商（今陕西商县）、秦（今甘肃天水）两州之半予金；三是南宋向金岁贡银二十五万两、绢二十五万匹。此外，双方还约定：金朝归还韦后和徽宗帝后梓官，南宋遣返自北方"亡命投在江南"之人和已在金朝任职或居住的原宋朝官员的家属等。

"绍兴和议"签订后，南宋获得了一个长期稳定的和平发展大好环境。其间双方虽然仍有军事冲突，但再也没有像靖康到绍兴十一年间那样大规模的军事战争，这为南宋经济文化发展创造了条件，影响中国文化的理学就是在南宋朝达到了巅峰。

（四）高宗时职官制度的调整

南宋的职官制度基本上继承了北宋元丰官制改革以后的制度而略作变化，而这种变化大都发生在高宗一朝，因此了解高宗朝的职官制度，也就基本上了解了整个南宋的职官制度。

[①] 《金史·宗弼传》。

南宋建立以后，中央机构仍与北宋一样，有三省、六部、台、谏、寺、监等设置。为适应战争形势和节省开支，对某些中央机构做了适当精简和合并。

南宋宰相权力相对于北宋明显扩大，除了主管民政事务外，其权力扩张到国家统治和社会治理的方方面面，而这一切，均与高宗时期对职官制度的调整密切相关。南宋宰相通过诸多路径来掌控军事、财政、司法、监察、谏诤、草拟诏令等的机构和人事任免、升降，致使这些机构和官员无法独立行使职权，成为宰相的附庸和专权的工具。南宋朝廷颁布和实施的一些界定宰相权力的诏令和规定，则成为权相不断出现的制度性根源。①

南宋建炎元年，禁军溃散，高宗为加强自身防卫，另设御营司，由宰相兼御营使，执政兼副使，掌兵权，枢密院形同虚设。建炎三年（1129年）四月，尚书左、右仆射皆加同中书门下平章事，同时合并中书与门下二省，基本上恢复到神宗改制前的状态。建炎四年六月，"罢御营使及官属而以其事归枢密院为机速房"②，但宰相例兼枢密使，总揽军政大权；签书枢密院事、同知枢密院事也多与参知政事互兼。秦桧死后，宰相兼枢密使、签书枢密院事和同知枢密院事与参知政事互兼的情况一度停止。绍兴末年，宋金战争再起，这种兼任的情况又开始出现。此后，宰相兼枢密使基本上成为定制，枢密院副长官与参知政事互兼的情况也非常普遍。另外，在南宋战争频繁的特定环境下，"自建炎以来，枢密使、副参用文武"③成为一种比较普遍的现象，这与北宋有较大不同。

高宗为防止大臣擅权，纠劾官员过失，十分重视台谏官的作用，对他们任命相当严格，允许他们风闻言事，在与宰执大臣发生冲突时，也会受到皇权的一定保护，即使遭贬，不久也易于被召回。这种台谏制度对于加强中央集权和监督一般官员的不法行为，起到了一定作用。但它的流弊也很多：一是宰相每有作为，代表保守势

---

① 参见田志光著：《宋代政治制度史研究》，人民出版社2017年版，第144页。
② ［宋］李心传撰：《建炎以来系年要录》卷34，建炎四年六月辛未。
③ ［宋］李心传撰：《建炎以来朝野杂记》甲集卷10《枢密参用文武》。

力的台谏官往往率先发难，加以攻击，政事多为之掣肘。二是台谏官以纠弹多少作为衡量其政绩的标准，加之纠弹失实不负法律责任，他们为了塞责，经常捕风捉影地言事，从而给政治造成混乱。三是台谏官如果用非其人，或受权臣控制，容易成为排斥异己、进行党争的工具，这在南宋绍兴年间的政治生活中表现得很突出。此外，谏官原来的作用是监督君主的，可是到了宋代特别是南宋，主要用以纠弹百官，使谏官和御史台官员的事权相混淆，开创了后世台谏合一的先河。[①]

（五）高宗朝科举制度的变化

进入南宋以后，科举基本上因袭了北宋的制度，但是由于受战争环境的影响和政治氛围的不同，也出现了一些新的变化。

一是类省试的设置。自徽宗宣和五年（1123 年）开科场以来，按照科举制度三年一试的规定，靖康元年（1126 年）当为开科之年。可是，这时正属"靖康之变"之际，钦宗自身难保，对科举已无暇顾及。建炎元年（1127 年），南宋建立，在金兵的追击下，宋室南迁，国事维艰，驻跸之地无定，科举取士依旧不能按时举行。高宗为了维系士心，同时也为了表明自己的正统地位，勉强在扬州立足以后，遂于当年十二月初一日下诏诸路，开科取士。类省试的实行，对搜罗川、陕人才，牢笼当地士心，确实起到了一定作用。南宋末年，四川南宋军民与蒙元侵略者展开了浴血奋战，直至最后一刻，这与一百多年来类省试的涵养有一定关系。

二是流寓试的设置与废止。北宋科举，每个州郡的解额多少都有严格规定，由于参加科举的士人多而解额少，故科场竞争十分激烈，往往数十人甚至上百人中才能有一名解额。为防止外地士人挤占本地士人解额而产生纠纷，也为了易于了解本贯士人的品行和丧服情况，并不使权势子弟有投机钻营的机会，因此要求士人必须于本贯取解，严禁冒籍寄应。但是，北方沦陷以后，以河南、山东为主，兼及山西、河北、陕西、淮北地区的居民，大批南迁，定居于秦岭、淮河以南的地区，使他们

---

① 参见何忠礼著：《南宋政治史》，人民出版社 2008 年版，第 159—160 页。

中的许多士人失去了于本贯取解参加科举考试的机会。为此，高宗于建炎四年（1130年）五月应都官员外郎侯延庆之请，下诏对北方移民就近参加发解试做出了规定，其中说："京畿、京东、京西、河北、陕西、淮南路士人，许于流寓所在州军，各召本贯或本路及邻路文官两员结除名罪保识，每员所保不得过二人。仍批书印纸，听附本州军进士试，别为号，以终场二十人解一名，余分或不及二十人处亦解一名。不及五人，附邻州试。"① 这道诏书成了南宋设置流寓试之滥觞。绍兴六年（1136年）六月，下诏放宽流寓举人的解额："每十五人解一名，余分或不及十五人，亦许解一名。不及五人处，预牒本路转运司类聚附试。仍召文臣二员委保，不得过三人。"② 其解额较当时一般州郡二十人乃至上百人取解一名为优。到绍兴二十六年，自靖康以来大规模的移民浪潮已平息有年，为此，朝廷下诏，凡定居已满七年的北方移民，许落籍当地，用居住地户贯取应，籍贯则仍可填北方原籍，以绍兴二十三年诸州土著解额和流寓试解额之总和作为该州的固定解额，"若已后发解就试人多，不得过绍兴二十六年所取之数。仍立为定制"③。至此，流寓试宣告废止，南宋各州的固定解额也得以确立。

三是开科和考试时间的变化。南宋建炎、绍兴年间，三岁一开科场的规定因战乱而遭到破坏，情况一如前述，至绍兴二年以后，才再次走上正轨。绍兴九年十二月，御史中丞廖刚奏称：自英宗治平以来，三岁一开科场，率用今年明堂大礼，明年开科取士，后年实行省、殿试。"故荫补与登第人往往先后到部，于注授为便，而漕司岁费亦无相妨"。可是，绍兴十年（1140年）按规定既是大比之年，又值明堂大礼，为此他提议科场"更展一年，则大礼、科场、省殿试皆得如古制"④。礼部讨论同意廖刚所奏，于是将发解试之年和省、殿试之年，相应推迟到绍兴十一年、十二年。此后，三年一次科举，再也没有间断。

---

① ［清］徐松辑：《宋会要辑稿·选举十六》。
② ［清］徐松辑：《宋会要辑稿·选举十六》。
③ ［清］徐松辑：《宋会要辑稿·选举十六》。
④ ［宋］李心传撰：《建炎以来系年要录》卷133，绍兴九年十二月己酉。

四是考试内容的变化。高宗朝进士科考试的内容，也几经变化。建炎二年（1128年）五月，诏："后举科场，讲元祐诗赋、经术兼收之制。"① 不过，诗赋进士不再兼经义：第一场试诗、赋各一首；第二场试论一首；第三场试策三道。经义进士：第一场试本经义三道，《论语》《孟子》义各一道；第二、三场同诗赋进士。绍兴十三年（1143年），曾一度将经义、诗赋合并为一科。十五年，再分两科，"于是学者竞习词赋，经学浸微"。后来高宗担心："恐数年之后，经学遂废。"绍兴二十七年，又将两科并为一科。绍兴三十一年，有臣僚以为："老成经术之士，强习辞章，不合声律，请复分科取士。"② 于是复分为诗赋、经义两科，三场所试内容同建炎二年。从此成为永制。③

（六）绍兴年间的经界

所谓"经界"，就是由政府丈量田亩，检查官僚、地主"欺隐"田亩数量，力图增加国家税收的一项财经举措。

南宋初年，兵火之后，版籍散亡，官僚、地主趁机与地方官吏相勾结，或隐瞒田产，以有为无，或以强吞弱，霸占民田，造成有田者未必有税，有税者未必有田的混乱状况。这样不仅加剧了土地兼并的发展，激化了阶级矛盾，也使南宋政府的财政收入受到了严重影响，如平江府（今江苏苏州）的租赋岁入，以前是七十万斛，现在按其版籍虽尚有三十九万斛，而实际上却只能收到二十万斛。究其原因，都是官僚、地主大量"欺隐"田亩的结果。

针对大量"欺隐"田亩影响国家财政的问题，绍兴十二年（1142年）十一月，左司员外郎李椿年上疏，指出经界不正有十害：一是人户侵耕、冒佃，流失田税；二是产去税存的民户，推割（除税）不得，造成终身穷困；三是衙前和买扑坊场之人，

---

① ［宋］李心传撰：《建炎以来系年要录》卷15，建炎二年五月丙戌。

② ［宋］李心传撰：《建炎以来朝野杂记》甲集卷13《四科》。

③ 参见何忠礼著：《南宋政治史》，人民出版社2008年版，第174—179页。

虚报费用，小欠官钱，拘收在官，结果有名无实；四是乡司在五等丁产簿书上舞弊，肆意错乱纳二税人的姓名和税额；五是诡名寄产，有力者把田地隐寄到他人名下，以逃避赋役，无力者只得逃亡他乡；六是税籍记载不确，一到纳税时常常引起争讼；七是州县借口人户逃亡，将田税倚阁（缓征），实际上是借机市恩或贪污；八是州县隐税既多，上供不足，就额外诛求；九是豪强地主申报税额，百不供一，良善畏法者则据实申报，造成赋役不均；十是豪强地主把田税转嫁到荒地上，田少税重，故农民不敢开耕，也无人承买。为此，他提议首先在平江府实行经界，取得经验，"然后行之天下，则经界正而仁政行矣"。

李椿年的建议得到高宗和宰相秦桧、参知政事程克俊等人的支持，朝廷立即任命他为两浙转运副使，具体负责经界事宜。对李椿年提出的"要在均平，为民除害，更不增税额"①的部署和方针，也下诏表示同意。

绍兴十二年（1142 年）十二月，李椿年公布了推行经界的具体办法，主要有以下几个方面：（1）在转运使下设置"措置经界所"，作为办理经界的机构。（2）在经界前，为了防止受人扇摇，造成民情不安，事前张榜晓谕：经界目的在于均平赋役，为民除害，更不增添税额。（3）以都为实施经界的单位，无论官户、民户都要依式造"砧基簿"。砧基簿上书写户主姓名、田地面积、四至、丘段、土地来源（典买或祖产），并附地形图。（4）砧基簿及地形图造毕，由都耆邻保召集田主、佃客逐丘计亩角并押字，保正长于图的四至押字，并申结罪状，上报经界所，经界所即差官按图勘验，打量核实，如有不实不尽，重行处罚。（5）砧基簿经勘查属实后，即付人户永为执照。以后田产交易，买卖双方各执砧基簿及田契到县批凿（过户），否则不承认为交易行为。（6）人户田产如不上砧基簿者，虽有契书文约，查出没官。（7）每县各乡除各存砧基簿一本外，再造三本，一本存县，一本纳州，一本纳转运司。②对于推行经界法，高宗给予了一定的支持。如当年四月，应李椿年劾奏，左朝议大夫、

---

① ［宋］李心传撰：《建炎以来系年要录》卷 147，绍兴十二年十一月癸巳。

② ［宋］李心传撰：《建炎以来朝野杂记》甲集卷 5《经界法》。

提举洪州玉隆观胡思，左朝散郎、直显谟阁徐林以"沮经界之政"①，分别被勒停，发往南剑州（福建南平）、兴化军（福建莆田）居住，此举对反对经界的官僚、地主起到了一定的威慑作用。绍兴十三年（1143年）六月，高宗、秦桧批准了李椿年在两浙路一些地区的经界措施，下诏颁行全国。次年八月，升任李椿年为权户部侍郎，并成立户部经界所，以负责全国的经界。十二月，李椿年因母丧去位，秦桧任命其亲信、两浙转运副使王鈇为权户部侍郎，代为主持经界事。王鈇以简化手续，缩短经界时间为由，改变了李椿年造砧基簿、地形图和打量勘查的办法，令民户十家为一甲，自报田亩及应纳之数，如不实，许人告发。由于经界省去了这几个最重要的环节，进度虽然加快，却为官僚、地主、地方豪强勾结乡司通同舞弊打开了方便之门，实质上是使经界变得有名无实。绍兴十六年二月，王鈇生病出知湖州，又除右司员外郎李朝正权户部侍郎，措置经界。绍兴十七年正月，李椿年免丧还朝，这时全国经界远未完成，即使两浙路的经界，在七十九县中也只完成了四十个县。为了不使经界半途而废，李椿年经朝廷同意后，对于"未曾打量及不曾用砧基簿，止令人户结甲去处"，重新打造砧基簿。不过，与以前相比，这次是"令人户自造砧基簿，赴官印押施行讫，申本所差官核实"。如有欺隐不实不尽之处，"即依前来已得指挥断罪追赏"②，这比初施行时已有所简化。

可是，正当经界法顺利推行之际，李椿年却于绍兴十九年十二月突然被罢了官。次年正月，宋廷命户部尽快"结绝"已经界地方的未了事宜，未经界处，限转运使和当地守臣于一季内完成。接着又下令，如果州县官再敢迁延经界，在规定期限内不能完成，长吏都要罢官。同时，撤回以前派往各地的干办官和覆实官。这一切表明，南宋政府决心于当年夏天匆匆结束经界。此后数年，宋廷先后任命户部侍郎宋贶、潼川府转运判官王之望等主持经界事，但只是对四川等经界不均的地方做一些

---

① ［清］徐松辑：《宋会要辑稿·职官七十》。
② ［清］徐松辑：《宋会要辑稿·食货五》。

扫尾工作而已。^①

这次经界，历时八年，除淮东西、京西、湖北因接近金境，福建路的汀、泉、漳三州适值发生农民起义，四川的少部分州县及海南岛等边远地区外，都陆续推行了经界法，这是南宋政治、经济生活中的一件大事，其意义大致有如下几个方面：（1）归并了部分诡名子户，查出了大量欺隐田地。（2）查出了部分漏登户籍和"僧道违法田产"^②，使一些地区农民的赋税有所均平。（3）查出了大量无人承佃的"天荒"土地。这对于缓和阶级矛盾或是增加政府收入，都起到一定作用。由此可见，经界的收效十分明显，所以后来朱熹说："窃见经界一事，最为民间莫大之利，其绍兴年中已推行处，至今（光宗绍熙中）图籍有尚存者，则其田税犹可稽考，贫富得实，诉讼不繁，公私之间，两得其利。"^③

（七）重视农业生产

恢复与发展长期遭到战争破坏的农业生产，直接关系到国家的财政收入和政权的稳定，这不仅是一个经济问题，也是一个政治问题。高宗与历代开国之君一样，对此也给予了相当的重视。"绍兴和议"以后，南宋政府陆续采取安置游民、鼓励垦荒、借贷种粮、兴修水利等一系列措施以恢复和发展农业生产。

1. 恢复籍礼

古代天子、帝王专门为自己"耕种"所需而设置耕地，称为"籍田"。在每年春耕前，帝王就要亲执耒耜，象征性地在籍田上三推或一拨，称为"籍礼"，又称"三推之礼"，以表明帝王对农业生产的重视，为天下先。晚唐至五代，由于战乱不息，此礼久不讲求。太宗端拱元年（988年），举行了有宋历史上第一次籍礼，此后除仁宗、徽宗两朝偶或举行一次以外，"岁不常讲"^④。绍兴十四年（1144年）十一月，司

---

① 参见何忠礼著：《南宋政治史》，人民出版社2008年版，第197—200页。

② ［清］徐松辑：《宋会要辑稿·食货五》。

③ ［宋］朱熹撰：《晦庵先生朱文公文集》卷19《条奏经界状》。

④ 《宋史·吉礼志五》。

封郎中李涧奏请："今朝廷清明，边鄙靖谧，望明诏有司，讲求祖宗故事，躬行籍田之礼。"高宗"从之"[1]，命临安府按照祖宗亲耕籍田的故事，拨田亩营建。

绍兴十五年（1145年）正月，在籍田礼举行前夕，高宗对近臣说："将来籍田降诏，须语简意足，使人晓然知敦本之意。汉文帝劝农之诏，频年有之，不过数十语。当时民知务农，遂至富庶。"[2]当月壬辰日，高宗"亲飨先农于东郊，行籍田礼，执末耜九推，诏告郡县"。[3]

2. 鼓励州县官劝农

中国古代自西汉起，地方官有劝农的职责。一般来说，每到春天，州县官就要颁发一篇《劝农文》，以示对农业生产的重视。这种做法，历代虽偶有因袭，实际上已流于形式。绍兴十五年闰十一月十三日，司农寺主簿宋敦朴向高宗奏请："州县守令，民之师帅，虽有劝农之名，而咤循旷废。望令州县守令以来春耕籍之后，亲出郊外，召近郊父老，劳以饮酒，谕以天子亲耕劝率之诚，俾四方万里之外，晓然知陛下之德意。"高宗闻奏，乃宣谕曰："农者，天下之本，守令有劝农之名，而无劝农之实，徒为文具，何益于事？可依所奏，以风四方。"[4]于是南宋地方官掀起了发布《劝农文》的高潮。由于高宗对农业生产的重视，一定程度上推动了南宋社会经济的恢复和发展。[5]

四、高宗禅位

绍兴三十二年（1162年）六月，宋高宗宣布退位，立皇太子赵眘为帝，他就是历史上的宋孝宗。孝宗从被高宗收领为养子到登上帝位，经历了整整三十年的时间。

---

[1] ［宋］李心传撰：《建炎以来系年要录》卷152，绍兴十四年十一月戊午。

[2] ［宋］李心传撰：《建炎以来系年要录》卷155，绍兴十六年正月戊寅。

[3] 《宋史·高宗本纪七》。

[4] ［清］徐松辑：《宋会要辑稿·食货一》。

[5] 参见何忠礼著《南宋政治史》，人民出版社2008年版，第195—197页。

　　早在赵构为康王时，已纳邢氏为妻室，金人陷汴京，邢氏被俘北迁，赵构称帝以后，遥册她为皇后。建炎元年（1127 年）六月，高宗贤妃潘氏生子赵旉，但仅三岁就病死。稍后，上虞丞娄寅亮上书高宗说，太祖死后，其后裔迄今已寂寥无闻，对他实在有失尊敬，这恐怕就是造成金人南侵的原因。为此他建议于伯字行内，遴选太祖诸孙中贤德之人，封为亲王，"以待皇子之生"。据说高宗读后，"大为感叹"，产生了要立太祖裔孙为皇子的念头。

　　绍兴二年（1132 年）五月，高宗似乎预感到自己可能永远不会生子了，遂将宋太祖的七世孙、秦王赵德芳之后、左文林郎赵子偁六岁的儿子赵伯琮选入宫中，命婕妤张氏抚养，后赐名瑗。绍兴四年五月，才人吴氏请于高宗，将秉义郎赵子彦之子、五岁的赵伯玖接入宫中，归自己抚养，数年后赐名璩。绍兴十二年正月，赵瑗被封为普安郡王。此时，张氏已死，赵瑗与赵璩并育于吴氏。不久，吴氏进位贵妃。绍兴和议成，金人归高宗生母韦氏，始得邢后死讯。绍兴十三年，高宗立吴贵妃为皇后。绍兴十五年二月，赵璩被封恩平郡王。赵瑗与赵璩年龄相差三岁，授官封王早迟也都差三岁，"官属礼制相等夷，号东、西府"①。

　　高宗对自己的生育能力，随着岁月的流逝，终于彻底绝望，同时在朝廷内外众臣工一再催促"立储"以定"根本"的呼声下，"立储"问题终于提到了议事日程。但在赵瑗、赵璩两人中间究竟选择谁作为皇位的继承人，虽经过二十多年，仍然"储位未正，嫡长未辨"。这中间的重要原因在于，赵瑗年长，稍懂事，但不为秦桧所喜，而皇后吴氏因先收养赵璩，所以也有立赵璩之意，尤其是韦太后，以前曾经反对立吴氏为后，现在为取得吴后的欢心，对立赵瑗也"意未欲，迟回久之"②，这就使高宗迟迟下不了决心。

　　绍兴二十九年（1159 年）九月，韦太后病死，后宫阻力减少，次年二月，经过反复考察两人的品行和学业，高宗终于立赵瑗为皇子，更名玮，进封建王。与此同

---

① 《宋史·宗室三》。

② 《宋史·张焘传》。

时，高宗授赵璩为判大宗正事，置绍兴府。至此，两王名位才得以确定。

绍兴三十二年（1162年），随着完颜亮南侵的失败，紧张局势得到缓和。五月，高宗将自己的"禅位"意图告诉了左相陈康伯和右相朱倬。陈、朱两相皆为忠直老臣，但对此事却看法不一。陈康伯"密赞大议，乞先正名，俾天下咸知圣意"①。朱倬却以为不妥，他对高宗说："靖康之事，正以传位太遽，盍姑徐之。"高宗没有听取朱倬的意见，正式立建王赵玮为皇太子，改名昚。朱倬"心不自安，屡求去"②，遂罢相。六月初十日，高宗下诏："皇太子可即皇帝位。朕称太上皇帝，退处德寿宫，皇后称太上皇后。"③次日，赵昚登上帝位，并冒雨扶着太上皇的车子，把他一直送出宫门，高宗三十六年统治正式宣告结束。

高宗"禅位"给孝宗的原因，自称"今老且病，久欲闲退"④，但是，当时他的年龄还只有五十六岁，身体并无不适，移居德寿宫二十五年后，直至八十一岁才高寿去世，言"老且病"显系饰词。究其真实原因，当有以下几个方面。

一是因完颜亮南侵，高宗为自己脱身做准备。高宗从"靖康之乱"，父兄被虏，自己几次被金人追逐，差一点成为俘虏的历史中得出"教训"，在金兵南下的时候，以帝王的身份逃窜，并不自由，为了保住自己的荣华富贵和生命安全，像其父徽宗那样做太上皇，当是最佳选择。

二是阻止太宗一系继承皇位的需要。高宗是一个处事谨慎的帝王，借口为太祖继统而立孝宗，既可收到改弦更张、还太祖子孙以帝位的美名，又可阻止太宗一系的子孙登上皇位，可谓一箭双雕。但是，以太祖子孙继位，就要打破传统惯例，势必遭到统治集团中许多人的反对，甚至产生变故。因而，只有在他生前进行"禅位"，才能确保这一计划的圆满执行。

三是为了施恩孝宗的需要。高宗知道，即使将帝位传给太祖子孙，也必须选择

① 《宋史·陈康伯传》。
② 《宋史·朱倬传》。
③ 《宋史·孝宗本纪一》。
④ 《宋史·嘉礼志一》。

一个懂得感恩且易于控制的人。绍兴三十二年（1162 年），赵眘已经三十六岁，如果等到高宗临终时再传授帝位，他很可能已是一个老者，这样不仅不会对高宗有感激之情，反而会产生不满，这对维护其死后的声誉就极为不利。

四是虽让帝位，仍可保尊荣。高宗为了确保"禅位"后继续享有帝王的威严和富贵，对孝宗做了数十年的考察，发现其"孝心"确实已达到言听计从、无以复加的地步。故在高宗看来，立孝宗正是最理想的人选。

如果说，高宗在对外关系上是"偷安忍耻，匿怨忘亲，卒不免于来世之诮"[1]，但在择嗣上却做得相当成功。他的主动"禅位"，不失为一个明智的抉择，充分显示了高宗老谋深算的统治能力。能够在既无外力逼迫而身体仍然健康之下退位，这在中国封建帝王传位史上无疑也是一次破天荒的举动，在客观上对稳定南宋政权起到了至关重要的作用，高宗本人也从中受益匪浅。[2]

历史表明，宋孝宗即位，朝野上下皆没有半点异议，这在以往赵宋政权非嫡长子帝位传授中可以说绝无仅有。首先，如果不是高宗此时以太上皇的身份作为孝宗的后台震慑着朝政，而仅凭所谓"遗诏"而立，在当时错综复杂的国内外形势中，南宋政权很可能会出现动荡不安的局面。其次，宋朝自真宗以来，历代帝王都出自太宗一系，孝宗继位，意味着皇权又转到了太祖一系，这在当时统治集团中起着耳目一新的作用，并符合南宋大多数士大夫的愿望。再次，孝宗的即位，使南宋在内政和外交政策方面有可能做出一些调整，特别在其初年，坚持抗金立场，任用抗金派官员，给岳飞平反，使人心、士气都得到鼓舞。最后，彻底结束了权相政治，这对防止大臣结党营私、进而加强皇权也具有一定意义。[3]

在接班人传承问题上，宋高宗值得称道。

---

① 《宋史·高宗本纪九》。

② 参见何忠礼著：《宋代政治史》，浙江大学出版社 2007 年版，第 413—415 页。

③ 参见何忠礼著：《南宋政治史》，人民出版社 2008 年版，第 217 页。

第八章　孝宗之政

宋孝宗是南宋积极作为的君主之一，《宋史·孝宗三》说他"聪明英毅，卓然为南渡诸帝之称首"。他不甘偏安，平反岳飞冤案，驱逐秦桧党人，积极推动北伐，力图恢复中原，同时改革内政，加强皇权，希望重振国势，高宗时弥漫朝野的对金妥协求和之风曾一度有所扭转。然而，面对高宗朝已经铸就的政治局面以及宋金之间形成的基本平衡的实力格局，加上高宗的掣肘，孝宗深感力不从心，除了在集权方面有所收获外，他所希望的中兴大业最终成为南柯一梦。

一、隆兴北伐

孝宗在藩邸时，对秦桧的所作所为已表示不满，还识破他临死前企图让其子秦熺代相的阴谋。完颜亮南侵时，孝宗也表现出了抵抗的决心。一些事实表明，他与高宗不同，早年便有着收复北方失地的志向。孝宗即位后，认为"我家（与金）有不共戴天之仇，朕不及身图之，将谁任其责？"① 乃锐意于恢复事业。当年，即用史浩为参知政事，张浚充江淮东西路宣抚使、节制沿江军马。次年，改元隆兴（1163—1164 年），以合建隆、绍兴之义。正月初三日，史浩升任右相兼枢密使，张浚进枢密使。张浚的复出并再次获得重用，意味着自高宗朝以来的对金屈辱妥协的路线开始发生变化。

完颜亮南侵失败后，南宋政府停止履行"绍兴和议"，也没有从收复的州县撤军，双方暂时处于不战不和的状态之中。孝宗即位的当年（1162 年）冬天，金世宗以南宋不还旧疆，不奉岁贡为由，任命右丞相、都元帅仆散忠义驻节南京（开封），指挥诸将，左副元帅纥石烈志宁军于睢阳（在河南商丘南），准备对南宋展开新的军事行动，以迫使南宋就范。

南宋方面，孝宗也在积极进行北伐的准备。

首先，孝宗把北伐的重任寄托在自己的老师、"号为智囊"的史浩和颇负抗战派领袖之名的张浚身上。

在当时南宋诸大臣中，右相史浩与左相陈康伯一样，是一个务实而稳健的主守派官员，在他的建议下，孝宗先后恢复了胡铨、李光等人的官职，起用积极主张抗金的陆游等人，并下诏雪岳飞之冤，"复其官爵，禄其子孙"②。又"逐秦桧党人，仍禁锢至行在"。崇岳贬秦的结果，使朝廷上下对金妥协的空气为之一扫。为联络北方

---

① ［宋］叶绍翁撰：《四朝闻见录》丙集《张史和战异议》。
② 《宋史·史浩传》。

义军，做好北伐准备，孝宗又采纳史浩之策，任命布衣李信甫为兵部员外郎，"赍蜡书间道往中原，招豪杰之据有州郡者，许以封王世袭"①，以便在日后的抗金斗争中，尽可能地获得北方人民的支持。

史浩既反对向金人卑躬妥协，也反对冒险对金人用兵，主张在物力、军力已有充分准备的条件下，再进行北伐。为此，他对孝宗说："先为备御，是谓良规。傥听浅谋之士，兴不教之师，寇去则论赏以邀功，寇至则敛兵而遁迹，谓之恢复得乎？"②他接受完颜亮南侵的教训，主张加强对瓜洲、采石两地的防守，以巩固长江一线。

张浚则与史浩相反，要求不顾一切地进行北伐，他第一次面见孝宗时，对他说了一通"人主之学，以心为本，一心合天，何事不济"③的大道理后，建议孝宗亲赴建康，以动中原之心；用师淮甸，进舟山东。在锐意北伐的孝宗看来，张浚的方案显然比史浩更加符合自己的心意。

隆兴元年（1163年）四月，宋军北伐，先胜后败。其失败原因，是因为宋朝方面缺乏准备，盲动浮躁，好大喜功的结果。

在金朝的军事压力下，隆兴二年十二月，南宋、金朝达成新的和议条款，并于次年即乾道元年（1165年）成立。"隆兴和议"的主要条款为：

（1）金、宋为叔侄之国。即南宋皇帝不再对金称臣，改金、宋的君臣关系为叔侄关系。

（2）南宋输金朝银帛，由原来的银、绢各二十五万两、匹，减为各二十万两、匹，并改"岁贡"为"岁币"。

（3）南宋除归还海、泗、唐、邓四州外，还要将商、秦二州割给金朝，使宋金双方的疆界恢复到"绍兴和议"时的状态。

---

① 《宋史·孝宗本纪一》。
② 《宋史·史浩传》。
③ 《宋史·张浚传》。

（4）归被俘人，惟叛亡者不与。[①]

"隆兴和议"的签订，意味着孝宗渴望恢复中原的目的遭到破灭。此后，孝宗虽然仍然没有停止北伐的准备，但面对现实，随着年岁渐高，他恢复中原的志向终究是南柯一梦。

孝宗后期，宋金关系虽然进入了一个相对稳定的时期，但南宋的国势却在一天天地走向衰落。

二、重振皇权

如果说宋孝宗在恢复中原上无所作为，那么他在强化皇权上却是颇为成功的。

宋代自立国以来，封建统治者为防止大臣擅权，一般不让宰相久任，更少独相，并采取"异论相搅"的策略，以互相牵制。绍兴年间，宋高宗为了贯彻对金妥协求和的路线，严厉镇压文武百官中强大的反和议势力，不得不独相秦桧达十七年之久，结果造成秦桧集团势力坐大，当是一个例外。

宋孝宗即位后，将"为国之要"归纳为"用人、赏功、罚罪"[②]三事。在用人问题上，他特别注意择相，声言要做到奖罚分明。他汲取秦桧擅权的教训，恢复了宋代立国以来"异论相搅"的祖宗家法，"躬揽权纲，不以责任臣下"[③]，"勤于论相，数置而亟免"[④]，对宰执大臣的擅权和朝廷朋党的防范尤严。他公开提倡："执政于宰相，固当和而不同。"[⑤]为此，他事事"独断"，不稍借大臣以权，频频更换宰相，不予久任，对他们人人都抱猜疑，个个都不予实权。[⑥]

---

① 《宋史·孝宗本纪一》。

② 《宋史·陈俊卿传》。

③ 《宋史·林栗传》。

④ ［明］杨士奇等撰：《历代名臣奏议》卷144，虞允文奏议。

⑤ 《宋史·周必大传》。

⑥ 参见何忠礼著：《南宋政治史》，人民出版社2008年版，第234页。

淳熙六年（1179 年）冬，右丞相赵雄推荐太学正刘光祖考试馆阁之职，刘光祖在策论中论说了科场取士之道，宋孝宗在其答卷后面亲笔批示，其中说：

> 用人之弊，人君患在乏知人之哲，寡于学而昧于道，况有择相不审，至于怀奸私，坏纪纲，乱法度。及败而逐之，不治之事已不可胜言矣。宰相不能择人，每差一官，则曰此人中高第，真好士人也，终不考其才行何如。国朝以来，过于忠厚，宰相而误国者，大将而败军师者，皆未尝诛戮之。要在人君必审择相，相必为官择人，懋赏立乎前，严诛设乎后，人才不出，吾不信也。[1]

这段"御批"的关键处是对宋朝开国以来的用人政策进行了根本反思，尤其是把矛头直接指向了宋太祖不杀大臣的誓约，认为其最大失误在于"过于忠厚"，皇帝对文臣武将过于宽容，说白了就是杀人太少！如果对误国之相、败军之将大开杀戒，痛加诛戮，则人必效命，也就不会出现权臣乱政的问题了。

从历史上看，宋孝宗产生这种思想并不偶然。专制政治的总体演变趋势，就是君权的不断强化，这在明清两代发展到了极致，宋朝不过是这个过程中的一个阶段罢了。但宋朝终究还有其自己的时代特点，这就是在强调维护皇权的同时，又宣称"与士大夫共治天下"，使士大夫拥有必要的尊严和体面。在此背景之下，即使权术如宋高宗者，屠杀大臣这样的事，也是只可做而不敢说的。

因此，宋孝宗的这种言论便显得骇人听闻，"御批"一出笼，立即"中外大耸"，在朝野上下引起了极大震动。当时，复任右丞相的史浩就严肃地谏曰："太祖制治以仁，待臣下以礼，列圣传心，迨仁宗而德化隆洽，本朝之治，与三代同风，此祖宗家法也。圣训则曰'过于忠厚'，夫为国而底于忠厚，岂有所谓过哉？臣恐议者以陛下自欲行刻薄之政，归过祖宗，不可不审也。"[2]

宋孝宗为何要发此"刻薄"之论呢？

---

[1] ［宋］李心传撰：《建炎以来朝野杂记》乙集卷 3《孝宗论用人择相》。
[2] 《宋史·史浩传》。

原来，宋高宗为了贯彻对金求和、遏制武将的政治路线，倚重秦桧，致使秦桧专权达十几年之久，对皇权构成了威胁和挑战。从维护统治的实际需要出发，孝宗必须拨乱反正，恢复皇帝应有的威仪，这也是宋朝政治的一个重要传统以及祖宗之法的组成部分。

另一方面，孝宗的个人经历也造成他对朝臣缺乏基本的信任之感。他从六岁被选进皇宫养育，直到三十六岁当上皇帝，整整三十年的漫长岁月，一直处在既敏感又边缘化的尴尬境地，提心吊胆、谨小慎微地度日。秦桧出于自己的政治目的，始终明里暗里地阻挠孝宗取得合法的皇储地位，有时还露骨地压制孝宗，这使孝宗一开始就与秦桧势不两立。因此，假如说宋高宗对权臣较多地表现为无奈，则宋孝宗的心情主要就是惧怕和痛恨。

为什么会出现秦桧专权？怎样防止其重演？这些问题始终萦绕在宋孝宗的脑际。经过长期反思，他自以为揭开了历史的谜团，找到了问题的答案。所谓"过于忠厚"者便是。

历史总是在否定之否定中向前演进。尽管"过于忠厚"之说遭到了不少人的反对，宋孝宗也并没有在实践中真的大开杀戒，但在这种思想的支配之下，事必躬亲，大权独揽，不委任于臣僚，便成了孝宗内政建设的第一大特色。

宋孝宗在位二十六年，先后出任宰相者有十七人，即陈康伯、史浩、汤思退、张浚、洪适、叶颙、魏杞、蒋芾、陈俊卿、虞允文、梁克家、曾怀、叶衡、赵雄、王淮、周必大、留正等，其中陈康伯、史浩、梁克家三人分别两次任相。若总算起来，先后拜相者共计二十人次。这些人的任相时间，长的如王淮，是六年九个月，短的如洪适、蒋芾，是三个月、半年，平均每人只有一年多。更值得注意的是，乾道元年（1165 年）二月陈康伯致仕后有十个月不拜宰相。十二月份拜洪适为右相，只三个月就被罢免。此后又是九个多月没有宰相。淳熙二年（1175 年）九月叶衡罢相后，竟然连续三年不设宰相，直到淳熙五年三月才复任史浩为右相。宋朝在制度上可设两三个宰相，独相的情况不多，而不设宰相的特例，则是宋孝宗首创的，而且宋孝宗之后这种情况也再未有过。

如此频繁地更换宰相，甚至三年不设宰相，无非宋孝宗借鉴秦桧专权的教训而故意做的安排。导致这些宰相被罢免的缘由很多，而一个共同的因素就是都得不到宋孝宗的信任。[①]

宠信近习，是孝宗朝政治的又一个特点。在封建社会里，凡是经常在帝王身边供奔走驱使的宦官和藩邸旧人，以及与帝王关系比较密切的一些外戚，因为易于借势作威福，往往被指斥为"近习"。宋代吸取前朝教训，虽说不允许近习干预朝政，但由于封建帝王对大臣的猜疑以及个人腐朽生活的需要，总要借助此辈作为自己耳目，执行一些一般臣僚所不能做或不便做的事。一些乖巧的近习，通过百般讨好以获取帝王的欢心和信任，升迁就特别容易，并借机弄权作恶。这种情况虽然每朝都有，但以孝宗朝最为严重。原因是孝宗在潜邸久，近习多，加上他为了驾驭群臣，"独断"行事，即便宰臣，"不过奉行文书条理而已矣。一政事无不从中治也，一听断无不从己出"，"使宰相循循而入，唯唯而退"。"宰相权轻，则近习得以乘间而议政。"[②]在《宋史·佞幸传》中，记载了两宋各朝最有名的近习十二人，其中孝宗一朝就有曾觌、龙大渊、张说、王抃四人。孝宗重用近习，目的是以他们为腹心爪牙，防止类似秦桧集团擅权情况的出现，这个目的是达到了，但却破坏了宋朝的祖宗家法，引起了文臣官僚和近习的对立，以及近习的弄权，造成吏治的混乱和黑暗，成为孝宗朝政治上的又一个严重弊病。[③]

三、重农禁奢

宋孝宗是南宋一位十分重视农业生产、在日常生活中讲究俭约的君主。在经济方面的主要政绩表现在重视农业生产、减轻农民负担、带头厉行节俭等方面。

---

① 参见齐涛主编，江晓涛、李晓著：《中国政治通史》卷6《动荡与变迁中的宋辽金政治》，泰山出版社2003年版，第533—536页。
② ［明］杨士奇等撰：《历代名臣奏议》卷49《刘光祖奏议》。
③ 参见何忠礼著：《南宋政治史》，人民出版社2008年版，第241页。

宋孝宗深谙"理国之要，裕财为重"的道理，曾指出："《周礼》与《易》言理财，周公、孔子未尝不以理财为务。"① 为了纠正大臣讳言财务、俗儒不言金谷的偏向，乾道二年（1166 年）十二月，孝宗要求宰相兼制国用使、参知政事同知国用事，切实负责理财。而他本人则每月批阅财赋册，亲自过问这方面的事务。

宋孝宗痛斥"近世士大夫多耻言农事"，强调"农事乃国之根本"②。他每年"自中春农事兴，即忧水旱，直至十月米谷上仓，然后放心"③。在宋孝宗的倡导下，"士风为之一变"④。地方官无不留意民事，普遍关心农业生产。为了促进农业生产的发展，宋孝宗多次下诏要求各地兴修水利。金华（今属浙江）县丞江士龙采用农民出力、地主出粮的办法，动员民工二万七千多人，兴修水利八百三十七所，使两千多顷农田受益，受到宋孝宗嘉奖。而江东提举潘甸、淮东提举叶焘等官员则因兴修水利失职被降官。当时兴修的规模较大的水利工程有太湖堤、淮东捍海堤、高邮（今属江苏）定应长堤、真州（治今江苏仪征）陈公塘等。浙西围湖造田成风，有碍水利，宋孝宗坚决予以制止。他在位期间，号称连岁丰稔，物价低平。

宋孝宗禁止奢侈，提倡勤俭。即位后，仍自奉较薄，平时常服浣濯之衣，不吃肉，即使宴请宰执大臣也不具珍馔，更不大兴土木。宋孝宗曾经自我表白："朕他无所为，止得节俭。"到淳熙十年（1183 年）八月，宋孝宗设立的封桩库积攒钱财多达三千余万缗，由于年深，以致贯朽。⑤

四、修律重法

孝宗朝的治理中，在法制建设上亦有一定的成就。

---

① ［清］毕沅撰：《续资治通鉴·宋纪》卷 145，淳熙四年五月甲子。

② ［清］毕沅撰：《续资治通鉴·宋纪》卷 145，淳熙四年五月甲子。

③ ［宋］周必大撰：《文忠集》卷 49《平园续稿九·跋朱元所作南城吴氏社仓记》。

④ ［元］佚名撰：《宋史全文》卷 26 上，淳熙四年五月甲子。

⑤ 参见张邦炜著：《宋代政治文化史论》，人民出版社 2005 年版，第 311—313 页。

南宋时虽省并机构，但作为主要司法机构的大理寺，不仅保留下来，而且更受重视。大理寺的佐官大理正、大理丞，也由吏部任命改为由宰相府任命，即"堂除"。南宋的其他司法机构也大体上与北宋相同或相近。临安府作为南宋首都，设左、右司理院和临安府院，殿前司、步军司、马军司（后者移驻建康）也依北宋例设司法机构。与北宋不同的是，南宋设于各地的所有屯驻大军都统司，也都设有"推狱"，称为"后司"。

自北宋王安石变法建立封建法治以后，虽有所反复，但法治传统得到延续，尤其是政治比较清明的宋孝宗时期，史称："孝宗究心庶狱，每岁临轩虑囚，率先数日令有司进款案披阅，然后决遣。法司更定律令，必亲为订正之。"①

乾道三年（1167年）正月，孝宗下诏："狱，重事也。稽者有律，当者有比，疑者有谳。比年顾以狱情白于执政，探取旨意，以为轻重，甚亡谓也。自今其祗乃心、敬于刑，推当为贵，毋习前非。不如吾诏，吾将大置于罚，罔攸赦。"② 以极力纠正高宗、秦桧时期律令抵牾难考的混乱状况。

孝宗初年，命大理寺的法官对律法进行了审查，审"定其可否"施行，进行分类后申报给刑部；并将其与各部相关的法令，分送六部长官参审。孝宗对"法司更定律令，必亲为订正之"。乾道六年编成《乾道敕令格式》，乾道八年颁行。为了改变官吏一切以"断例"替代法令的状况，孝宗诏令："除刑部许用乾道刑名断例，司勋许用获盗推赏例，并乾道经置条例事指挥，其余并不得引例"③ 断案，将引用案例权控制在很小的范围内，普通的刑事、民事审判不准引用案例判案，迫使官吏只能依法判案。但是，《乾道敕令格式》本身有不少前后矛盾的地方，于是又进行删改，达九百多条。淳熙四年（1177年）七月，颁行《淳熙敕令格式》，仍以敕、令、格、式分类编成，同一案例使用的法律（敕）法规（令、格、式）分散在各类，查检很不方

① 《宋史·刑法志二》。

② 《宋史·刑法志二》。

③ 《宋史·刑法志一》。

便。淳熙二年（1175 年）时，吏部首次依照事件的性质分类编排，将同类性质的敕、令、格、式及"申明"合编在一起，便于查检。其后孝宗指出《淳熙敕令格式》："其书散漫，用法之际，官不暇遍阅，吏因得以容奸。"于是重新编定，以随事分门编类，于淳熙七年五月编成《淳熙条法事类》，开创了有宋一代律书的新体例，史称："前此法令之所未有也。"① 这是法律史上对法令、法规编纂的重大改革，便于官员查检，有利于依法审案。

淳熙十四年十月，太上皇帝赵构病死于德寿宫，享年八十一岁，庙号高宗。十一月，宋孝宗下手诏，令皇太子参决政务，以便让自己逐步从繁重的朝政中脱身。淳熙十六年二月二日，南宋历史上第二次内禅典礼在紫宸殿如期举行。赵惇即位，史称宋光宗。宋孝宗作为太上皇退居重华宫（由德寿宫改名），孝宗统治时代结束。

① 《宋史·刑法志一》。

第九章　权臣秉政的宁、理朝政治

宋宁宗、理宗统治时期，权臣专权。韩侂胄借助外戚的地位，利用宁宗的软弱，并得到一批朝臣支持，在与丞相赵汝愚的权力角逐中获胜，操纵朝政达十三年之久。史弥远则与宁宗的杨皇后相勾结，杀韩侂胄而代之。宁宗死后，史弥远又在杨皇后支持下矫诏立理宗为帝，擅权达二十五年之久。这两位权臣都党同伐异，打击政治对手，引起了政局动荡。但韩侂胄顺应民心，领导了史称开禧北伐的抗金斗争。而史弥远为政，对内以巩固权势、对外以苟且偷安为其理政的根本宗旨，除了略能约束自己的亲旧之外，乏善可陈。韩侂胄与史弥远前后折腾了近四十年，南宋后期的衰颓走势已不可逆转。史弥远死后，理宗全面调整统治政策，独揽朝纲，定理学为官学；外交方面联蒙灭金，继而企图收复河南，激化了南宋与蒙古的矛盾，加快了蒙古灭宋的步伐。

一、绍熙初政

宋光宗即位后，将次年改元绍熙（1190—1194 年），以合绍兴、淳熙之义，表明自己要遵行高宗和孝宗两朝的政策。光宗既非有为之君，统治时间也不过五年，后期又疾病缠身，因而在内政、外交上，并无多大建树。不过，从内政上看，绍熙初政尚有一些特色的地方。

1. 颁诏以求直言

第一道诏书颁给内外臣僚，要他们指陈时政阙失。第二道诏书颁给前宰执、侍义，"访以得失"，具有征询老成之意。第三道诏书颁给两省官，要他们"详定内外封章，具要切者以闻"。

2. 减免百姓的赋税负担

光宗针对孝宗朝赋税负担沉重的现状，在他即位后的第三天，就下诏"蠲公私逋负及郡县淳熙十四年以前税役"。稍后，又连续下诏减免各种赋税杂科。据初步统计，光宗在位的前三年，减放各种赋税的诏令有十几道之多。像这样大规模减免百姓的赋税负担，不仅在孝宗朝没有见到过，就是在宋朝历史上也是第一次。

3. 不拘一格选用人才

光宗即位后，大胆提拔了一批官员。如有"事亲孝，事君忠，居官廉"①之名的太宗长子元佐的七世孙赵汝愚；坚持抗金、反对苟且偷安的陈亮；思想敏锐的陈傅良；敢于任责言事的刘光祖；有"国器"之称的东宫僚属葛邲；学识丰富的黄裳等皆为一时人选。

4. 整饬吏治

光宗下诏严惩赃吏、严格执行赃吏连坐法，前丞相赵雄、周必大都因所举官有贪污行为而受到降官的处分。绍熙二年（1191 年）四月，为了革除吏部铨试中权贵

---

① 《宋史·赵汝愚传》。

子弟假手、传义、代笔的弊病，光宗接受吏部建议，对因恩荫得官之人实行帘试，即凡铨试合格者，尚须通过由吏部官员会同博士、正录主持下的帘前引试。从此，任子帘试成为一种制度，这对提高恩荫入仕者的文化素质有一定作用。

5. 整顿财经

为稽考财赋出入，裁节浮费，光宗命何澹置《绍熙会计录》；为安置归正人，在两淮推行义仓法；为均平赋税，应新知漳州朱熹所奏，在漳、泉、汀三州实行经界法等。以上措施的本意都不错，但由于吏治腐败，官僚地主反对，最终都没有取得成功。

6. 在对金外交上维持原有和局

在对金关系上，光宗一朝继续维持着孝宗朝后期以来的和平局面，朝廷里几乎再没有出现关于和战问题的争论。[①]

光宗朝的政治，以他绍熙二年（1191 年）十一月发病为界，分为前后两个阶段。发病前，光宗在朝政的处理上循规蹈矩，尚不失为一个合格的守成之主，史书称其"绍熙初政，宜若可取"[②]，评价还是较为公允的。然而，随着光宗病情的加重，他已经很难对国事做出理智的处理，政局一步步为李后所坏。

如果说，光宗在其初政之时，政治上尚想有所建树的话，那么李后的揽权胡为，就使这些建树化作乌有。史称光宗"宫闱妒悍，内不能制，惊忧致疾。自是政治日昏，孝养日怠，而乾、淳之业衰焉"[③]。孝宗中兴之业，终于在光宗后期李皇后擅权滥为中走向衰落。

将门出身的李后，从小缺乏儒家思想的熏陶，一旦母仪天下以后，便擅作威福，肆无忌惮，她对内践踏皇家礼节，引起寿皇夫妇侧目，闹得两宫不和；对外骄奢日甚，俨然将整个国家视作自己的私产，大修家庙，极大地加重了财政负担。光宗即

---

① 参见何忠礼著：《南宋政治史》，人民出版社 2008 年版，第 259—262 页。

② 《宋史·光宗本纪》。

③ 《宋史·光宗本纪》。

位不到三年，随着"心疾"的加重，逐渐失去了往日的聪明和能力，李后趁机干预朝政，大大加剧了统治集团内部的矛盾。绍熙五年（1194 年）六月，寿皇孝宗病死。知枢密院事赵汝愚、工部尚书赵彦逾从统治集团内部的最高利益出发，为挽救危机，在实力派人物韩侂胄的支持下，推动太皇太后发动政变，强迫光宗"内禅"，以皇子嘉王即位，是为宋宁宗。从此南宋王朝进入了权臣擅政的时期，直至被元所灭。

二、韩侂胄擅权

宋宁宗之立，主要得力于外戚韩侂胄和宗室赵汝愚与赵彦逾。赵汝愚为独占定策功，先后排挤韩侂胄与赵彦逾，而赵汝愚自己则于同月升为枢密使，八月又升任右丞相，且是独相，从而开创了南宋宗室独掌大权的先例，也犯下了宗室擅权的忌讳。

赵汝愚执政后，首先将与其友善的左司谏章颖升为侍御史，将原嘉王府翊善黄裳升为给事中，陈傅良、彭龟年并除为中书舍人。接着从潭州（湖南长沙）召回朱熹，让他出任天章阁待制兼侍讲，成为宁宗的老师，又收召李祥、杨简、吕祖俭等道学家进入朝廷：他们中的有些人，甚至未历知县或县令，就调往朝廷为官。这样，赵汝愚基本上控制了言路和经筵，结成了以他为首的道学家及其追随者的集团。

但是，赵汝愚对于同样立有"定策功"的韩侂胄，却以"吾宗臣也，汝外戚也，何可以言功"为由，抑制推赏。韩侂胄本想通过推"定策功"，获得节度使的赏赐，结果只给了一个汝州防御使的官职，后来虽然勉强给了他一个枢密都承旨的兼官，但已经激怒了韩侂胄。赵彦逾富有才干，所至治绩卓著，他本想借"定策功"希望汝愚引为同列，不料却命其出为四川安抚制置使兼知成都府。两人都大失所望，对赵汝愚深感不满。赵彦逾陛辞日，在宁宗面前尽疏朱熹、黄裳、陈傅良、彭龟年等人姓名，"指为汝愚之党，上意不能无疑"[1]，这就种下了宁宗对赵汝愚和朱熹等人的

---

[1] 《宋史·赵汝愚传》。

不信任感。韩侂胄的官职虽不大，却因其特殊的地位，承担了传达诏旨的使命，因而"浸见亲幸"①，掌握了很大的权力，他与赵彦逾相互呼应，说赵汝愚结党营私，以宗室干政，坚决要将他与朱熹为首的道学家及其信徒逐出朝廷，以便让自己来控制朝政。

在韩侂胄与赵彦逾等人合力攻击下，绍熙五年（1194 年）闰十月，宋宁宗免去了朱熹的侍讲；先后罢去了陈傅良、彭龟年、刘光祖等人的官职，以削弱赵汝愚在朝中的势力。庆元元年（1195 年）二月，赵汝愚终于被以"自居同姓，数谈梦兆，专政擅权，欺君植党，殆将不利于陛下（宁宗）"②的罪名罢相，以后又连遭贬降，死于贬途。韩侂胄升领保宁军节度使，进而加开府仪同三司、万寿观使，权力在丞相之上，终于成为宁宗朝早期的权臣。在此期间，主要做了如下两件大事。

1. "庆元党禁"

韩侂胄擅权后，因为理学派与道学派在早期赵汝愚与韩侂胄争夺权力斗争中旗帜鲜明地支持赵汝愚的缘故，赵汝愚垮台后，韩侂胄便对他们进行清算。

庆元二年二月，宋宁宗下诏禁止在省试中以"伪学"取士，是年取士，"稍涉义理，即见黜落"③。八月，太上少卿胡纮上疏言："比年以来，伪学猖獗，图为不轨，动摇上皇，诋诬圣德，几至大乱……今纵未能尽用古法，亦宜且令退伏田里，循省愆咎。"④至此，道学正式被打成"伪学"，朱熹等人也被影射为"伪学之党"。十二月，监察御史沈继祖等给朱熹加上了种种罪名，不仅指责其具有欺骗性和虚伪性，而且还言其别有政治阴谋，要求对他及其门徒进行严惩。于是朱熹被罢去秘阁修撰的职名和祠官。庆元三年二月，应大理司直邵褒然奏请，下诏："自今权臣、伪学之党，勿除在内差遣。"六月，右正言刘三杰再劾朱熹，进而将"伪学之党"称为"逆党"。

---

① 《宋史·韩侂胄传》。
② ［元］佚名撰：《宋史全文》卷 29 上，绍熙二年四月庚申。
③ ［元］佚名撰：《宋史全文》卷 29 上，庆元二年二月辛亥。
④ 《宋史·胡纮传》。

九月，下诏："监司、帅守荐举改官，勿用伪学之人。"① 从而在很大程度上剥夺了道学家及其信徒做官和升迁的资格。十二月，根据知绵州王沇奏请，南宋政府将所谓伪学逆党之人籍记成簿，称"伪学逆党籍"。此后，被打入籍的共有五十九人，其中宰执有赵汝愚、留正、周必大、王蔺四人，待制以上有朱熹、徐谊、彭龟年、陈傅良、薛叔似、章颖、郑湜、楼钥、林大中、黄由、黄黼、何异、孙逢吉十三人，余官有刘光祖、吕祖俭、叶适、杨芳、项安世、李埴、沈有开、曾三聘、游仲鸿、吴猎、李祥、杨简、赵汝谠、赵汝谈、陈岘、范仲黼、汪逵、孙元卿、袁燮、陈武、田澹、黄度、张体仁、蔡幼学、黄灏、周南、吴柔胜、王厚之、孟浩、赵巩、白炎震三十一人，武臣有皇甫斌、范仲壬、张致远三人，士人有杨宏中、周端朝、张衜、林仲麟、蒋傅、徐范、蔡元定、吕祖泰八人。② 凡是被打入党籍之人，皆被贬官或遭禁锢，史称庆元党禁。庆元四年（1198 年）五月，韩侂胄加少傅，并正式下诏"禁伪学"③，史称"庆元党禁"。

2. 开禧北伐

收复北方失地，是自高宗朝以来南宋朝野爱国人士的一致愿望，至于时机是否成熟，条件是否具备，各人的看法就不尽相同。韩侂胄擅权以后，重用主战派人士，积极推动北伐，这样便使得自"隆兴和议"以来相对平静了四十余年的宋金关系再次发生了急剧的变化。

随着蒙古兴起于北疆，金朝屡受攻击，南宋知道金朝内忧外患的实情以后，主战派认为收复中原的机会终于来临。嘉泰四年（1204 年）正月，绍兴知府兼浙东安抚使辛弃疾"入见，陈用兵之利"④。其他抗战派官员也先后表示了类似的意见，有人即劝权臣韩侂胄乘机攻金以收复中原，建盖世功勋。同年二月，建韩世忠庙于镇江；五月，追封岳飞为鄂王，大力表彰两位抗金名将，以鼓舞士气。开禧二年

---

① 《宋史·宁宗本纪一》。

② ［宋］李心传撰：《建炎以来朝野杂记》甲集卷 6《学党五十九人姓名》。

③ 《宋史·宁宗本纪一》。

④ ［元］佚名撰：《宋史全文》卷 29 下，嘉泰四年正月乙丑。

（1206年）四月，又追夺奸臣秦桧的申王爵位，取消忠献谥号，后改谥谬丑，全面否定对金乞降求和的国策。在没有准备好的情况下，贸然发动北伐中原的战争。此时金朝虽受蒙古侵扰，但还未至危及存亡的程度，南宋选择进攻金朝的时机为时尚早。

开禧二年五月，韩侂胄请宋宁宗下诏伐金，对金战争正式开始，史称"开禧北伐"。开禧三年十一月初三，杨后、史弥远等伪造密旨，杀害韩侂胄，排挤支持韩侂胄的官员，对金议和。嘉定元年（1208年）九月，和议签订，开禧北伐彻底失败。从此，史弥远替代韩侂胄成为新的擅权之人。

三、史弥远擅权

南宋以"嘉定和议"的签订为起点，进入史弥远擅权专政时期。

宋宁宗在位时间虽长达三十二年之久，但由于他的暗弱，为皇后干政、大臣擅权创造了条件。

史弥远（1164—1233年），字同叔，鄞县（今浙江宁波）人，史浩第三子，初以荫入仕，淳熙十四年（1187年）又考取进士。他自嘉定二年（1209年）五月独相以后，经历宁、理两朝，前后时间长达二十五年之久，成为整个宋朝擅权时间最长的一个权相，对南宋中后期的政治产生了重大影响。

1. 与杨后相勾结，共同操纵朝权

由于宁宗的暗弱无能，整日"深居高拱"，"天下迫切之情无由上闻"[1]，皇帝的权力便落入杨后的手中。宫女出身的杨后，本无社会基础，她迫切需要获得宰执大臣的支持，史弥远则缺乏可以擅权的政治资本，以谋害韩侂胄为契机，两个人各取所需，终于紧密地勾结在一起。史弥远还尽量巴结、讨好皇太子赵曮和外戚杨次山，时有人颇有非议。有了杨后和赵曮做靠山，趁着宁宗暗弱，史弥远便开始一步步攫

---

[1] 《宋史·袁甫传》。

取朝廷大权。在北宋，为了削弱相权，宰相一般不兼枢密使，仁宗朝因军兴偶有兼领，时间也很短暂。南宋立国后，为对金战争的需要，出现宰相兼枢密使的情况，但后来兵兴则兼枢密使，兵罢则免，没有形成一定之规。史弥远独相后，一直兼领着枢密使一职，从此宰相兼枢密使成为南宋后期的一项定制。

2. 打击异己，形成庞大私人集团

结党营私，任用乡人，布心腹于朝廷内外，本就是封建政治的一大特色，史弥远在这方面的表现尤为突出。史弥远上台后，首先，制造各种罪状和借口，将参与谋害韩侂胄的主要官员，或借故罢去他们的官职，或将他们赶出京城，自己则独吞"诛韩"果实。其次，操纵台谏，控制言路。史弥远袭秦桧等权臣故伎，以宰相的身份，一方面撤去不为自己所喜欢的台谏官，另一方面又先后将陈晦、黄中、范之柔、倪千里、石宗万、黄序、胡卫等人引入台谏，让他们作为自己的鹰犬，"其所弹击，悉承风旨，是以纪纲荡然，风俗大坏"。最后，操纵官吏任命大权，培植个人势力。在向宁宗推荐自己的心腹出任朝廷重臣的同时，史弥远又从吏部手中夺取了部分中下级官员的任命权。按宋制，除宰执到侍从的差遣，由皇帝亲授以外，四品以下官员的差遣，一般由吏部注拟，只有特殊勋劳者，才由政事堂直接奏注，谓之堂除。史弥远却"以公朝爵禄而市私恩，取吏部之阙以归堂除"[①]，经常通过堂除形式，直接任命中下级官员，作为笼络士大夫的手段。

3. 操纵外交大权，对金妥协求和

在对外关系上，史弥远既然以"反战"起家，当然力主与金妥协议和，但当他看到金朝已经衰落，也跃跃欲试，以图边功。不过，史弥远慑于前车之鉴，不愿意承担对金战争失败的风险，所以他或支持李全等人率领的忠义军攻打金人，胜利了可为南宋收复国土，失败了可以推卸责任，并借金人之手消灭忠义军；或绕开枢密院和地方军政长官，直接给前线将领下密札，要他们对金人展开小规模的进攻，成

---

① 《宋史·杜范传》。

功了是史弥远的功劳，失败了则让武人做他的替罪羊。[①]

4. 操纵皇帝废立

嘉定十三年（1220年），皇太子赵询去世，宁宗仍膝下无子，不得不再次考虑国本大计。次年四月，宁宗选十五岁以上的太祖十世孙入宫学习，意在遴选合适的皇位继承人，其中以早已入嗣沂王之后的贵和呼声最高。史弥远不希望贵和入选，是因为贵和对自己专权流露出反感，他便物色了另一位太祖十世孙赵与莒。六月，宁宗立贵和为皇子，改名赵竑。史弥远知道这是宁宗对国本的安排，不便公开反对，就提议应再为无嗣的沂王立后，并把赵与莒推荐了上去。宁宗采纳了这一建议，将其改名贵诚。

史弥远为了让赵贵诚代替赵竑为皇储，采取多种阴谋手段：一方面在宁宗面前千方百计地诋毁赵竑，并挑拨他与杨后的关系，以争取杨后对废立赵竑的支持；另一方面大力提高赵贵诚的社会地位和声誉，在朝廷中造成他是皇位继承人最好人选的舆论。

嘉定十七年八月，史弥远乘宁宗病重，向他提出增立赵贵诚为皇子的建议，但遭到宁宗的拒绝。闰八月初三日，宁宗去世，享年五十七岁。史弥远立即让杨次山的两个儿子杨谷、杨石进宫，以立赵贵诚为帝的事告诉杨后。杨后虽对赵竑早有不满，但担心擅自废立会引起群臣不服，酿成事变，一时有些迟疑。杨谷等人秉承史弥远旨意，一夜间七次往返请求，并以"内外军民皆已归心，苟不立之，祸变必生，则杨氏无唯类矣"[②]的言辞相威胁，杨后权衡利弊得失以后，终于表示同意。于是史弥远召翰林学士程珌、郑清之进入皇宫，命他们连夜炮制了二十五道遗诏，在法律上为赵贵诚继位最后铺平道路。然后，史弥远先将赵贵诚带到宁宗灵柩前面，举哀尽礼，让他扮演起宁宗继承人的角色，之后才派人宣召赵竑和群臣入宫，并让他的心腹、主管殿前司公事夏震严密看守在赵竑身旁以震慑。一切准备就绪后，杨后遂矫遗诏：废赵竑为济阳郡王，判宁国府，立赵贵诚为皇子，改名昀，即皇帝位，尊

---

① 参见何忠礼著：《南宋政治史》，人民出版社2008年版，第300—301页。

② 《宋史·后妃传下·恭圣仁烈杨皇后》。

杨后为皇太后，同听政。至此，史弥远的废立阴谋完全实现，赵昀登上了皇帝宝座，即宋理宗。理宗虽立，朝中大权仍然操纵在史弥远与杨太后手中，理宗不过是一个傀儡而已。这种状况，一直延续到绍定五年（1232 年）杨太后、绍定六年史弥远先后离世为止。

史弥远擅权二十五年，对内以巩固权势、对外以苟且偷安为其理政的根本宗旨。统治集团根本不去主动提升自身的综合国力与应变能力，而是苟且偷安、醉生梦死，对风云变幻的中原大变局消极被动，不思作为。南宋后期的衰颓走势已不可逆转。[①]在史弥远与杨太后的擅权下，南宋既不能从气数已尽的金朝手中夺回一寸土地，也不能充分依靠忠义军以防守两淮，一切都是苟延残喘，得过且过。而庞大的军费开支加上统治阶级的挥霍无度，却使国家财政再次达到十分困难的地步。为了挽救财政危机，史弥远以滥发纸币的办法，加紧对百姓进行掠夺，使理宗一朝的农民造反运动进入了一个新的高潮。嘉熙四年（1240 年）有大臣上书说："凡今日之内忧外患，皆权相三十年酝成之，如养护痈疽，待时而决耳。"[②]史弥远长期擅权，在政治、经济、军事等各方面都给南宋造成了严重恶果。[③]

四、理宗的"中兴梦"

（一）"端平更化"

随着杨太后、史弥远的先后去世，理宗终于得以"赫然独断"，一展胸中抱负。绍定六年（1233 年）十一月，理宗宣布翌年改元为端平。从端平元年（1234 年）到淳祐十二年（1252 年）的近二十年间，理宗在政治、经济、军事、文化等方面采取了一系列改革措施，史称"端平更化"。

---

① 参见虞云国著：《细说宋朝》，上海人民出版社 2002 年版，第 447 页。

② 《宋史·杜范传》。

③ 参见何忠礼著：《南宋政治史》，人民出版社 2008 年版，第 316 页。

1. 对史弥远采取了正确的处理策略

史弥远死后，理宗并没有答应群臣处理意见，而是赠他为中书令，追封卫王，谥忠献。把本应归还朝廷的宰相赐第，仍赐史家，改作家庙。理宗对史弥远的厚赏，不仅是对他"有定策大功，勤劳王室"①的报答，也是理宗以合法的手段"入继大统"的一种自我肯定。更有甚者，理宗还专门下了一道"保全故相史弥远"的御笔手诏，不仅史弥远以前的罪行一律不准追究，就是对其儿子史宅之等人，也要臣僚"毋复据挠，务存大体"②。当然，这个手诏与其说是理宗要保全史弥远，还不如说是为了"保全"自己。因为理宗知道，廷臣一旦起来清算史弥远的罪行，将会涉及自己不合法的继承皇位和杀害济王等一系列问题，使理宗感到难堪和不可收拾。③理宗虽仍对史弥远曲加维护，但却毫不留情地剪除其党羽。史弥远的得力助手"三凶""四木"被"尽追爵秩"，贬斥出朝。"三凶"指台谏官梁成大、莫泽、李知孝三人，他们禀承史弥远风旨，不遗余力地攻击政敌，凡是违背史弥远意愿的朝廷内外官员，都在他们弹劾下纷纷落马。端平元年（1234年）六月，理宗将三人流放，追夺官爵。"四木"薛极、胡矩、聂子述、赵汝述亦或死或遭贬逐。其他史弥远的亲信党羽，也纷纷被贬落马。

2. 重用理学名士，维持朝政平衡

理宗从小生活在民间，耳闻目睹百姓的种种疾苦，在他亲政之初，也想有所作为，以革去积弊，刷新政治。由于史弥远擅权时期排斥异己，特别是与理学官员的严重对立，造成统治集团内部的激烈纷争，不利于自己的统治。为此，他决定调整统治政策，缓和内部矛盾，采取一些有别于史弥远擅权时代的政治措施，以保持各政治势力之间的平衡。

"端平更化"的核心，是在依靠以郑清之为首的拥戴派的同时，斥逐史弥远的某些劣迹累累的亲信，起用曾经遭到史弥远排斥和打击的一些有声望的官员和理学名

---

① 《宋史·理宗本纪一》。

② ［宋］魏了翁撰：《鹤山集》卷20《奏乞收回保全故相史弥远御笔》。

③ 参见何忠礼著：《南宋政治史》，人民出版社2008年版，第319页。

臣，无论以前他们在济王事件中采取何种态度，一律不究，以示"端平"，以平息反对派的不满。于是，理宗召还真德秀、魏了翁、崔与之、李埴、徐侨、赵汝谈、尤焴、游似、洪咨夔、王遂、李宗勉、杜范、徐清叟、李韶等一些有声望的官员，"大者相继为宰辅"，洪咨夔、王遂都由理宗亲自任命为监察御史，一改史弥远党羽操纵台谏的局面，时人号为"小元祐"。崔与之告诉理宗："天生人才，自足以供一代之用，惟辨其君子小人而已。忠实而有才者，上也；才虽不高，而忠实有守者，次也。用人之道，无越于次。"又谓："（帝王）大抵独断，当以兼听为先；傥不兼听而断，其势必至于偏听，实为乱阶，威令虽行于上，而权柄潜移于下矣。"[1]崔与之根据史弥远擅权所造成的弊政，提出理宗要任用德才兼备的官员和不可偏听权臣一人的意见，很有针对性，这对理宗前期的施政具有一定影响。

3. 注重择一批老成持重者为相

从端平、经嘉熙到淳祐（1234—1252 年）的十八年间，宋理宗在依靠孟珙、余玠等优秀将领抵御蒙古军队南侵的同时，对政治、经济等方面进行了若干整顿，特别是注重对宰相的任用，纠正了以往长期独相的局面，重用老臣则是他任相的一个重要特点。在这段时间里，先后被擢为宰相的有郑清之、乔行简、李宗勉、史嵩之、范锺、杜范、游似、谢方叔、吴潜等一批老成持重的贤良之士者为相。《宋史·宰辅年表》记载，理宗在更化期间任用过三十七名宰执，大多皆一时之选。在这些人的主持之下，这一时期的朝政也较为稳定。

4. 整顿吏治，减少冗滥

进入理宗朝以后，南宋吏治变得越来越坏，最突出的表现就是官员贪污盛行，冗官冗吏更加严重。为了扭转严重的贪浊之风，理宗下诏将官员犯入己赃与谋杀、故杀、放火等罪并列，表示要严惩不贷。接着又接受右正言何琼的建议，下诏规定，凡是官吏犯赃罪，"即下所属州郡拘赃"，听候朝廷惩罚，如果赃已移为他用，则"并

---

① 《宋史·崔与之传》。

籍其家"①。淳祐二年（1242年）四月，考功员外郎刘汉弼上吏部考功条法十六事，理宗立即命"付外施行"②。淳祐四年正月，理宗仿宋太宗御制《戒石铭》的形式，亲撰《训刑铭》和《训廉铭》二铭，令天下郡县刻石置公署之前，长吏坐则正对之，以行戒饬。

冗官是南宋吏治的又一严重痼疾。

宋理宗亲政以后，为了抑制官吏冗滥的弊病，采取了一些措施。主要表现在：第一，取消堂除，减少内降恩泽，将不经吏部而以皇帝个人名义赐予的官职"封还"。第二，减少权摄官。南宋官冗，但摄职滥用国家财政者却越来越多。为了纠正这些弊病，理宗于淳祐元年十月下诏，凡是出任两任通判的人，其中有一任必须要到广南就职，以保证那里通判以上的官职不致落入摄官之手。同时又规定，内地若缺少州县官，必须以现任官兼。第三，减少科举任官数量。从端平到淳祐的六次科举取士，每举平均取士约四百五十人，比起理宗宝祐以后七次科举取士每举平均约六百人来说，大约少取四分之一，也是减少冗官的措施之一。第四，严格升迁制度。淳祐元年七月，理宗下诏："自今宰执、台谏、侍从不许发私书求举削。诸路监司、帅守宜体国荐贤，毋徇权要。"③淳祐八年正月，理宗应监察御史陈垲的奏请，规定：凡是没有出任过州县官的不能在中央做郎官，已做郎官的还要依次去州郡补上这一任；没有做过县官的，一定要"须入"，已"须入"者，必须依满任先后改差，以达到"抑侥幸以重名器"④的目的。

5. 控制通货膨胀，注意节约开支

理宗亲政之初，国家财政空前恶化，通货膨胀，物价飞涨。面对这种严峻的形势，理宗相应采取了一些措施：第一，改革会子发行办法，设法稳定会子币值；第二，会计出入，节约费用；第三，申严收租苛取之禁，明令官员向百姓和籴，按照

---

① ［元］佚名撰：《宋史全文》卷32，端平元年五月乙巳。
② ［元］佚名撰：《宋史全文》卷33，淳祐二年四月丙子。
③ ［元］佚名撰：《宋史全文》卷33，淳祐元年七月乙卯。
④ ［元］佚名撰：《宋史全文》卷34，淳祐八年二月丁未。

时值支付粮价。

6. 尊崇理学

韩侂胄倒台后，理学地位逐渐上升。理宗即位前就向郑清之学程朱理学，即位后又让真德秀讲授朱熹的《四书集注》，宝庆三年（1227 年），进封朱熹为信国公。端平元年（1234 年），他下令周敦颐、程颢、程颐、张载和朱熹入祀孔庙。端平二年，理宗采纳李埴的建议，享受入祀孔庙待遇的改为胡瑗、孙复、邵雍、欧阳修、周敦颐、司马光、苏轼、张载、程颢与程颐，凡此都表明他对理学十分热衷，理宗也成为理学官学化进程中举足轻重的一位君主。

（二）联蒙灭金与"端平入洛"

南宋中后期，蒙古在成吉思汗领导下在北方地区迅速崛起，成为继辽、西夏、金之后又一对宋朝构成巨大威胁的少数民族政权。面对急剧变化的局势，南宋内部就对外政策产生了争议。一些官员出于仇视金朝的情绪，主张联蒙灭金，恢复中原；另一部分官员则相对理性，援引当年朝廷联金灭辽的教训，强调唇亡齿寒的道理，希望以金为藩屏，不能重蹈覆辙。无休止的争论使理宗朝在这两种意见之间摇摆不定，既不联金抗蒙，也未联蒙灭金。然而，随着蒙古与金朝之间战事的逐渐推进，金朝败局已定的情况下，理宗最终还是做出了决策。

绍定五年（1232 年）十二月，蒙古遣王檝来到京湖，商议宋蒙合作，夹击金朝。京湖制置使史嵩之上报中央，当朝大臣大多表示赞同，认为此举可以报靖康之仇，只有赵范不同意，主张应借鉴徽宗"海上之盟"的教训。然胸怀中兴大志的理宗把这看作是个建树不朽功业的天赐良机，让史嵩之遣使答应了蒙古的要求。蒙古则答应灭金以后，将河南归还给宋朝，但双方并没有就河南的归属达成书面协议，只是口头约定，这为后来蒙、宋之争留下了巨大的后患。

金哀宗得知宋、蒙达成了联合协议，也派使者前来争取南宋的支持，竭力陈述唇齿相依的道理，说："大元灭国四十，以及西夏，夏亡及于我，我亡必及于宋。唇亡齿寒，自然之理。若与我连和，所以为我者，亦为彼也。"①意思是支援金朝实际上也是帮助宋朝自己保家卫国。当时的宋理宗，当然听不进这一"唇亡齿寒"的道理，断然拒绝了金哀宗的议和请求。

宋理宗任命史嵩之为京湖制置使兼知襄阳府，主持灭金事宜。绍定六年（1233年），宋军出兵攻占邓州等地，于马蹬山大破金军武仙所部，又攻克唐州，切断了金哀宗逃跑的退路。十月，史嵩之命京湖兵马钤辖孟珙统兵二万，与蒙军联合围攻蔡州。端平元年（1234年）正月，蔡州城被攻破，金哀宗自缢而死，金国灭亡。

蔡州城破后，孟珙在废墟中找到金哀宗遗骨，带回临安。南宋君臣沉浸在报仇雪恨的狂喜之中。理宗将金哀宗的遗骨奉于太庙，告慰徽、钦二帝的在天之灵。自北宋被金朝灭亡的一个世纪以来，回到故都汴京成为南宋臣民梦寐以求的理想。宗泽、岳飞的抗金活动和开禧北伐等都是对这种理想的实践。但面对强大的金朝，回到故都看起来是一个遥不可及的目标，金朝的灭亡，使理宗君臣似乎看到了把理想变为现实的绝好机会。

金朝的灭亡，对南宋来说是报了百年以来的耻辱，似乎是一件好事。但实际上，此后的南宋面临着一个比金朝更加强大的蒙古汗国的严重威胁。南宋、金朝、蒙古三国并立的局面，已演变为宋、蒙对峙的格局，当时的形势，几乎与北宋灭亡前夕的宋、金关系一样，外患迫在眼前。不少官员及时察觉出蒙古的侵略意图，主张提高警惕，加强对蒙古的防范。

当初宋、蒙联手灭金时，并未就灭金后河南的归属做出明确规定。金亡以后，蒙军北撤，河南空虚。以赵范、赵葵兄弟为代表的一些人欲乘机抚定中原，提出据关（今潼关）、守河（今黄河）、收复三京（西京洛阳、东京开封、南京归德）的建议。而大部分朝臣对此都持反对态度，认为此时并非出兵的时机，南宋目前的力量还不足以与蒙古为敌。刚刚摆脱史弥远控制而得以"赫然独断"的理宗，面对此种"大好时机"，抱着侥幸的心理，屡屡发出"中原好机会"的感叹，急于收复中原。收复

---

① 《金史·哀宗本纪下》。

故土、建立盖世功业的念头最终促使他做出了出兵中原的决定。他罢免了反对出师的吴渊、吴潜和京湖制置使史嵩之。端平元年（1234 年）五月，理宗任命赵葵为主帅，全子才为先锋，赵范节制江淮军马以为策应，正式下诏出兵河南。

六月十二日，宋军进军河南。全子才收复南京归德府。随后向开封进发，开封蒙军都尉李伯渊、李琦、李贱奴长期遭受主将崔立的侮辱，此时三人杀掉崔立，献城投降。七月五日，宋军进驻开封。经历了战火的故都开封此时已是一片废墟，宋军收复的只是一座空城，但毕竟他们还是实现了梦寐以求的理想，圆了"靖康之难"以来无数志士仁人的"恢复"梦。

全子才占领开封后，后方没有及时运来粮草，以至全子才无法继续进军，贻误了战机。半个月后，赵葵又兵分两路，在粮饷不继的情况下继续向洛阳进军。宋军到达洛阳，遭到蒙军伏击，损失惨重，狼狈撤回。留守东京的赵葵、全子才看到战机已失，加上粮饷不继，率军南归。其他地区的宋军也全线败退，理宗君臣恢复故土的希望又一次落空。

"端平入洛"的失败，后果十分严重。它使南宋损失惨重，数万精兵死于战火，投入的大量物资付诸流水，南宋国力受到严重的削弱。更重要的是，"端平入洛"使蒙古找到了进攻南宋的借口，给南宋提早带来了边患，蒙古由此开始了攻宋战争。朝野上下对于出兵河南的失败及由此带来的严重后果议论纷纷，面对这种局面，宋理宗也不得不下罪己诏，检讨自己的过失，以安定人心。[①]

"端平入洛"之后，宋理宗已是一个五十多岁的老人，宋军的惨败令他痛心疾首，此后的连年战争更使他疲于应付，他逐渐丧失了当初勤政图治的锐气，怠于政事，沉迷于声色犬马，朝廷和后宫也出现了一批窃威弄权之徒，朝政大坏，南宋王朝气数已尽。

---

① 参见游彪著：《正说宋朝十八帝》，中华书局 2005 年版，第 244—246 页。

第十章 贾似道擅权与元灭南宋

南宋进入度宗统治时期气数已尽。1271年忽必烈改蒙古国号为元，以示正统，接着继续南侵灭宋。元军攻占襄阳后沿江东下，丁家洲、焦山二战，宋军战败，元军进抵临安，南宋恭帝降。宋臣扶立端宗于福州，再建宋朝。元军南下，宋廷航海流亡。右丞相文天祥抗元战败被俘。端宗病死后末帝嗣立，张世杰率军抗击元军于崖山，宋军战败，左丞相陆秀夫背负末帝赵昺投海自尽，南宋灭亡。

一、贾似道擅权

理宗晚年，怠于政事，佞幸用事。

开庆元年（1259 年）十月，宋理宗拜吴潜为左丞相、贾似道为右丞相兼枢密使。

贾似道，字师宪，台州天台（今属浙江）人，嘉熙二年（1238 年），贾似道考取进士，这就为他日后的"显贵"打下了基础。在任地方官期间，他颇有政声。

从淳祐三年到十年，他在出任沿江、京湖、两淮等地区的军政长官时，大力组织当地士兵和百姓屯田或营田，开垦荒地，不仅出色地解决了本地区的粮饷和筑城等费用，而且还有余粮支持其他地区，受到理宗的赞扬，由于当时南宋面临蒙古军不断南侵的威胁，沿边防御成为国之重事，而贾似道恰恰就在巩固边防方面也取得了不少成绩。淳祐五年（1245 年）为沿江制置副使，知江州兼江西路安抚使，次年五月，又兼领措置淮西山寨城筑。所到之处，在调度军饷、建城筑寨等方面显示了一定才干，一时声名大噪。开庆元年（1259 年）正月，入侵四川的蒙军，一途进抵川东，逼近长江口岸。为了防止蒙军沿长江东下进入荆湖北路，理宗急命贾似道从扬州领兵往峡州（今湖北宜昌）增援，出任枢密使兼京西湖南湖北四川宣抚大使、都大提举两淮兵甲、总领湖广京西财赋、总领湖北京西军马钱粮，兼知江陵军府事等职，几乎将组织抗击蒙军进犯的全部重任都交给了贾似道，以便由他对各战区统一指挥。到该年闰十一月，蒙军北撤，南宋之危暂解。景定元年（1260 年）四月，贾似道因军功入朝为相。理宗在位的最后五年，贾似道主政，他利用理宗的信任，采取整顿政治、经济和军事的一系列措施，打击宦官，抑制外戚，控制台谏，笼络太学生，攫取权力与财富，排斥一切异己力量，完全把持了舆论与朝政。景定五年，理宗病死，度宗即位。贾似道继续把持朝政直至德祐元年（1275 年）。主要表现在：

1. 赶走吴潜，铲除朝中擅权阻力

宋理宗没有后代，打算立弟弟与芮之子忠王赵禥为太子，吴潜劝谏说："臣无弥远之才，忠王无陛下之福"，刺痛了理宗的癫疤。时值鄂州之役，忽必烈扬言要直下临安，理宗问计，吴潜建议迁都，理宗问怎么办，吴潜答死守于此，理宗当即抢白："你想做张邦昌吗？"与吴潜相反，贾似道一方面上书请立忠王为太子以讨好理宗，一方面指使侍御史沈炎弹劾吴潜在立储问题上"奸谋叵测"。景定元年（1260年）四月，吴潜罢相。

2. 借推行打算法排除异己

景定元年贾似道入朝主政后，取得理宗同意，在武将中实行打算法。所谓打算就是核实军费开销，整饬不驯武将。在当时武将边帅中，虚报开支，大吃空额，已是公开的秘密，这也造成军费支出不断看涨。此举对厘清财费、整顿军政固然有积极作用，但在其背后贾似道还夹杂有立威诸将、排斥异己的用意，因而执行起来，打算者与被打算者之间就明显夹杂着个人恩怨。

3. 推行公田法

理宗朝后期，宋、蒙战争全面展开，军费开支急剧增加，财政危机空前严重。这时南宋政府对和籴的依赖之深，已达到"国用边饷，皆仰和籴"[①]的程度。为了能使和籴继续下去，只能大量发行楮币，而滥发楮币的结果，造成物价飞涨，民不聊生，和籴仍等于科配，终于陷入了不可自拔的怪圈。在这种情况下，景定四年，在贾似道的推动下，理宗下诏推行公田法。主要内容与实施目的表现在："行祖宗限田之制。以官品计顷，以品格计数，下两浙、江东西和籴去处，先行归并诡析，后将官户田产逾限之数，抽三分之一回买以充公田。"但得一千万亩之田，"每岁则有六七百万之入，其于军饷，沛然有余。可免和籴，可以住楮弊，可以饷军，可平物价，可安富室，一事行而五利兴矣"[②]。公田法前后推行十二年，对于军粮供给、控制物价、平抑粮价等还是起到了一定的作用。

4. 实行推排法

景定五年九月，为了配合公田法的实施，同时为清查隐田，增加赋税收入，在

---

① 《宋史·食货志上一》。
② 《咸淳遗事》卷上。

贾似道的支持下，南宋政府在江南再次推行推排法。这次推排因为手续简单，所以进度很快，到咸淳三年（1267年），平江、绍兴等府和荆湖南路都已完成。推排的结果，使赋役稍稍均平了一些，同时查出大量隐田，既增加了赋税收入，也有利于公田法的推行。

5.抗击蒙古军入侵

1271年，忽必烈建立元朝。度宗咸淳年间，忽必烈大举进攻南宋，在这种形势下，贾似道虽然专权跋扈，也不得不花费精力于抗击蒙古的军事中，但面对强大的蒙古军队，南宋军步步退却。咸淳十年度宗去世，贾似道立赵㬎为帝，是为恭帝。德祐元年（1275年）三月，蒙古军已经完成了对临安的包围，贾似道因为丁家洲兵败被罢黜，七月，在发配途中被杀。这时，南宋的灭亡已经不可避免了。

二、元灭南宋

丁家洲兵败后，贾似道上书要求迁都。他同时致书殿前都指挥史韩震，要韩震马上保护皇帝迁都躲避，但旋即朝中权臣陈宜中在谢太后的默许下，罢黜贾似道，杀死韩震，迁都计划破产。

德祐二年（1276年）正月初，三路元军在临安城北会合。正月十八日，谢太后派监察御史杨应奎向伯颜献上传国玉玺，正式奉表称臣，泣曰："苟存社稷，臣，非所较也。"[①]陈宜中当夜逃往老家温州。张世杰、陆秀夫等也率军出城向东转移。十九日，谢太后任命文天祥为右丞相兼枢密使，令他主持接洽议和。文天祥到元军营中谈判，企图说服伯颜保留宋朝，被扣押。三月，伯颜进入临安，宣读元世祖诏书，押解小皇帝宋恭宗、全太后及嫔妃、宗室、被俘官员等数千人北去大都。谢太后因病暂留临安，后也被解往大都。

从临安逃出来的张世杰、陆秀夫等人护着赵昰、赵昺，经温州转移到了福州。

---

① 《宋史·后妃传下·理宗谢皇后》。

五月一日，立赵昰为帝，史称宋端宗。陈宜中为左丞相，遥命在扬州坚持抗元的李庭芝为右丞相，张世杰为枢密副使，陆秀夫为签书枢密院事，重新建立了南宋政权。

文天祥被扣押后，拒绝投降，在被押解北上的途中寻机逃脱，历尽艰险赶到了福州，仍任右丞相。他提出朝廷应返回温州，组织水军收复两浙，为陈宜中所阻。文天祥便回到故乡江西募兵，以汀州为根据地，江西的爱国志士纷纷起兵来会，得兵数万，一时声势浩大。但不久就被元军打败。后来文天祥又转战于广东等地，坚持抗元。祥兴元年（1278年）底被元军俘虏。

宋端宗的小朝廷建立不久，元军就攻入福建，福州等地相继陷落。张世杰等只得把小朝廷搬上船，漂流海上，一路转战到了雷州沿海。陈宜中见大势已去，诡称到占城（今越南南部）联系安顿朝廷，一去不复返，后来死在了今泰国一带。

景炎三年（1278年）四月，十一岁的宋端宗病死。陆秀夫拥立八岁的卫王赵昺为帝，改元祥兴。陆秀夫升任左丞相。尽管处在流离之中，陆秀夫依然天天书写《大学章句》给小皇帝讲解。

张世杰本欲占领雷州半岛做根据地，但几次进攻都失利，只得将小朝廷转移到崖山（今广东新会南）。崖山由两座小岛组成，两山相对，中有一港，其口若门。有人建议水军应占据海口，防止被敌军封锁。但张世杰担心士兵久在海上，易生离心，就把千余艘大船连成水寨，准备与元军决一死战。

祥兴二年正月，元军都元帅张弘范尾随而至，占据海口，切断了宋军淡水和薪柴的补给通道。宋军将士在淡水与粮草绝尽的情况下，仍然拒绝元军的劝降。二月初六日，元军分南北两路向崖山发起总攻，陆秀夫背宋帝赵昺跳海殉国，宋朝灭亡。

文天祥被俘后，决心殉国，写成《过零丁洋》：

> 辛苦遭逢起一经，干戈寥落四周星。
>
> 山河破碎风飘絮，身世浮沉雨打萍。
>
> 惶恐滩头说惶恐，零丁洋里叹零丁。

人生自古谁无死，留取丹心照汗青！ ①

文天祥后来被押解到大都，囚禁了三年又二月，元朝对他百般利诱威胁，希望他投降，他始终坚贞不屈，并于狱中写下著名的《正气歌》以明心志，其中云："天地有正气，杂然赋流形。下则为河岳，上则为日星。于人曰浩然，沛乎塞苍冥。皇路当清夷，含和吐明庭。时穷节乃见，一一垂丹青。" ② 倾吐了他永垂不朽的浩然正气。不管元世祖如何威胁利诱，软硬兼施，他都始终不为所动。至元十九年十二月初九日（1283 年 1 月 9 日），文天祥在大都就义殉宋。数日后，其妻欧阳氏收其遗体，在衣带中发现了他的绝笔《自赞》："孔曰成仁，孟曰取义，惟其义尽，所以仁至。读圣贤书，所学何事，而今而后，庶几无愧。" ③ 这种为国忠义的崇高品质，是宋代士大夫理想人格的典型代表，永远成为中华民族历史上一份极为宝贵的精神遗产。

三、南宋灭亡之主要原因

南宋政权，前期面临金国的威胁，为生存而苦苦挣扎；后期，又面临新兴的蒙元帝国的进攻，勉强支撑了七十余年而终于灭亡。腐败的内政、暗弱的政治，使南宋国家机器从来没有像北宋那样稳固运行，虽然经济发展超过北宋，但国力和军力则不行，对金、元战争始终处于下风，遂使南宋一百五十三年历史的主线，一直是在为生存而斗争。1279 年，偏安江南长达一百五十三年的南宋政权被元朝灭亡。南宋灭亡的原因十分复杂，大致可以从如下几个方面来观察。

（一）政治腐败

1. 皇帝统治能力暗弱，一代不如一代

---

① ［宋］文天祥撰：《文山先生全集》卷 14《指南后录》卷 1 上。

② ［宋］文天祥撰：《文山先生全集》卷 14《指南后录》卷 3。

③ 《宋史·文天祥传》。

在南宋，如果将最后三个尚不足十岁的恭帝、端宗、末帝昺都统计在内，共传了七代九帝。在这九帝中，作为"中兴之主"的高宗，对金人虽然怯懦，但驾驭群臣、玩弄权术的本领却十分高明，多年的战争使他受到锻炼，在军事指挥上也并非全是外行。"绍兴和议"签订前后，南宋军事力量在与金人的战争中已经壮大，并涌现出了一大批杰出的抗金将领，已经有力量与金朝相抗衡。孝宗与高宗相比，前期尚有所作为，虽受国力所限，没有能够实现恢复中原的夙愿，但随着金朝的衰落，军事上仍相对保持强大。这一切使南宋前期有力量来抵御金人的南侵，足以维持偏安的局面。可是从光宗开始，历经宁宗、理宗、度宗、恭帝诸帝，他们或受制于后宫；或依赖于权臣；或腐朽惰政；或尚是一个乳臭小儿，根本不知政治为何物。所以这些帝王都显得十分无能和暗弱，因为无力控制朝政，只能依赖权臣擅政，国势便一日不如一日，终于走向衰亡。

2. 宰相擅权，结党营私

宋代政治体制完善，官员间相互制约的功能健全，按理说最不容易出现权相政治。但是，在当时特殊的历史条件下，却先后出现了秦桧、韩侂胄、史弥远、贾似道四大权相，他们擅权的时间共达七十二年之久，占了整个南宋时期的将近一半，这不能不说是对宋朝历史的一大讽刺。南宋权相政治的一个共同特点是控制台谏、排斥异己、结党营私，结果造成统治集团内部争权夺利斗争加剧，政治更加黑暗混乱，在大敌当前的形势下，不能形成一个和衷共济、共同抗敌的局面，从而严重地削弱了抗击外族入侵的力量。如韩侂胄擅权时，以史弥远为首的部分反韩侂胄的官员就乐于见到开禧北伐的失败，以此可以作为韩侂胄"轻启兵端"而将他杀害的借口。再如在贾似道擅权时，他支持吕氏军事集团，压制与吕氏军事集团有矛盾的刘整、高达等将领，从而严重地挫伤了刘、高等人抗击元军的积极性，并促成了他们的叛变。每个权相垮台后，政局就会出现反弹，结果是新的擅权代替了旧的擅权，政局不仅毫无改观，反而腐败日甚。

3. 党争激烈，清谈误国

宋朝家法有所谓"异论相搅"之说。从主观上来说，南宋统治者在大多数时间里允许臣僚大胆言事，允许太学生议论朝政，即使在权相擅政的时候，一般也不轻易诛杀。其实质就是让臣下互相牵制，做到权力平衡。从客观上来说，在南宋政治上又接二连三地发生了和战之争、理学与反理学之争、"端平入洛"之争、宁宗和理宗继承人之争等一系列重大事件，使统治集团内部虽然没有结成明显的朋党，却始终存在着互相对立的两派。他们党同伐异，相互攻讦，不能形成一个和衷共济的政治局面，以共同抗击元军的入侵。从理宗朝起，理学大盛，几乎达到不信奉理学就考不取进士、做不上官的程度。理学家还借口"正心诚意"，排斥一切抗战、理财、改良政治等措施，以一些不着边际的空话、套话加以搪塞，更助长了清谈之风的盛行。如"端平入洛"失败后，朝廷中许多官员便连篇累牍地上疏，追究失败责任，对如何防止蒙古军可能出现的大规模入侵，却很少提及。贾似道推行公田法，一些人又群起而攻之，至于如何减少和籴，保障军粮供给，却一筹莫展。更有甚者，当丁家洲之战失败后，贾似道提出迁都，而反对派陈宜中还不顾朝廷存亡而加以反对，结果眼睁睁地看着元军进入临安，将恭帝、三宫俘虏北去。从某种意义上说，南宋就是在这种激烈的党争和无休止的清谈中将江山断送的。

（二）军事孱弱

南宋继承北宋以来以文驭武、抑制武人的政策，导致军事力量孱弱。

1. 文臣主兵

在南宋，主持军政的枢密院长官、都督和同都督，基本上都是由进士出身的宰执兼任，作为统帅一路的最高军事长官安抚使和制置使也多以文臣担任，遇到重大战争时，又多以文臣出任主帅。文臣学的是经义、诗赋和策论，对军事大多不通。用文臣去指挥战争，恐怕是造成失败的一个重要原因。

2. 抑制武将

南宋不缺乏优秀的将领，如前期的岳飞、韩世忠、刘琦和吴玠兄弟，中后期的扈再兴、孟宗政、孟珙、赵葵、余玠、王坚等人，他们都为抗击金朝或蒙元立下卓越的战功，有些人还升至枢密副使、安抚使、制置使一类军政长官。可是，朝廷对他们总是处处掣肘，动辄生疑，不予信任，严重的甚至被陷害至死，人们从岳飞和余玠等人的遭遇中，可以清楚地看到这一点。

（三）元朝军事力量强大

在元朝军事力量空前强大的时候，整个南宋却因为政治腐败而日益式微，在这样的力量对比下，元灭南宋也就成为历史的必然。南宋前有金人侵扰，后有蒙元南侵，外患不可谓不严重，虽然由于力量对比的关系，有时需用土地和岁币换取和平，但这只能是一种权宜之计，是一种以退为进的策略。而从高宗到恭帝，从秦桧、史弥远到贾似道，当权者大都对侵略者心存幻想，一味依赖和议以维护偏安局面，以苟且偷安，而不是痛定思痛，努力作自强一统之举，灭亡也就只是个时间问题。

总的说来，南宋和北宋尽管国情不同，但它们灭亡的原因，却存在着许多共同的地方：第一，两宋都是由于政治上的腐败，造成国力衰落，从而给外敌以可乘之机。第二，两宋都是由于推行抑制武人的政策，造成军事力量的不振和战斗力的低下。第三，两宋都企图借助于别国的军事力量以实现自己的国家利益，最后都造成了"唇亡齿寒"的后果。第四，两宋都是在社会发展虽然落后、军事力量却空前强大的少数民族政权的入侵下灭亡的。

当然，两宋灭亡的情况也有其不同之处：第一，北宋是在国家表面繁荣达到顶点之时，在女真贵族的大举进攻下，前后不到一年半时间被迅速攻灭，显得有点突然而不可思议；南宋是与蒙元进行了长达四十多年艰苦卓绝的战争以后，在国力消耗殆尽的情况下，才宣告灭亡。第二，北宋灭亡以后，赵宋统治者立即重建南宋政权，使宋朝国祚在南方土地上得以延续。从这一点看，北宋只能说是部分的灭亡；而南宋灭亡以后，整个中国土地都在元朝的版图之下，因此可以说是彻底的灭亡。

有宋一代（包括北宋和南宋），既不是亡于农民战争，也不是亡于武臣的攘夺和权臣、宗室、外戚的篡权，而是亡于强大的外敌入侵之手。如果没有外敌入侵，两宋国祚一定还会更长。究其原因，一是中央集权的加强和各种权力之间的相互平衡和制约，有效地防止了地方割据势力的形成与中央权臣的跋扈，使他们不可能有侵夺皇权的土壤。二是抑制武人的政策，虽然有着巨大的副作用，但是不可否认，它对防止武人割据、篡权和叛乱，也有其积极的方面。三是台谏官虽时为权臣所操纵，但并不能完全操纵，由于他们有风闻言事的权力，这对监督、揭露一些危害统治秩序的野心家，都起了一定作用。四是通过推行"与士大夫共治天下"的政治策略，极大地调动了文臣官僚对于赵宋王朝的忠心与支持，使得他们中的许多人能够在国家危难时刻挺身而出，从而化解一个又一个的政治危机，对稳定赵宋政权起到了至关重要的作用。①

---

① 参见何忠礼著：《宋代政治史》，浙江大学出版社 2007 年版，第 586—593 页。

附录　主要参考书目

［元］脱脱等撰：《金史》，中华书局 1975 年版。

［明］宋濂等编纂：《元史》，中华书局 1976 年版。

［元］脱脱等撰：《宋史》，中华书局 1985 年版。

［宋］司马光撰：《涑水记闻》，中华书局 1989 年版。

［清］毕沅撰：《续资治通鉴》，中华书局 1999 年版。

［宋］李焘编撰：《续资治通鉴长编》，中华书局 2004 年版。

［宋］杨仲良撰，李之亮校点：《皇宋通鉴长编纪事本末》，黑龙江人民出版社 2006 年版。

［明］陈邦瞻撰：《宋史纪事本末》，中华书局 2015 年版。

王水照主编：《王安石全集》，复旦大学出版社 2017 年版。

白钢主编，朱瑞熙著：《中国政治制度通史》卷 6《宋代》，人民出版社 1996 年版。

苗书梅著：《宋代官员选任和管理制度》，河南大学出版社 1996 年版。

漆侠主编：《中国改革史》，河北教育出版社 1997 年版。

诸葛忆兵著：《宋代宰辅制度研究》，中国社会科学出版社 2000 年版。

刘泽华、葛荃主编：《中国古代政治思想史》，南开大学出版社 2001 年版。

虞云国著：《细说宋朝》，上海人民出版社 2002 年版。

齐涛主编，江晓涛、李晓著：《中国政治通史》卷 6《动荡与变迁的宋辽金政治》，泰山出版社 2003 年版。

顾宏义著：《细说宋太祖》，上海人民出版社 2005 年版。

游彪著：《正说宋朝十八帝》，中华书局 2005 年版。

张邦炜著：《宋代政治文化史论》，人民出版社 2005 年版。

祝丰年、祝小惠著：《宋代官吏制度》，中国社会出版社 2007 年版。

何忠礼著：《科举与宋代社会》，商务印书馆 2006 年版。

何忠礼著：《宋代政治史》，浙江大学出版社 2007 年版。

何忠礼著：《南宋政治史》，人民出版社 2008 年版。

张其凡著：《宋代政治军事论稿》，安徽人民出版社 2009 年版。

陈峰著：《宋代军政研究》，中国社会科学出版社 2010 年版。

钱穆著：《中国历代政治得失》，九州出版社 2015 年版。

何晓明著：《中国皇权史》，武汉大学出版社 2015 年版。

周贵轩著：《帝王治要》，北京联合出版公司 2016 年版。

于之伟、李鹏主编，袁岂凡著：《帝国的归宿》（两宋卷），中国华侨出版社 2018 年版。

梁启超等编著：《中国六大政治家》上册《王荆公》，中华书局 2014 年版。

邓广铭著：《北宋政治改革家王安石》，生活·读书·新知三联书店 2017 年版。

范立舟著：《王安石的为官之道》，人民出版社 2017 年版。

田志光著：《宋代政治制度史研究》，人民出版社 2017 年版。

游彪著：《宋史：文治昌盛 武功弱势》，中信出版社 2017 年版。

杨高凡著：《宋代"三冗"问题研究》，人民出版社 2018 年版。

陈振著：《宋史》，上海人民出版社 2020 年版。